LANDHAUSLEBEN

WO DAS GLÜCK ZU HAUSE IST

Inspiration für deinen persönlichen Wohnstil

Lifestyle
BUSSE
SEEWALD

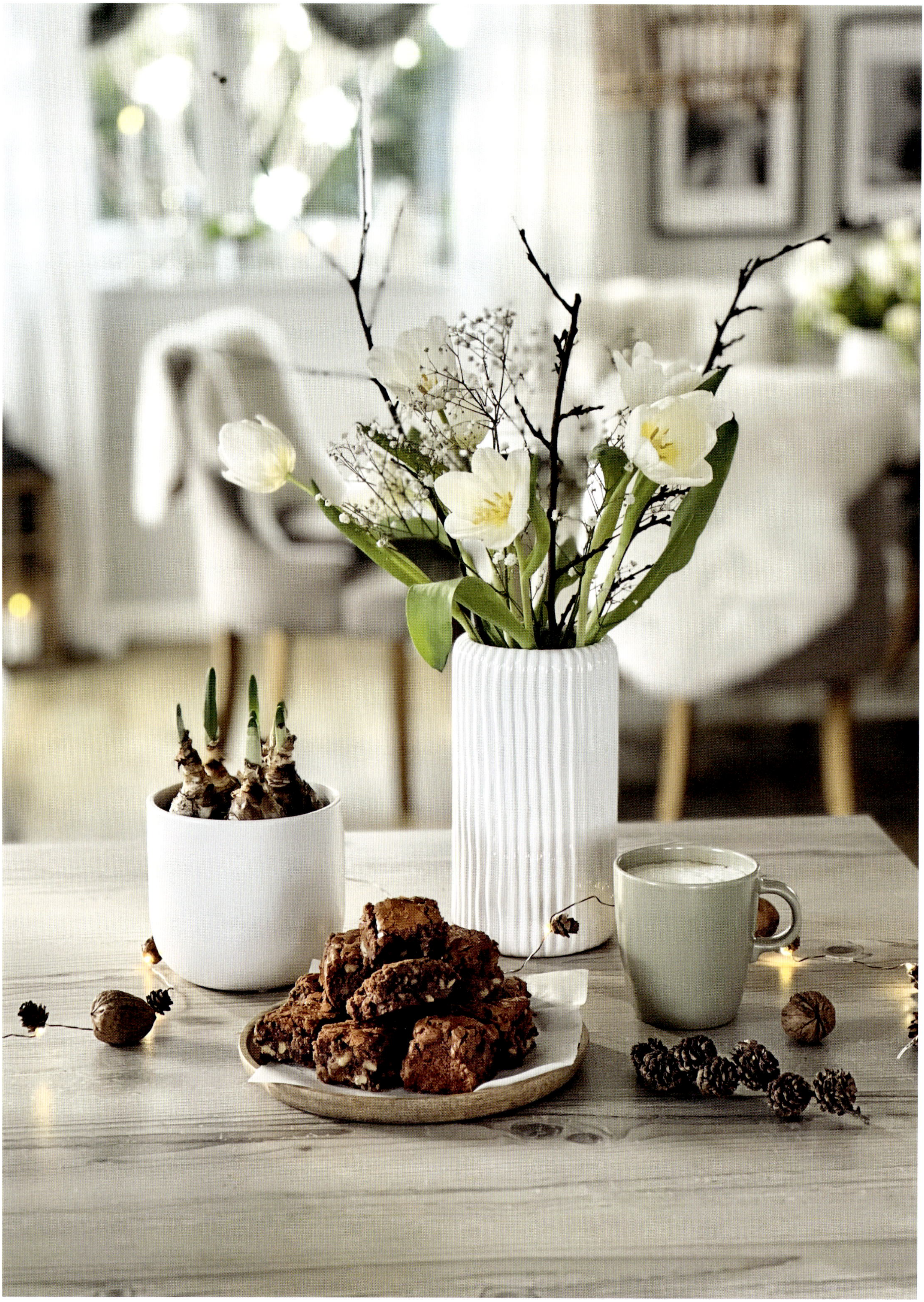

INHALT

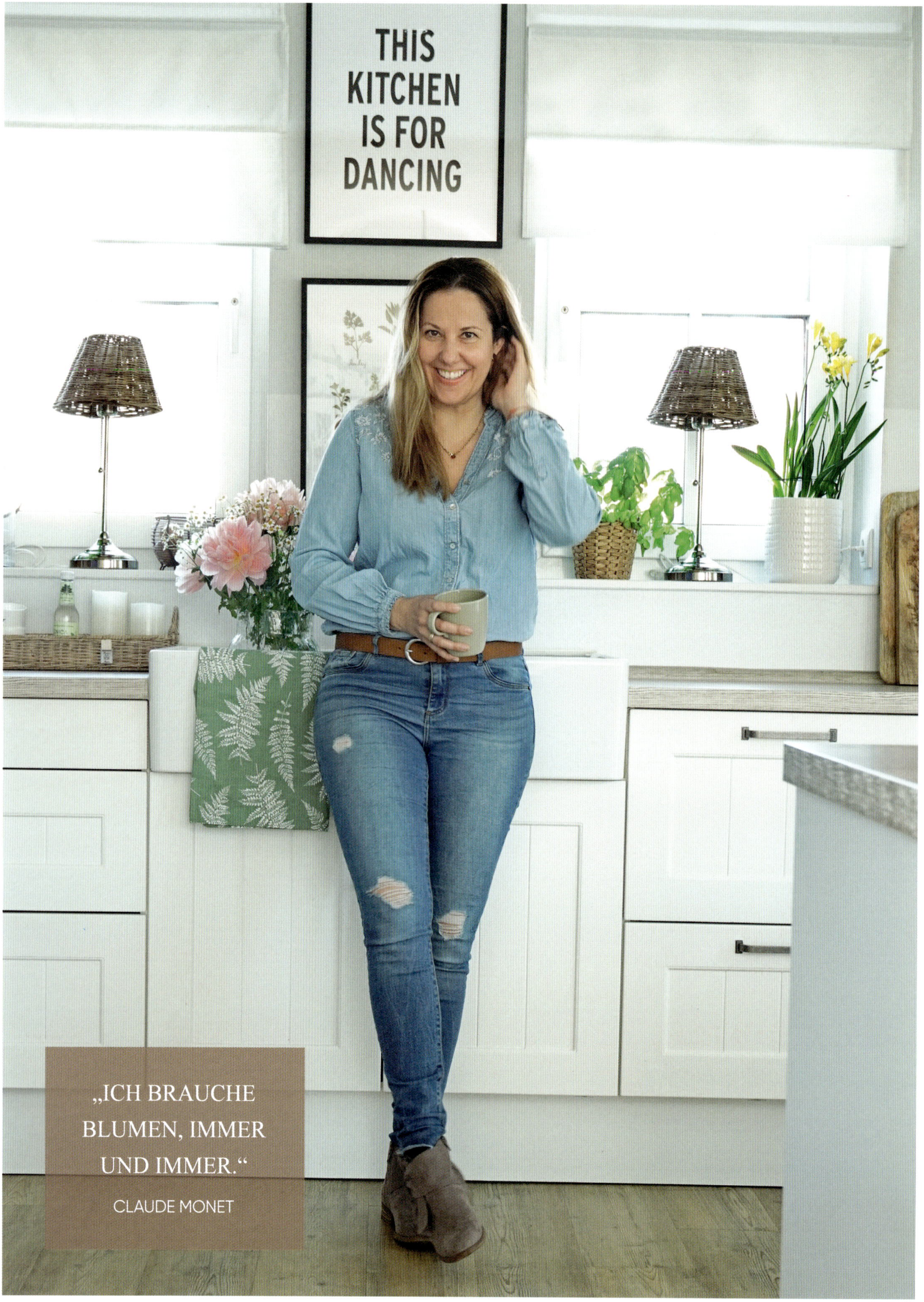

„ICH BRAUCHE
BLUMEN, IMMER
UND IMMER."

CLAUDE MONET

HERZLICH WILLKOMMEN

in unserem Zuhause

Geboren und aufgewachsen in der Schweiz, zog es mich mit meiner Familie vor einigen Jahren aus beruflichen Gründen erst in den Süden von Deutschland nach Stuttgart und dann in den Norden, genauer gesagt in die Hansestadt Hamburg. In einem ruhigen Stadtteil konnten wir nach längerer Suche ein Grundstück erwerben und ein Haus für unsere drei Kinder, unsere Katze und uns bauen. Wir hatten uns für einen typischen Hamburger Rotklinker mit weißen Sprossenfenstern und kleinem Erker und Garten entschieden. Das Haus liegt in einem grünen Stadtteil, etwas außerhalb des Zentrums und etwa eine Stunde von der Ostsee entfernt.

Unseren Wohnstil würde ich als gemütlich, wohnlich und hell bezeichnen. Die freundliche Atmosphäre und wohlige Heimeligkeit unseres Hauses liegt mir am Herzen. Ich unterstreiche sie, indem ich bei der Einrichtung viel auf Holz und Naturmaterialien in Kombination mit Weiß und hellen, freundlichen Naturtönen setze. Holz als Rohstoff ist dabei nicht nur nachhaltig, sondern wird mit den Jahren auch immer schöner und ausdrucksstärker. So entsteht ein ruhiger, klarer und moderner Landhaus-Look, den ich entsprechend der jeweiligen Jahreszeit lediglich akzentuiere. Ich versuche dabei, jede Jahreszeit mit ihren Besonderheiten so ausgiebig wie möglich auszuleben und zu genießen.

Bei der Planung des Hauses war uns wichtig, dass jedes Familienmitglied ein eigenes persönliches Reich und einen Rückzugsort hat, und so sind eher mehrere kleinere Räume als wenige große entstanden. Einzig das Erdgeschoss wurde offen gestaltet, mit großer Küche und einem Wohn- und Essbereich mit Kamin. Es ist das Herzstück in unserem Zuhause, der Mittelpunkt unseres Familienlebens.

Unser Haus dekoriere ich das ganze Jahr hindurch immer wieder passend zur Jahreszeit um, und dabei sind mir ganz besonders frische Blumen und Naturmaterialien wichtig. Sie sind eine wundervolle, einfache, aber sehr wirkungsvolle Form der Dekoration und verwandeln unser Zuhause im Handumdrehen in einen Wohlfühlort. Die natürliche Materialauswahl und die zurückhaltende Farbgebung sorgen dabei für ein ruhiges, entspanntes Wohngefühl.

Inspiration für meine Einrichtung und meine Dekorationen finde ich nicht selten auf unseren Reisen, bei denen wir immer wieder Neues entdecken. Auch das Leben selbst sehe ich als eine Reise, welche mal holpriger, mal ruhiger verläuft. Das Erleben neuer Kulturen und Orte eröffnet neue Perspektiven auf die Welt und unsere Umgebung. Diese veränderten Blickweisen setzen neue Energien frei und inspirieren mich, kreativ zu werden und neue Ideen zu entwickeln.

Viel Freude beim Lesen, Dekorieren und Gestalten für ein glückliches Wohn- und Lebensgefühl.

Herzlichst

Christine Spörri

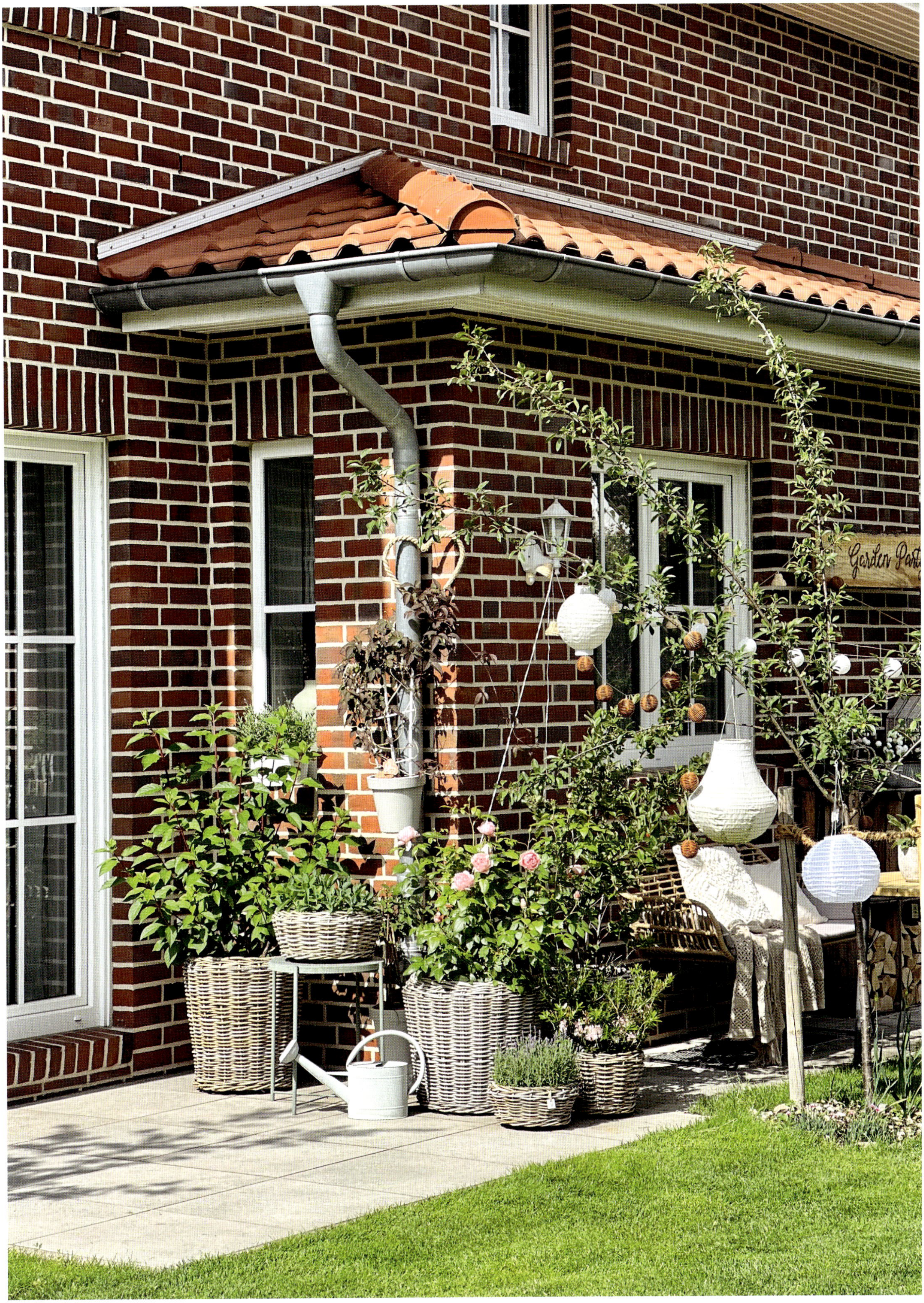

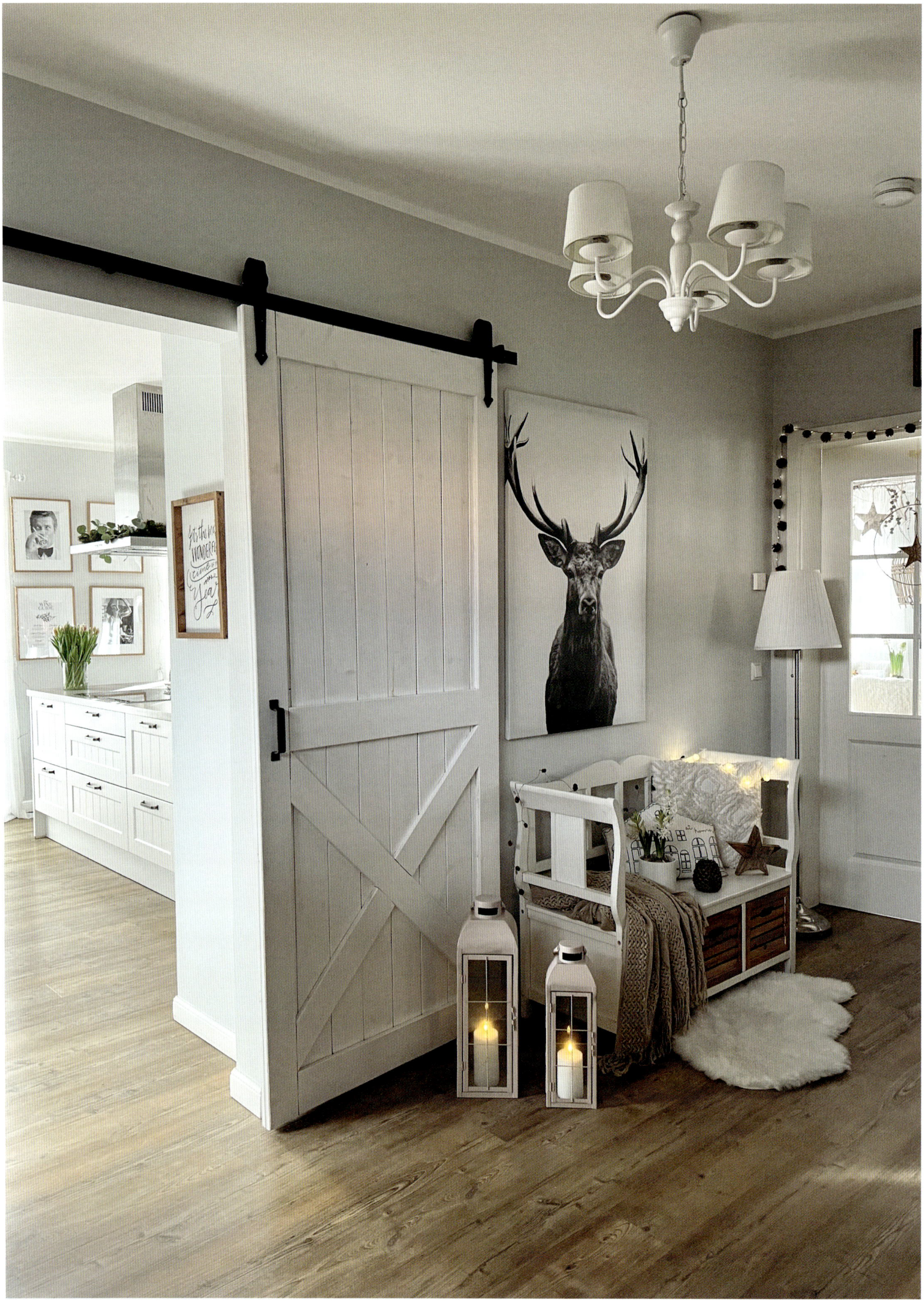

„OFT KOMMT DAS GLÜCK
DURCH EINE TÜR HEREIN, VON DER
MAN GAR NICHT WUSSTE, DASS MAN
SIE OFFENGELASSEN HATTE.“

JOHN BARRYMORE

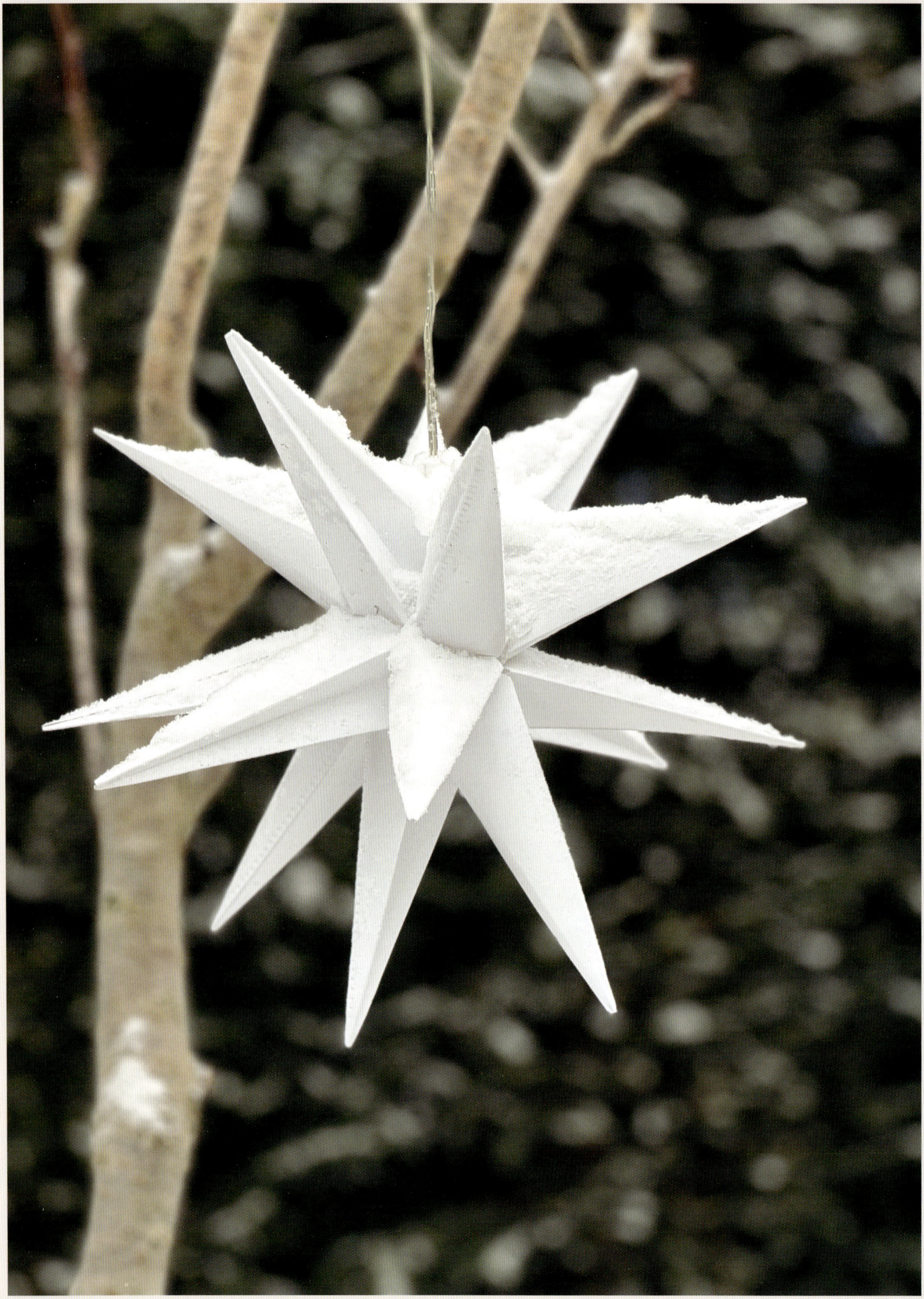

WINTER-RUHE

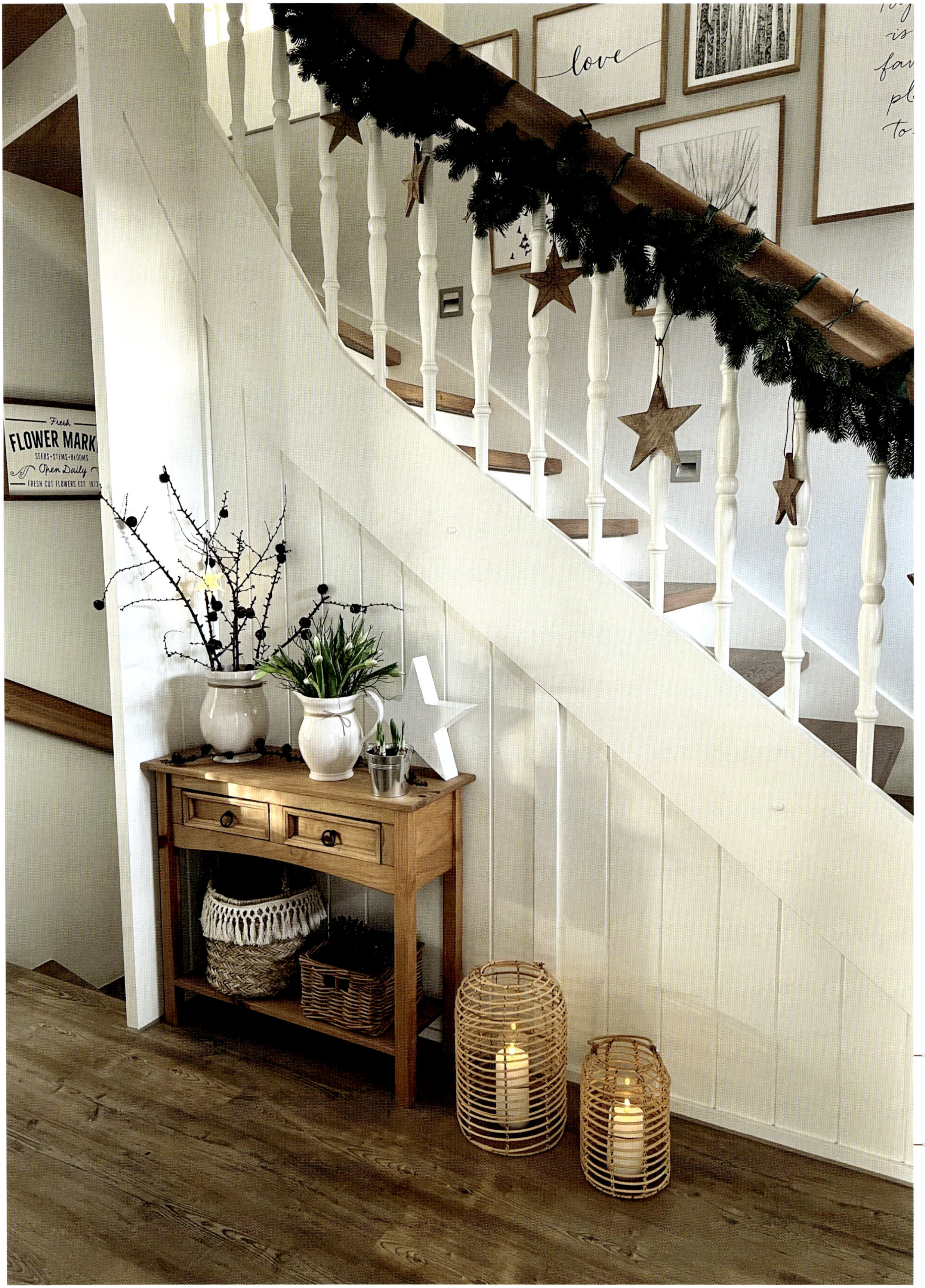
Fresh
SEEDS·STEMS·BLOOMS
Open Daily
love

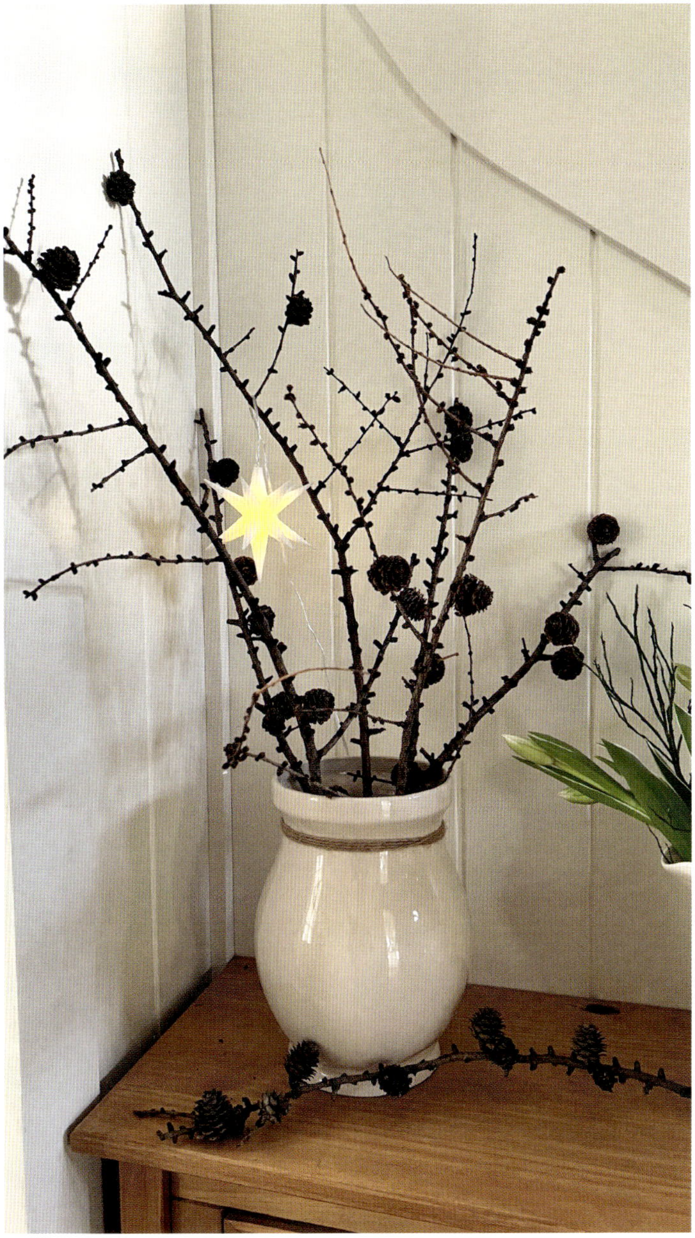

Winter, das ist für mich die Zeit der Ruhe und der Einkehr. Wenn es draußen kalt und ungemütlich ist, rückt die Gestaltung der Innenräume in den Fokus. Vor allem ***Sterne, Kerzen und Deko aus Naturmaterialien, z.B. Lärchenzweige,*** schaffen unaufdringlich eine Atmosphäre der Gemütlichkeit.

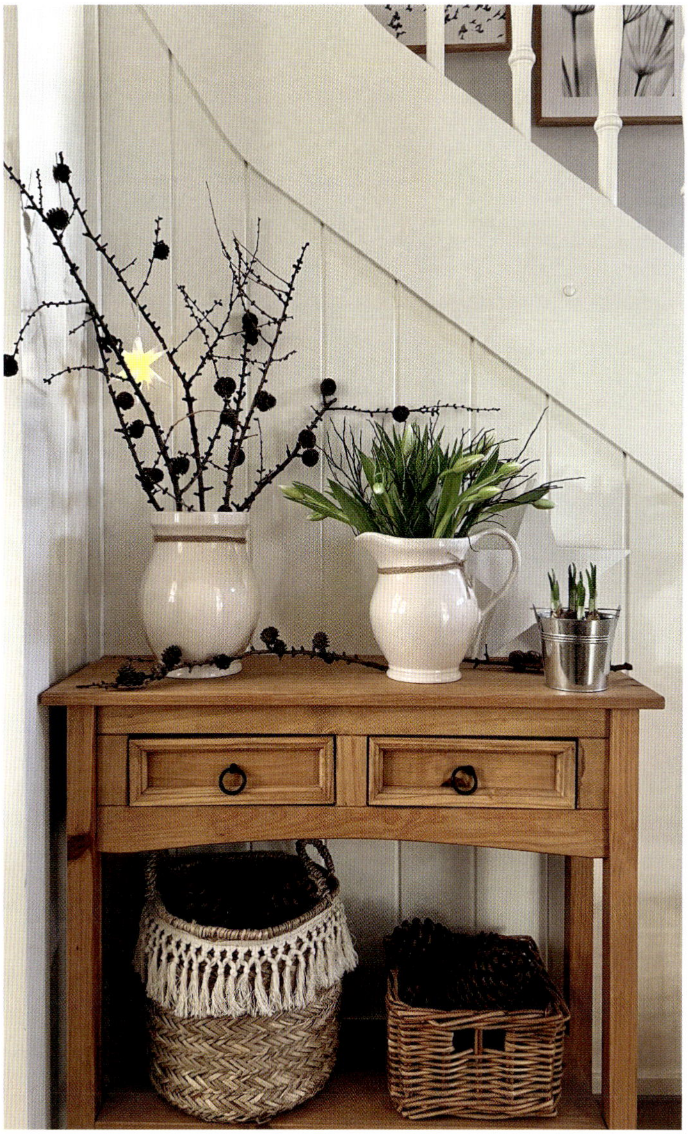

In den ersten Januarwochen finden sich bei uns überall noch Reste der Weihnachtsdekoration, wie hier an unserem Treppengeländer.

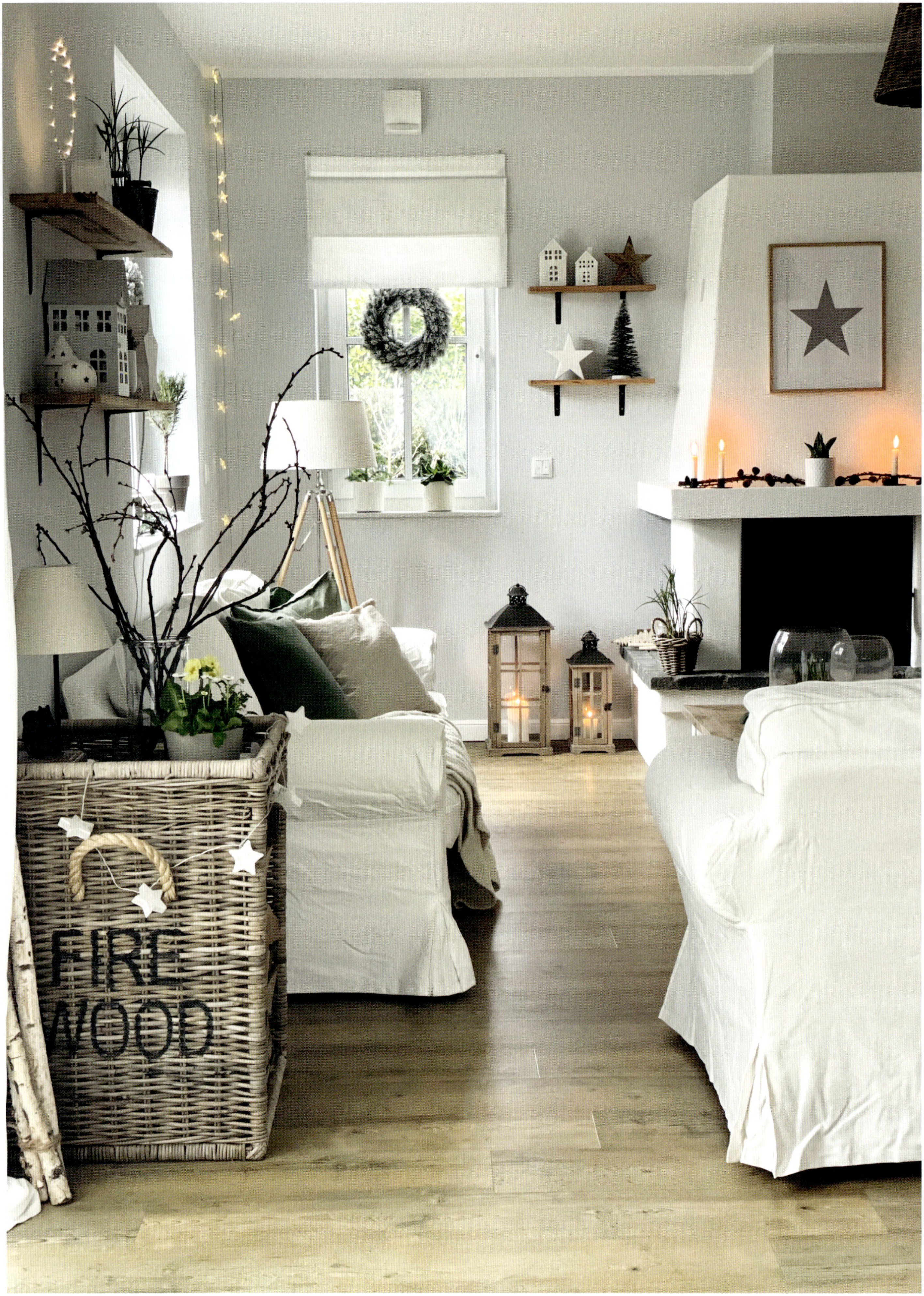
FIRE
WOOD

Ähnlich der Natur, die bereits mit den ersten Frühblühern die nächste Jahreszeit ankündigt, schafft *zartes Grün einen frischen Farbakzent in den Wohnräumen,* die in dieser Zeit ansonsten eher zurückhaltend gestaltet sind.

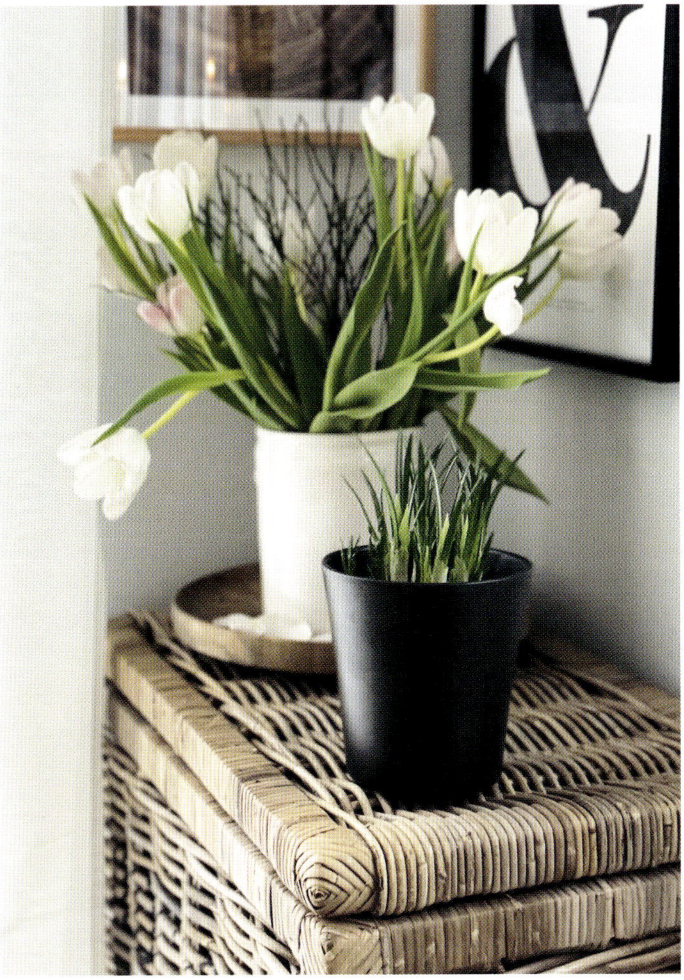

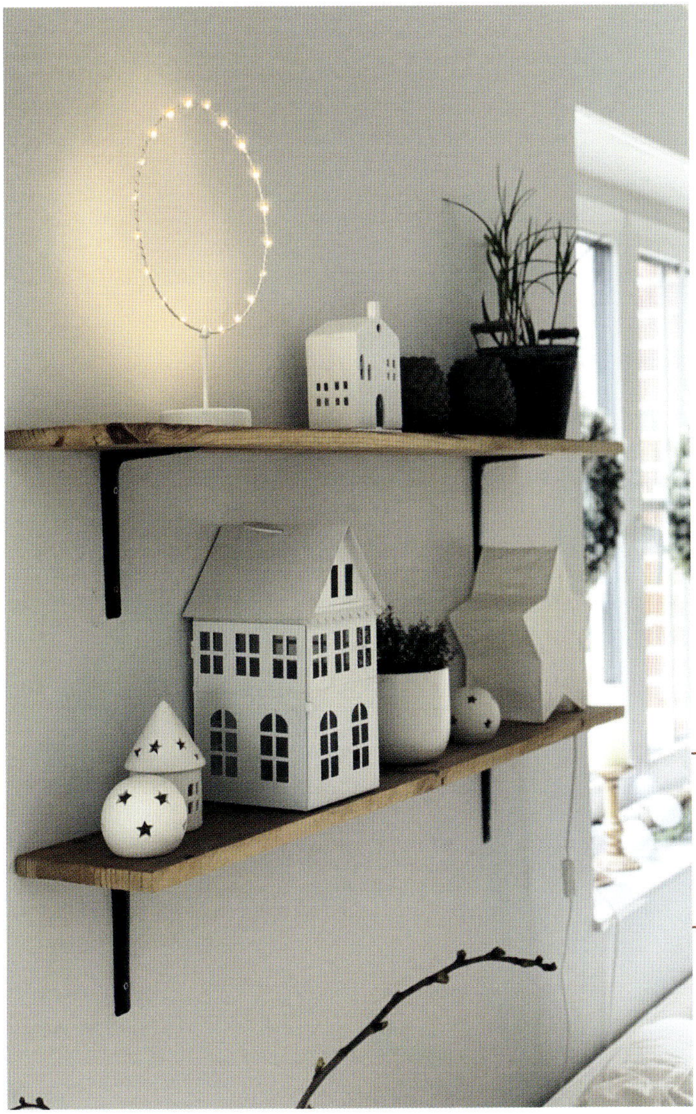

Regale einfach selber machen: Altholzbretter aus dem Baumarkt, lassen sich ganz einfach für Wandregale nutzen. Dazu braucht es: ein Brett in der gewünschten Größe, zwei Wandhalterungen, vier Schrauben und passende Dübel.

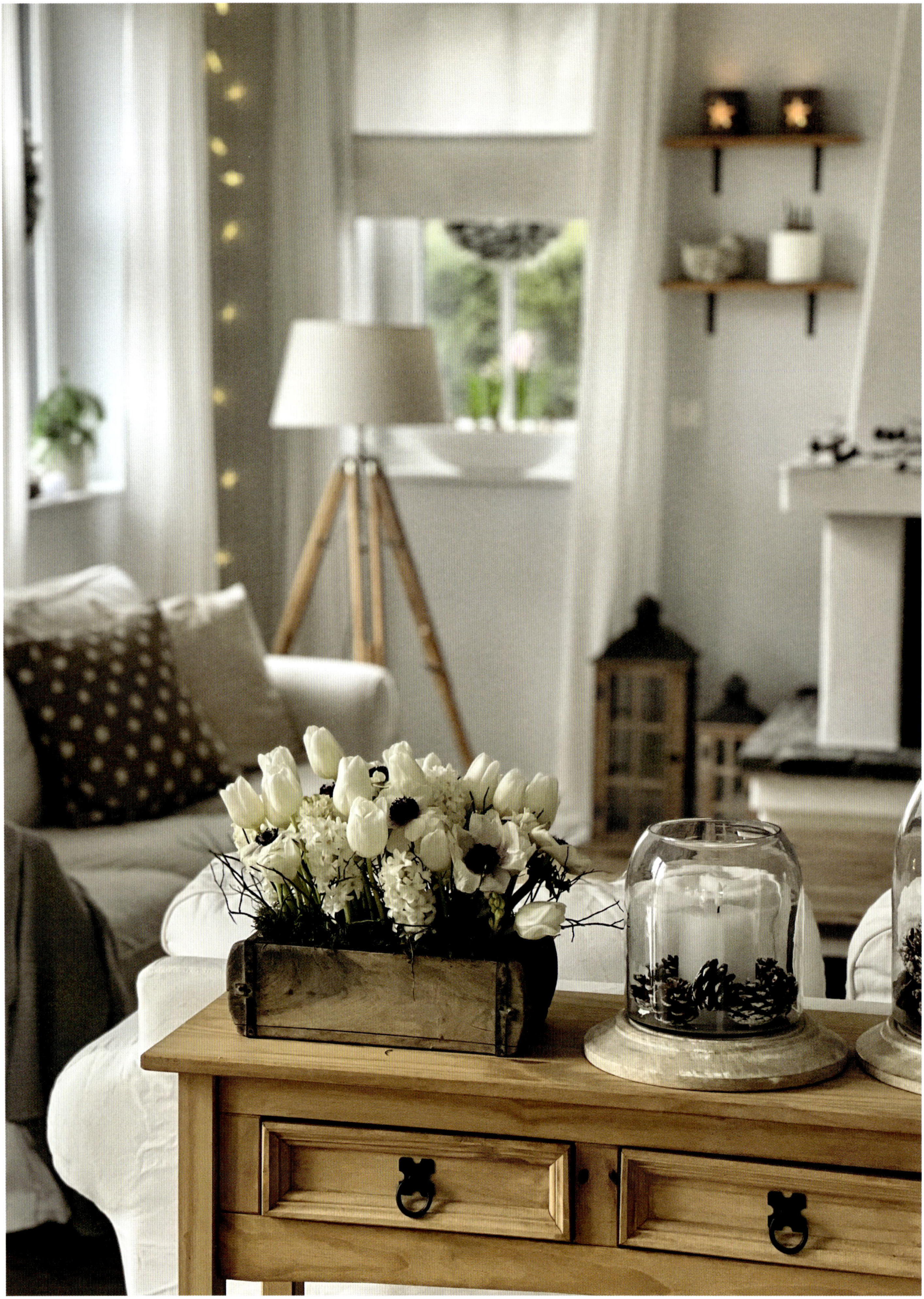

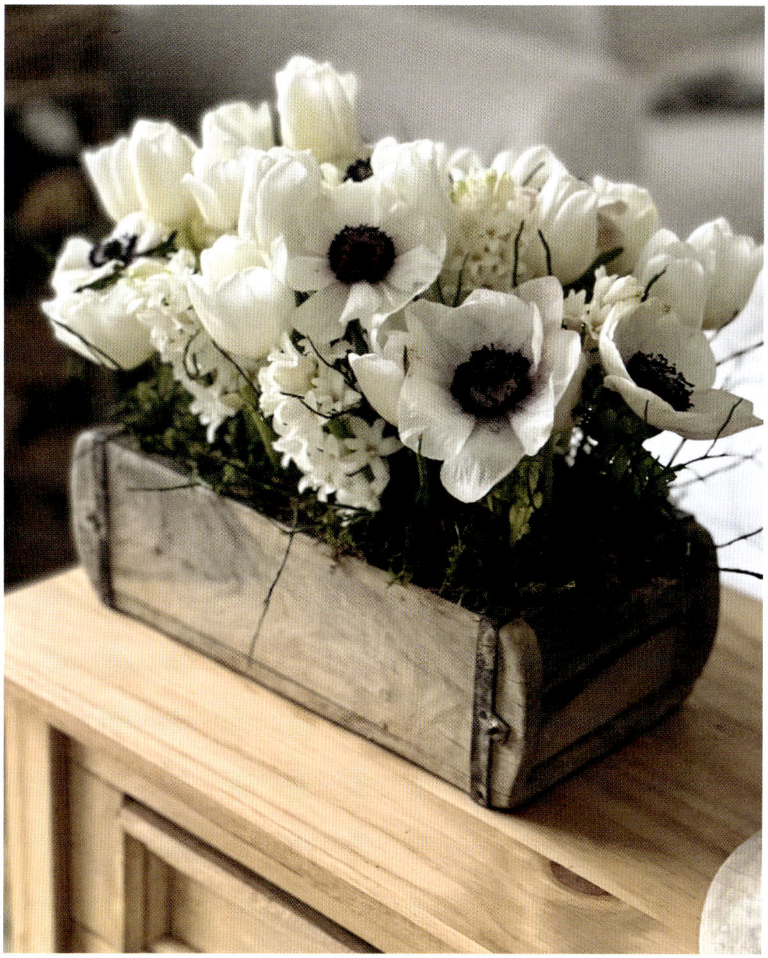

Mein Interieur gestalte ich zurückhaltend und sanft. Viele Naturtöne werden hierfür mit Weiß und Grün kombiniert. Sie sind *meine Lieblingsfarben in der Winterzeit* und sorgen für Balance und Natürlichkeit in den Räumen. Lichterketten und Kerzen sorgen für ein dezentes, sanftes Licht.

Für das Gesteck den Holzkasten mit Folie ausgelegen, mit Wasser vollgesaugtem Steckschaum ausfüllen und weiße Tulpen, Hyazinthen, Anemonen und Heidelbeerzweige passend zuschneiden, in den Schaum stecken und die Lücken mit Moos abdecken.

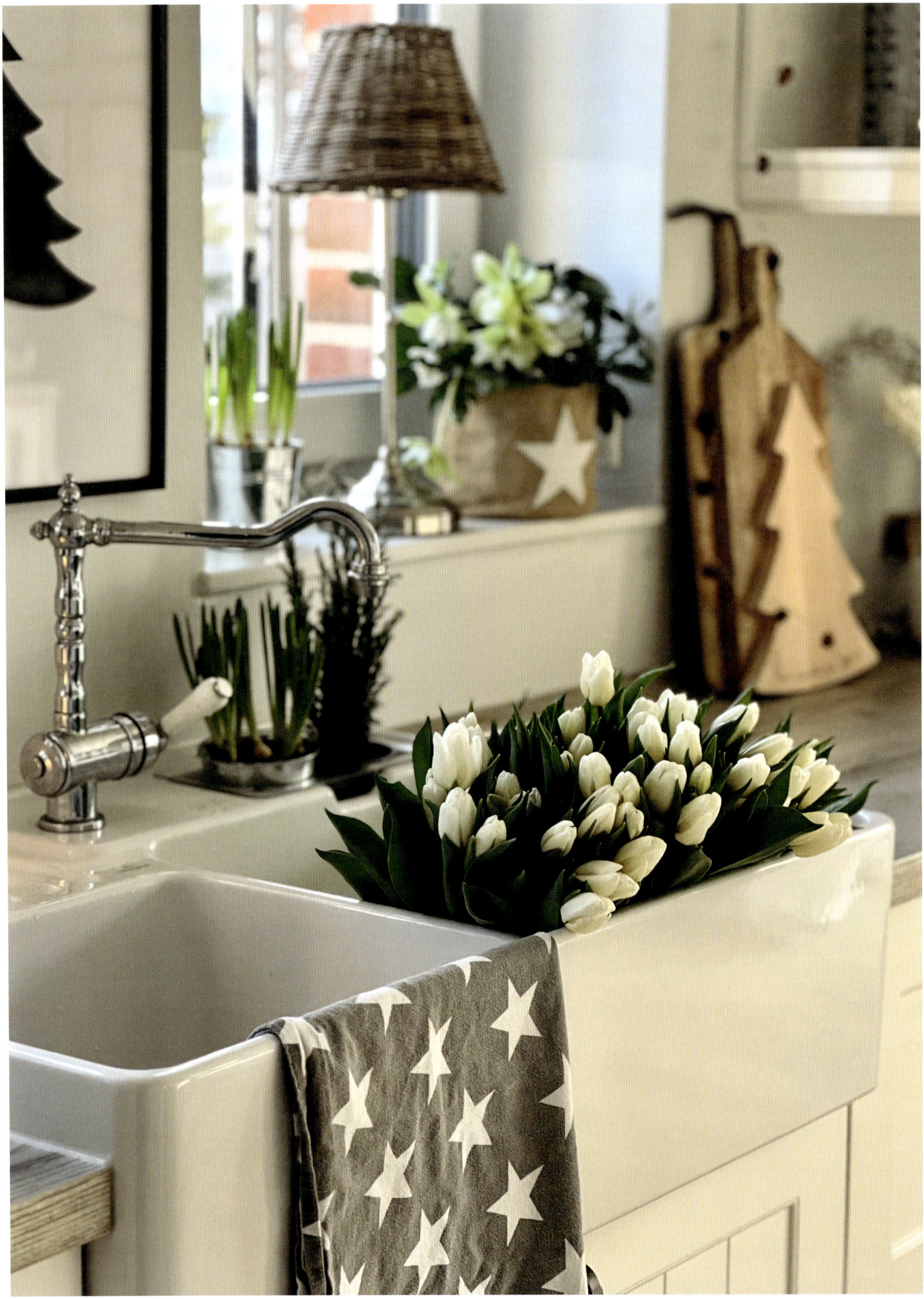

„IN JEDEM WINTER STECKT
EIN ZITTERNDER FRÜHLING, UND
HINTER DEM SCHLEIER JEDER
NACHT VERBIRGT SICH EIN
LÄCHELNDER MORGEN."

KHALIL GIBRAN

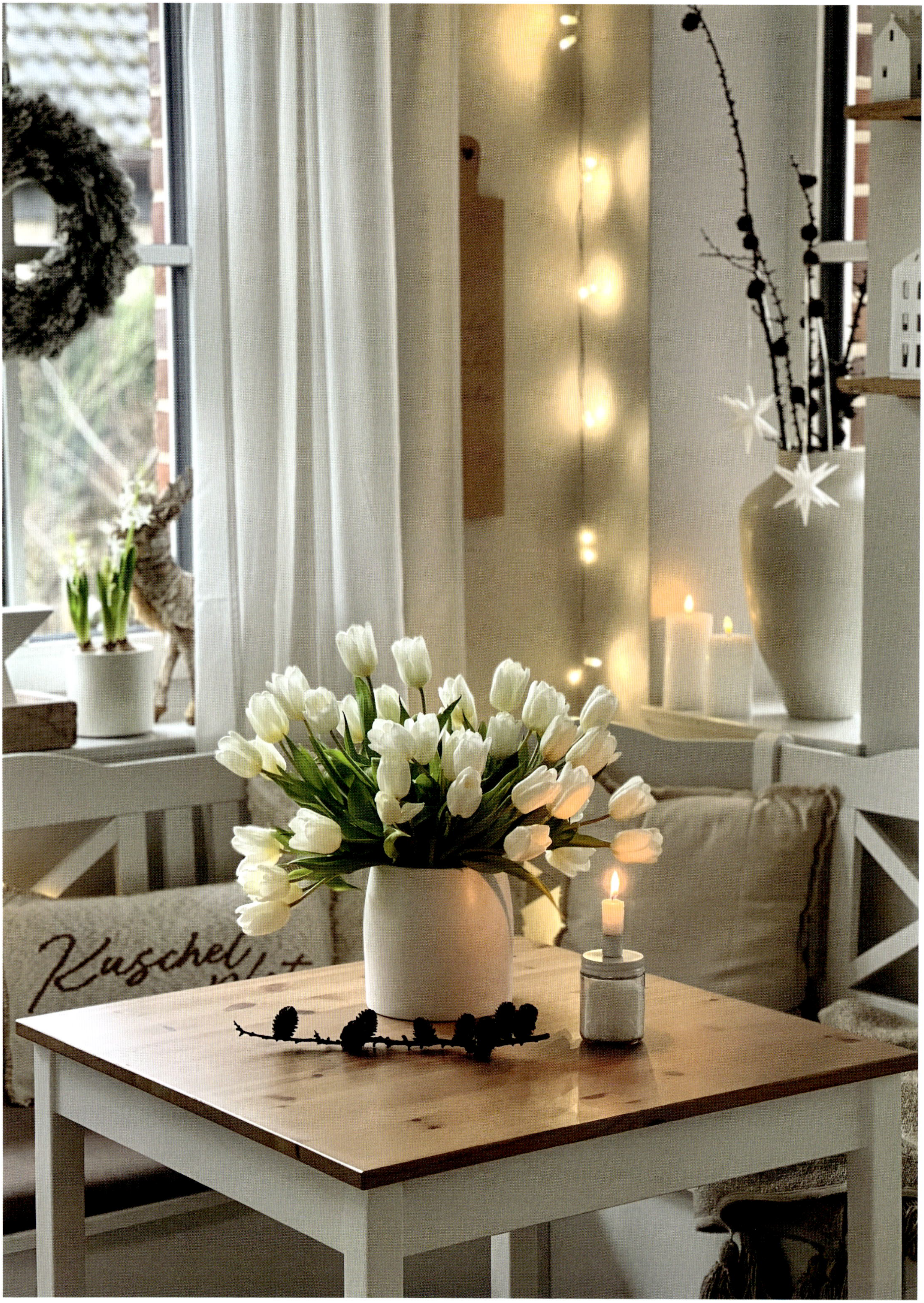
Kuschel

Blumen und Naturmaterialien setzen lebhafte Akzente. Auf Tischen, Fensterbänken und Konsolen platziert, bringen sie einen ersten Hauch von Frühling in die Wohnräume. *Kuschlige Textilien, wie Kissen und Decken* nutze ich, um Lieblingsplätze dekorativ zu gestalten.

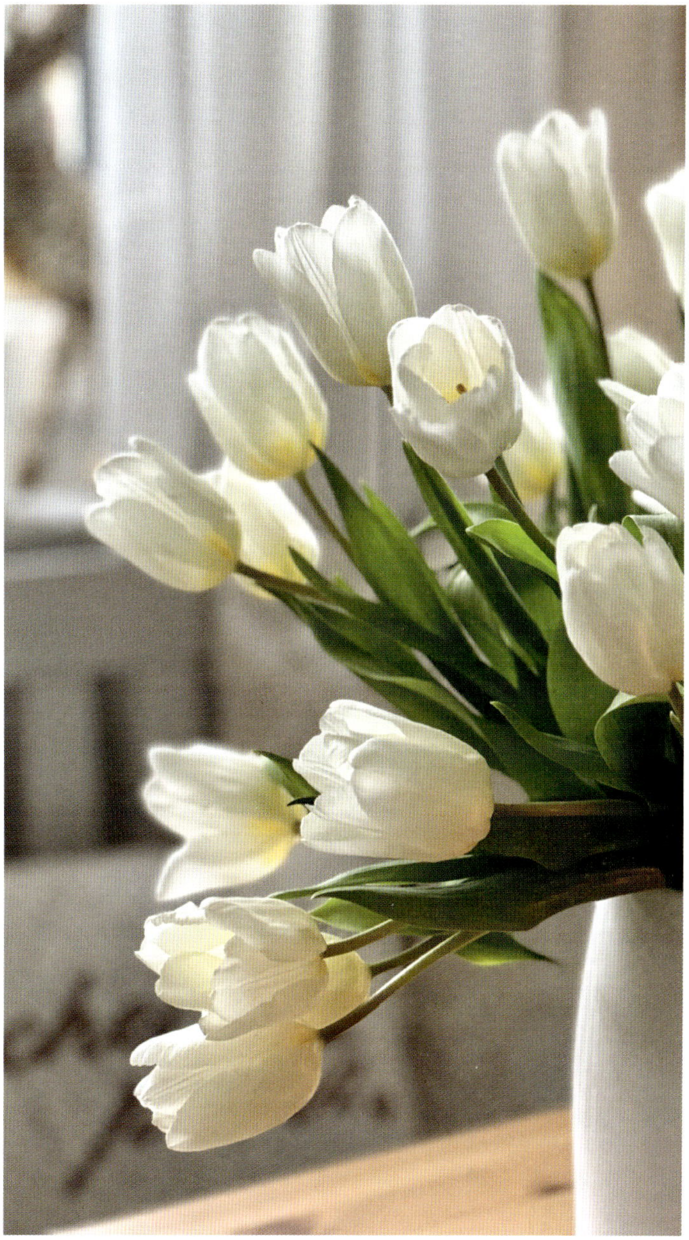

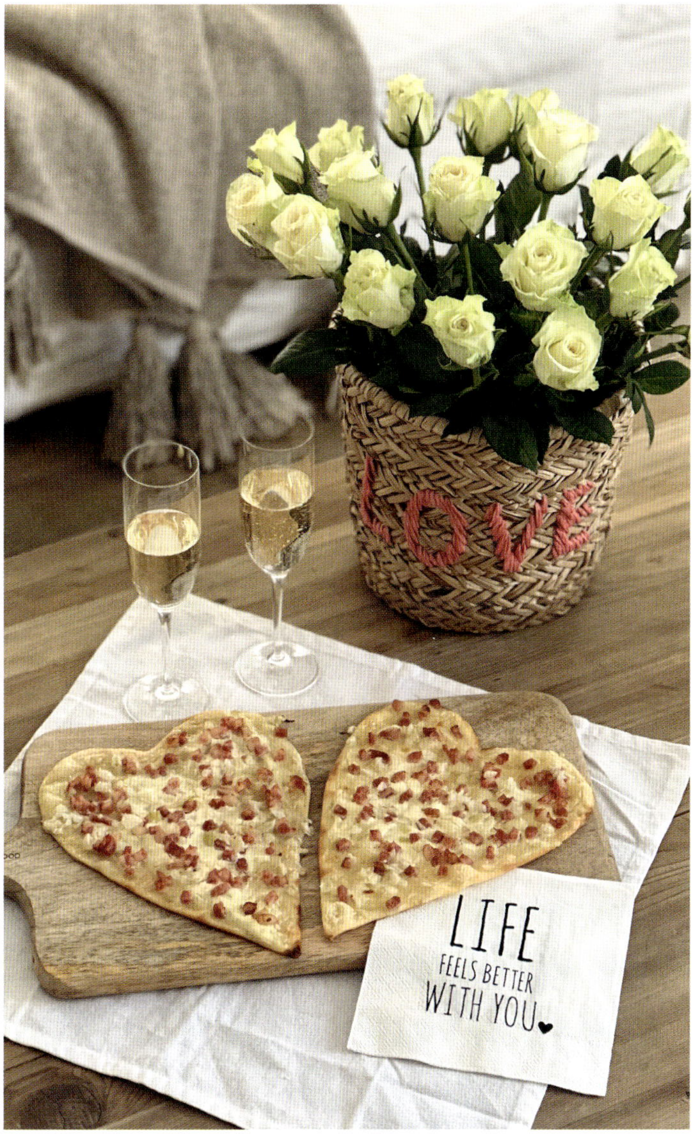

GENUSS-TIPP

Als kleine romantische Geste zum Valentinstag eignet sich dieser Genuss-Tipp. Dafür einfach einen TK-Flammkuchenteig in Herzform zuschneiden, nach Belieben belegen und in den Ofen schieben. Guten Appetit!

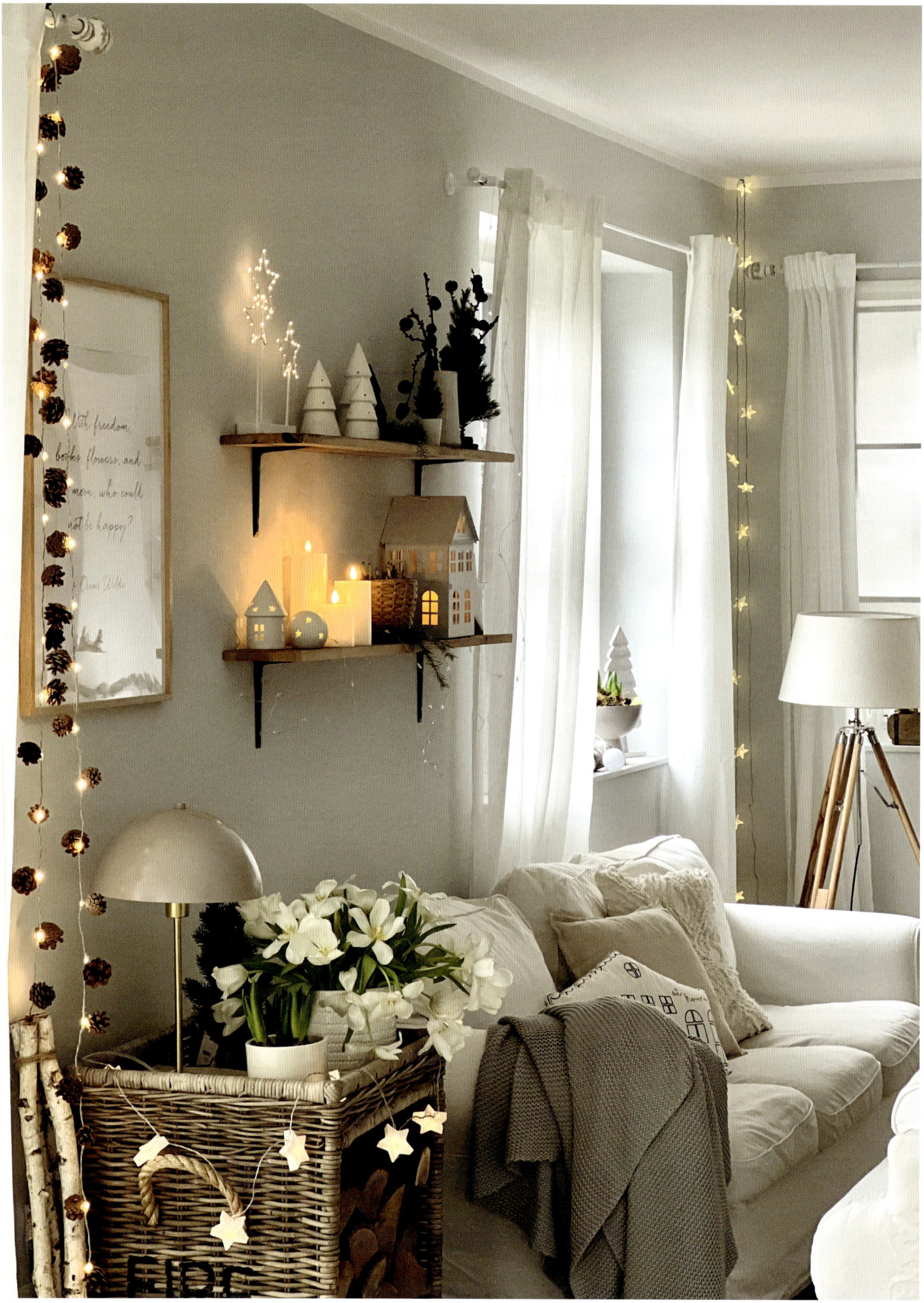

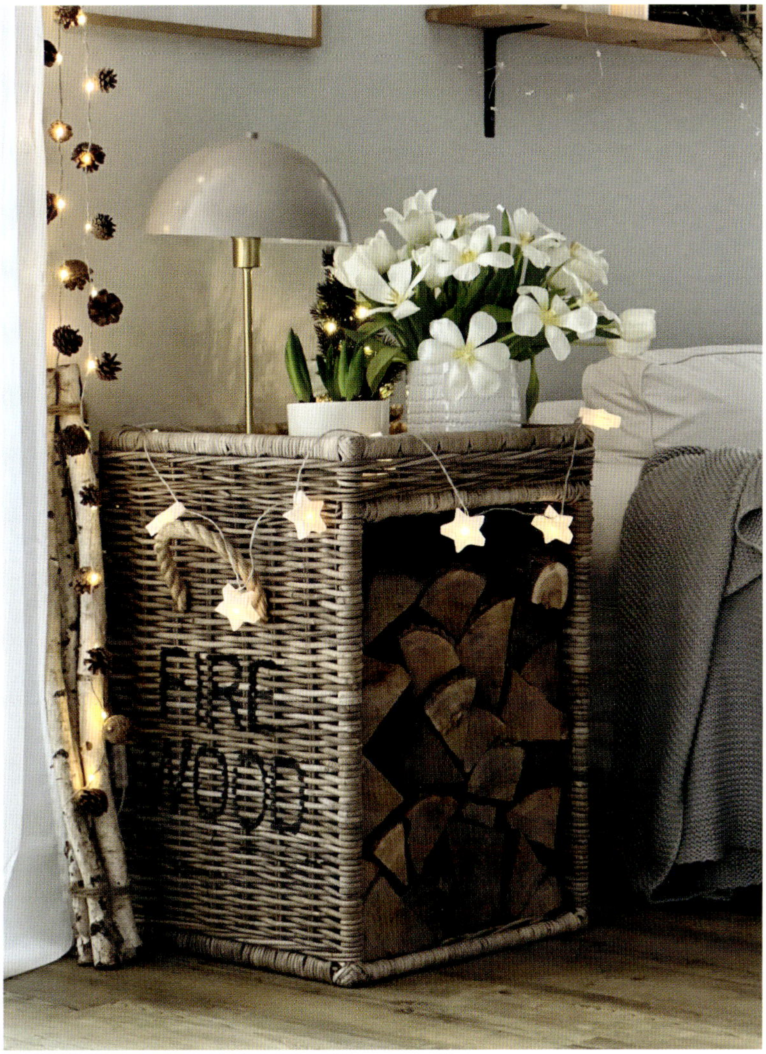

Weiße Tulpen gehören in den letzten Wintermonaten zu meinen Lieblingsblumen. Zum einen strahlen sie eine zeitlose Eleganz aus und zum anderen sind sie herrlich unkompliziert. *Ein kleiner Trick: Tulpensträuße lassen sich optisch ganz einfach verändern.* Hierfür die einzelnen Blütenblätter vorsichtig nach hinten klappen und schon hat man Blüten mit einer völlig anderen Wirkung. Gerade bei älteren Tulpen, deren Blütenköpfe schon ziemlich weit geöffnet sind, bietet sich dies an.

EIERLIKÖR-GUGELHUPF

Beim gemütlichen Kaffeetrinken am Nachmittag schmeckt ein selbstgebackener Kuchen am besten. Der beliebte Klassiker ist nicht nur ein Hingucker auf der liebevoll eingedeckten Kaffeetafel, er erhält auch durch den Eierlikör eine ganz besondere Note.

FÜR 1 KUCHEN

1 Gugelhupfform, ø 24 cm

200 g Butter, weich

200 g Zucker

3 Bio-Eier, Größe M

300 g Dinkelmehl, Type 630

2 TL Backpulver

1 Pr. Salz

200 ml Eierlikör

2 EL Puderzucker

1 Ofen auf 180 °C Ober- und Unterhitze vorheizen. Kuchenform einfetten und mit Mehl bestäuben. Alternativ Silikonform bereitstellen.

2 In einer Schüssel Butter, Zucker und Eier schaumig rühren. In einer anderen Schüssel Mehl, Backpulver und Salz vermischen.

3 Die Mehl-Mischung in die Butter-Zucker-Eier-Mischung einrühren und mit einem Handrührgerät oder einer Küchenmaschine zu einem glatten Teig verarbeiten. Zum Schluss den Eierlikör untermischen.

4 Den Teig in die vorbereitete Form geben. Die Form dabei leicht rütteln, damit sich der Teig gut verteilt. Abschließend den Teig glattstreichen.

5 Im vorgeheizten Ofen etwa 50 Minuten lang auf mittlerer Schiene backen. Um zu prüfen, ob der Kuchen durchgebacken ist, eine Stäbchenprobe machen. Dann herausnehmen und in der Form auf einem Kuchengitter auskühlen lassen.

6 Den Gugelhupf auf ein Kuchengitter stürzen, auskühlen lassen und vor dem Servieren mit Puderzucker bestäuben.

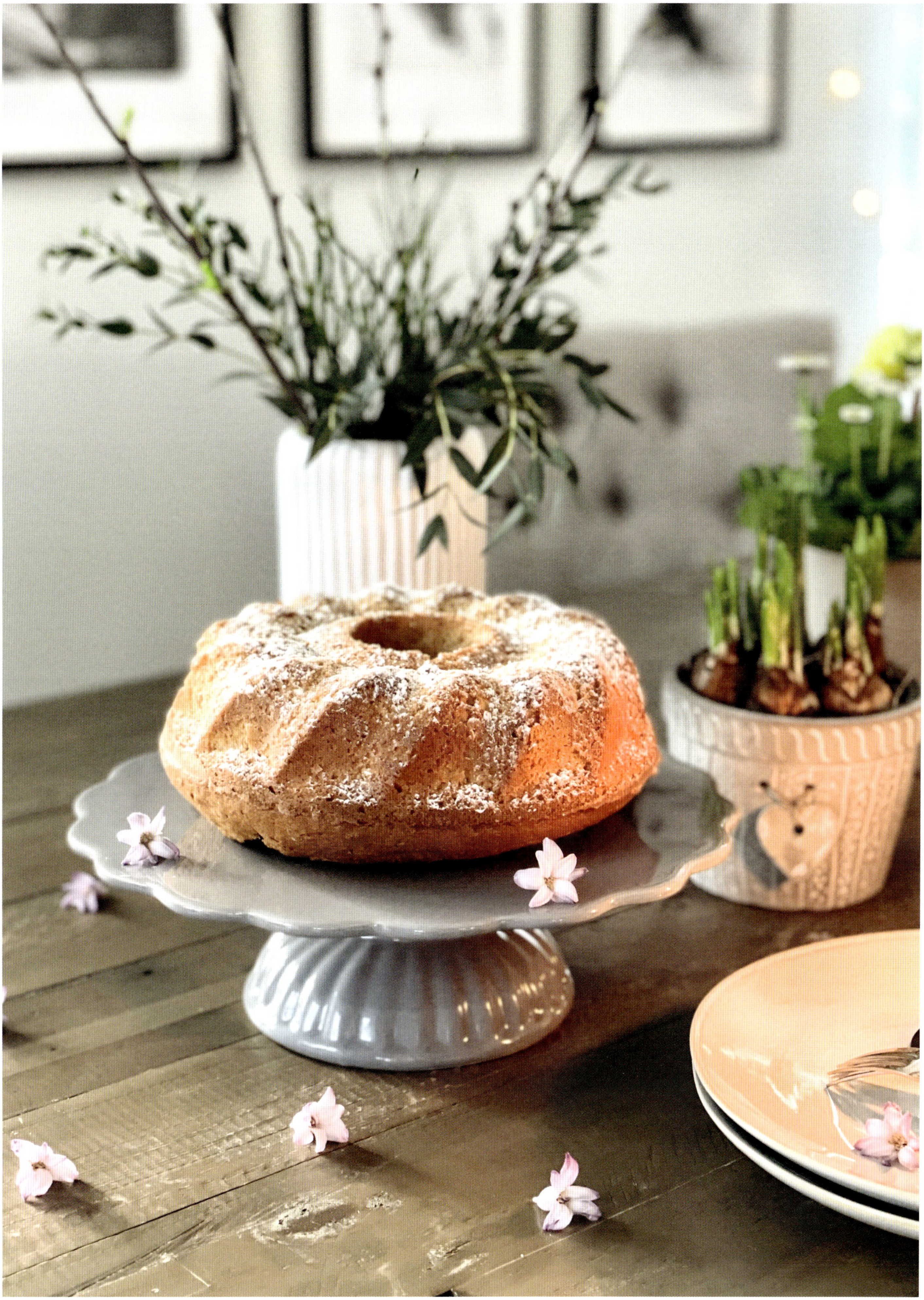

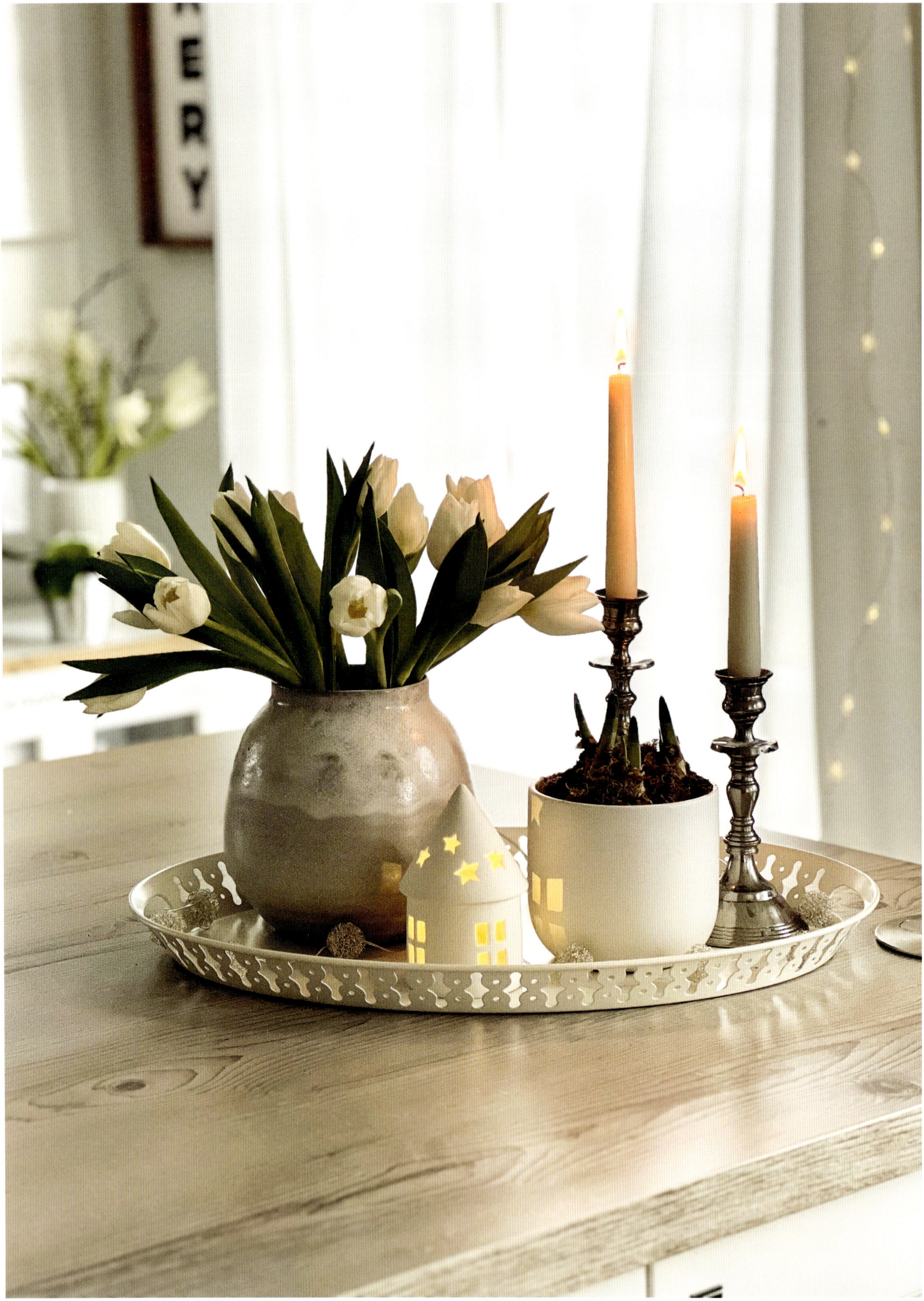

„DAS WESENTLICHE EINER KERZE IST NICHT DAS WACHS, DAS SEINE SPUREN HINTERLÄSST, SONDERN DAS LICHT.“

ANTOINE DE SAINT-EXUPÉRY

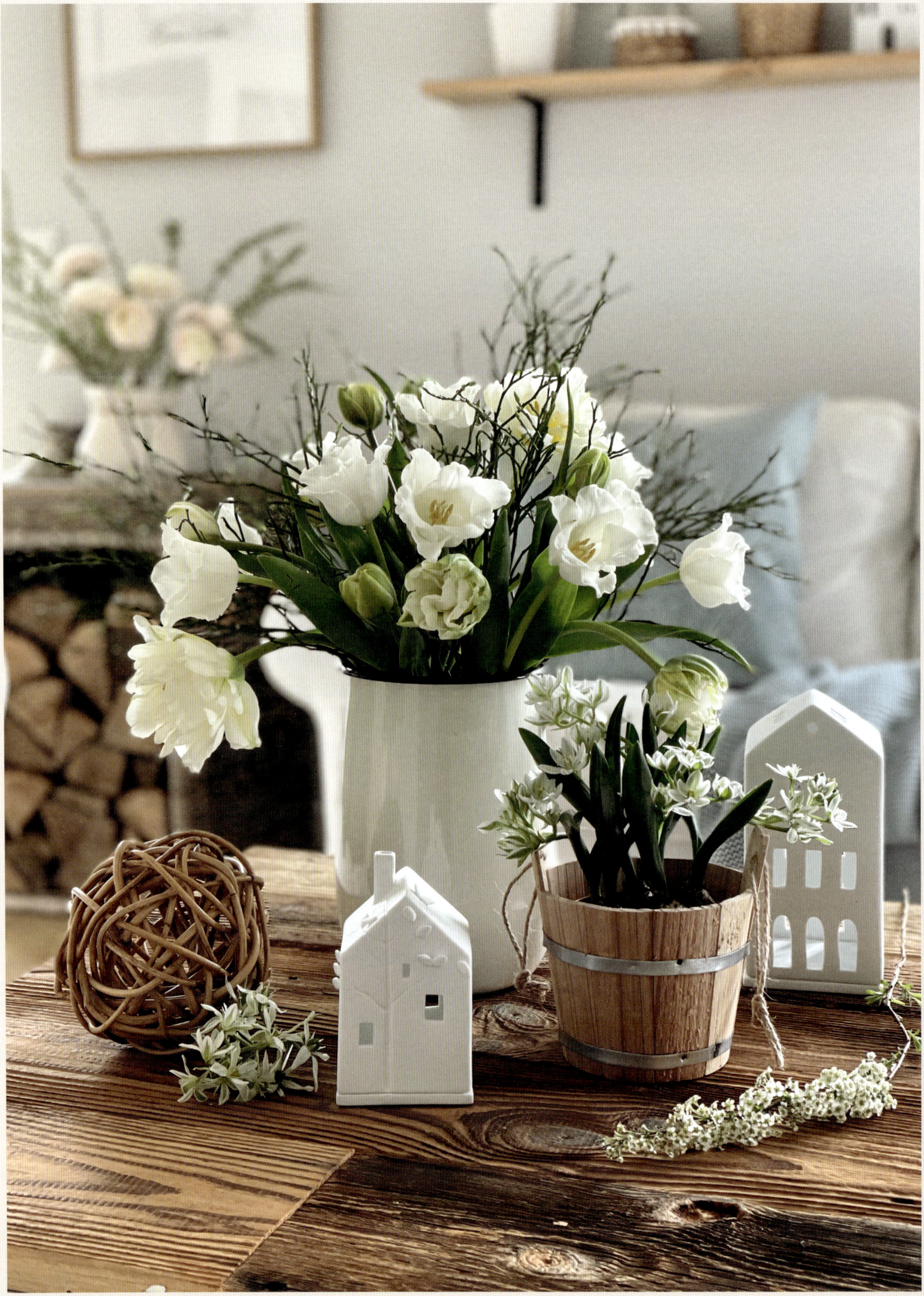

FRÜHLINGS-ERWACHEN

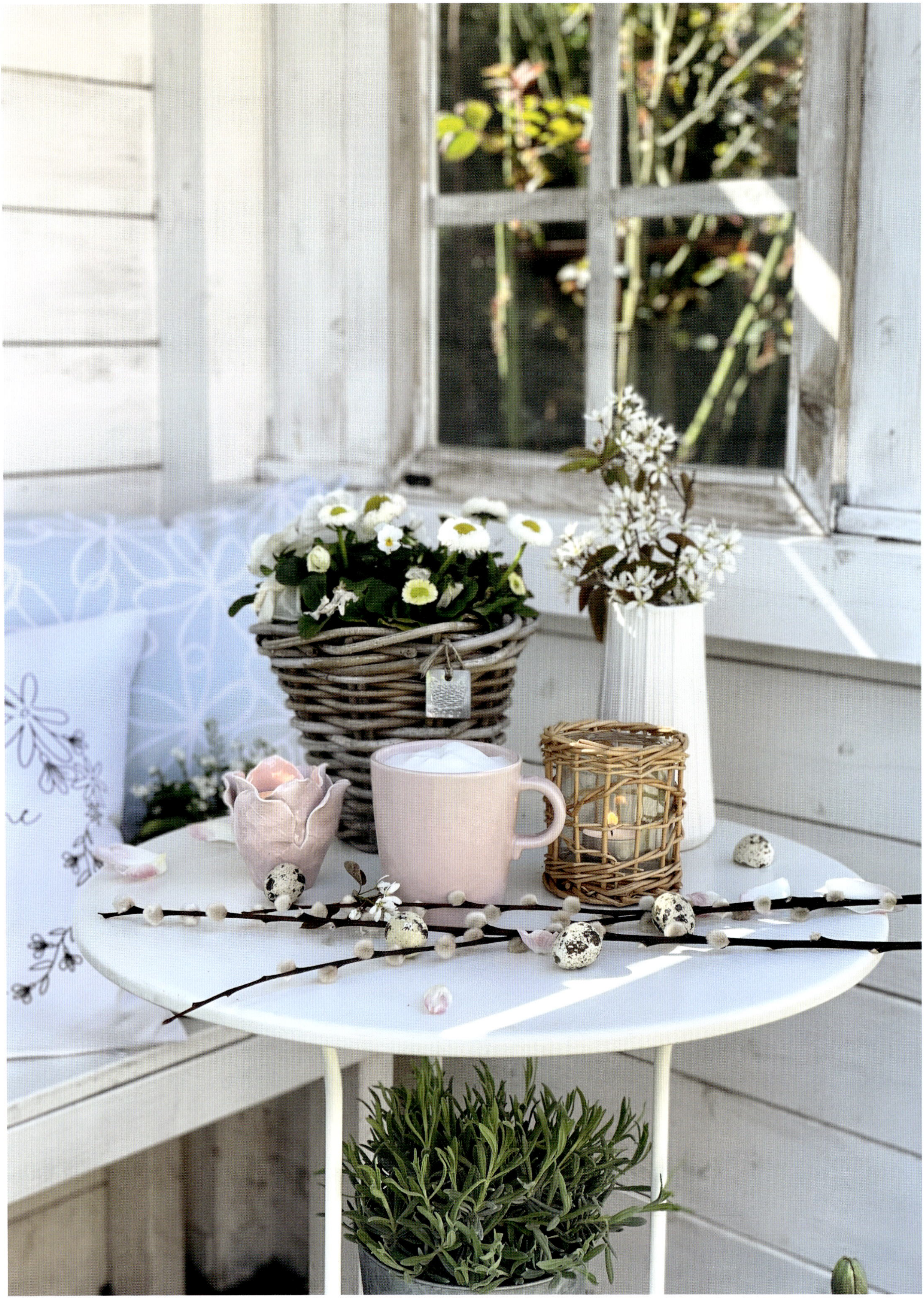

Der Frühling ist geprägt vom Wiedererwachen der Natur und lockt mit zarten Frühblühern und frühlingshafter Deko. *Wir alle leben in einer Welt von Farben.* Sie wirken sich auf unser Wohlbefinden und unsere Stimmungslage aus.

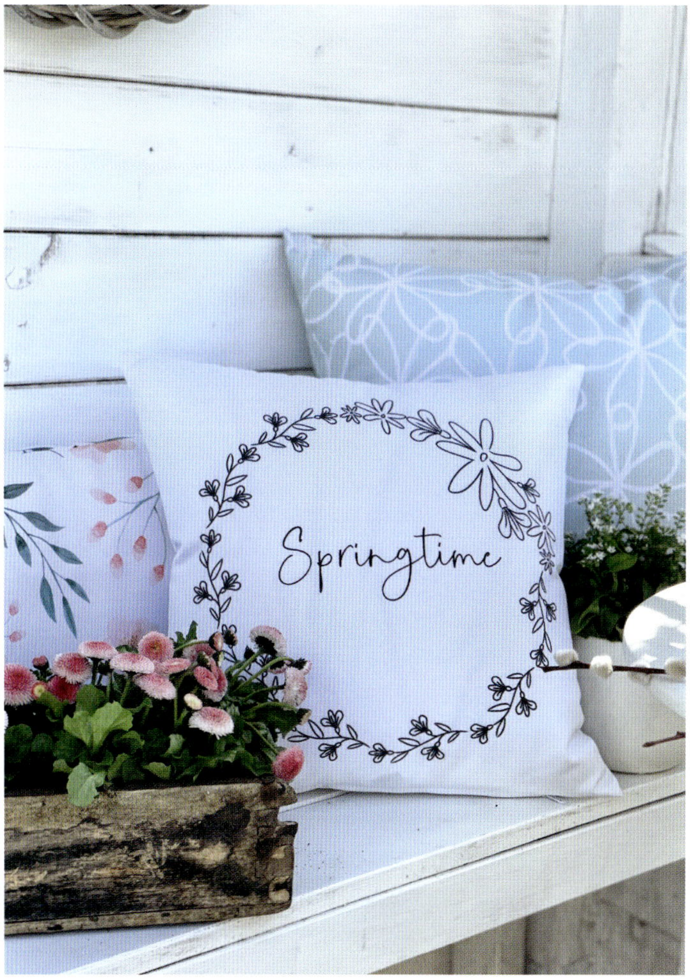

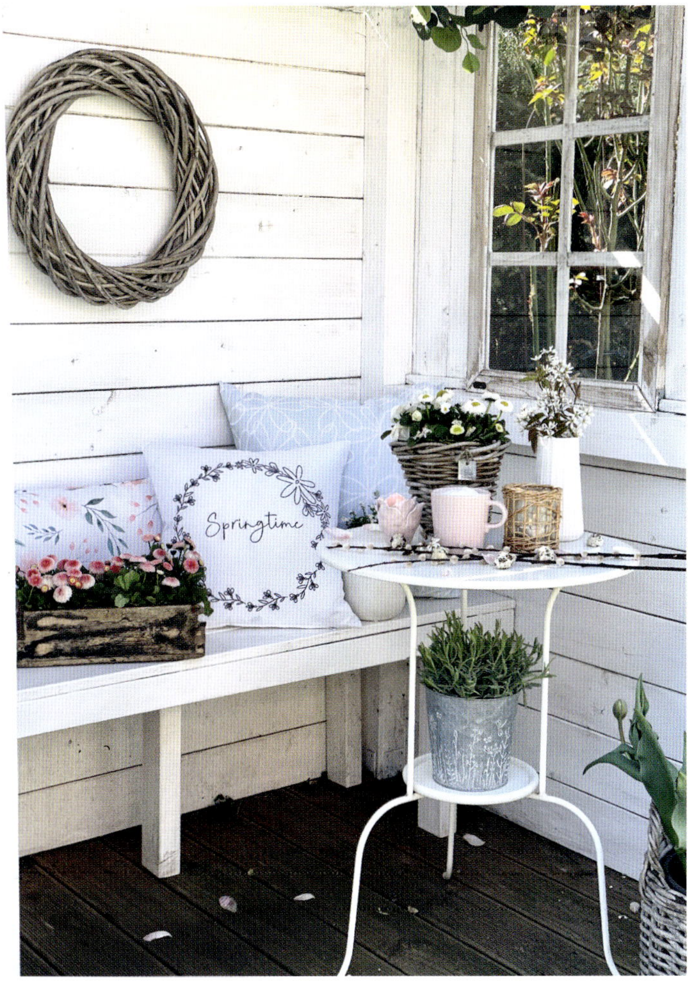

Sobald es Frühling wird, finden sich vor allem ***Pastelltöne*** in unserem Zuhause und in unserem Garten. Die zarten Farben heben die Stimmung und lassen uns den Frühling mit allen Sinnen wahrnehmen.

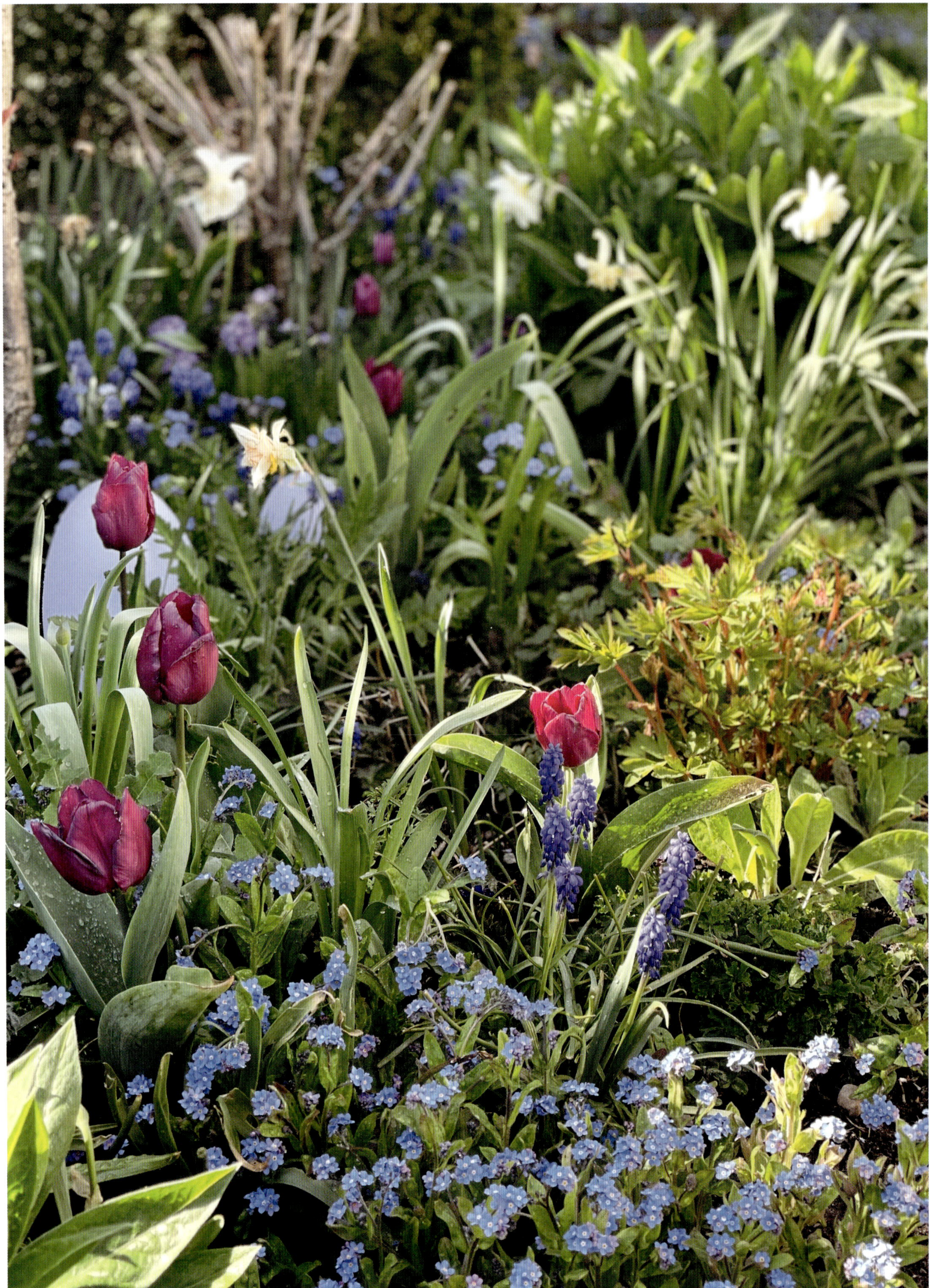

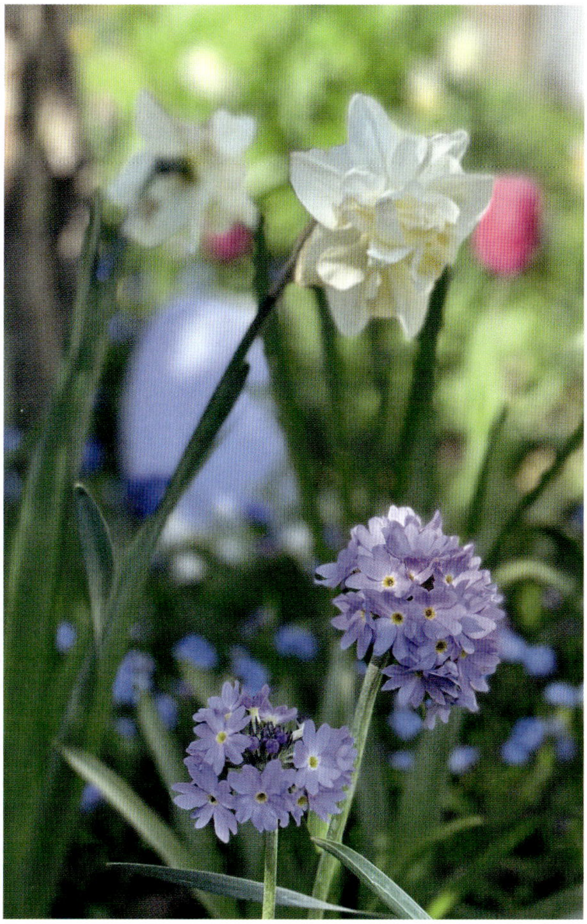

Wie stark wir von unserer Umgebung abhängen, wird mir jedes Jahr aufs Neue bewusst, wenn ich im Frühling durch meinen Garten schlendere. Die Natur *erwacht aus ihrem Winterschlaf* und beschenkt uns mit wundervollen Farben und Düften.

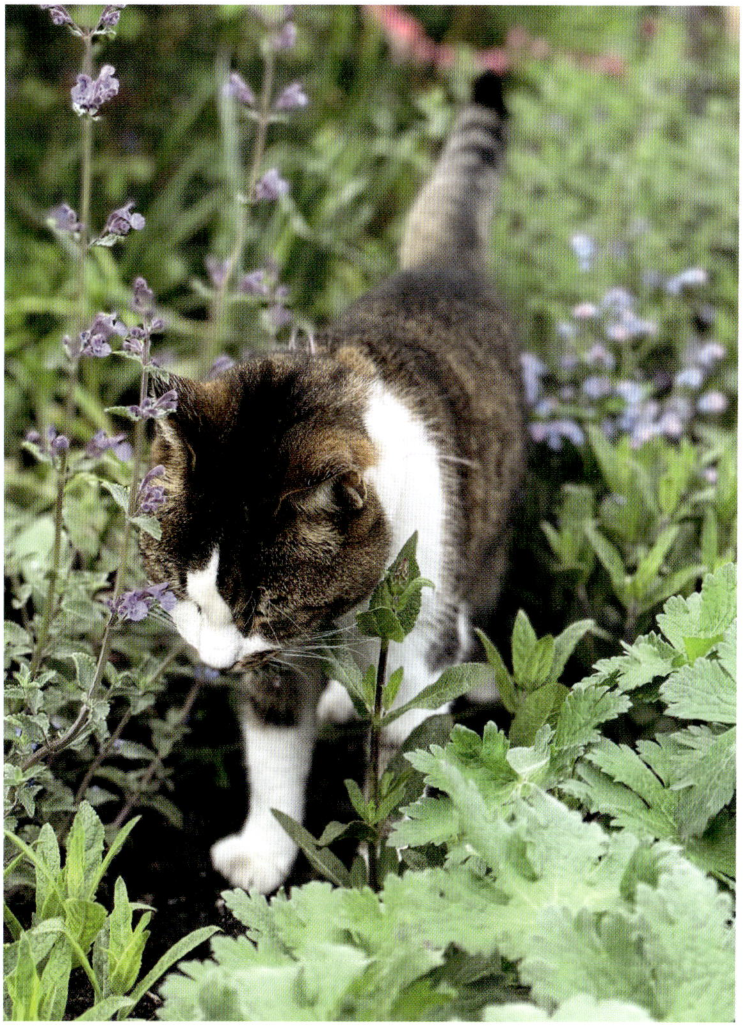

„BEWAHRE DIE LIEBE IN DEINEM HERZEN. OHNE SIE IST DAS LEBEN WIE EIN GARTEN OHNE SONNE, AUS DEM DIE BLUMEN VERSCHWUNDEN SIND."

OSCAR WILDE

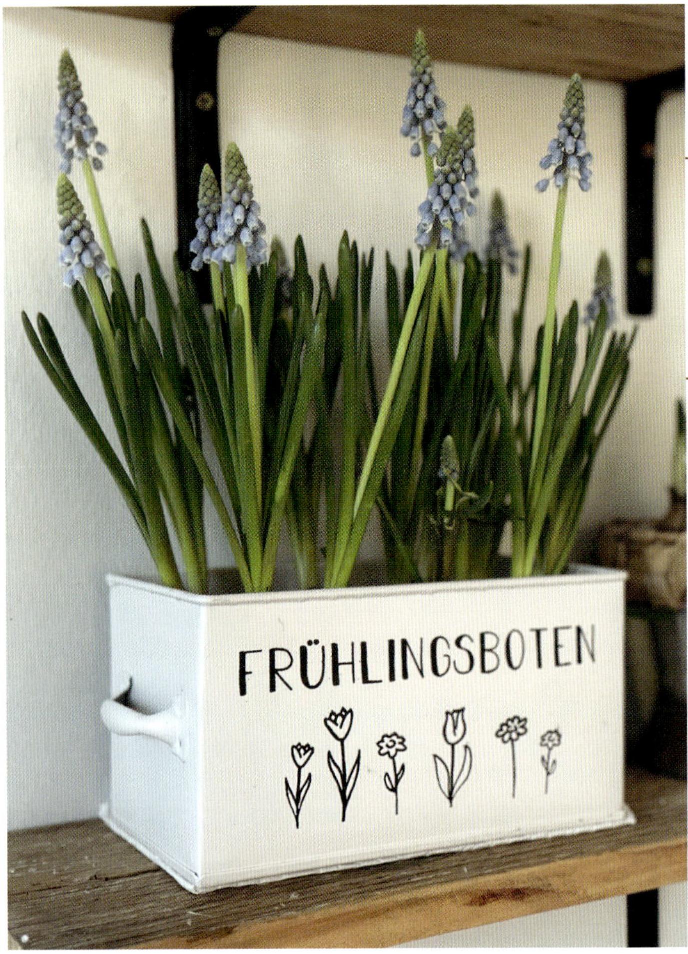

Traubenhyazinthen in Blau oder Weiß in einem schönen Gefäß mit Grußbotschaft sind auch immer eine schöne Idee für eine kleine Aufmerksamkeit für einen lieben Menschen.

Schnittblumen in unterschiedlichen Vasen sowie vorgezogene Frühblüher in Töpfen, wie etwa ***Hyazinthen, Tulpen, Narzissen, Ranunkeln, Vergissmeinnicht und Bellis,*** sind ein fester Bestandteil meiner Frühlingsdeko. Kleine Details, wie eine Schnur um Vasen und Krüge, sorgen in Kombination mit Accessoires aus Naturmaterialien für einen liebevollen Touch.

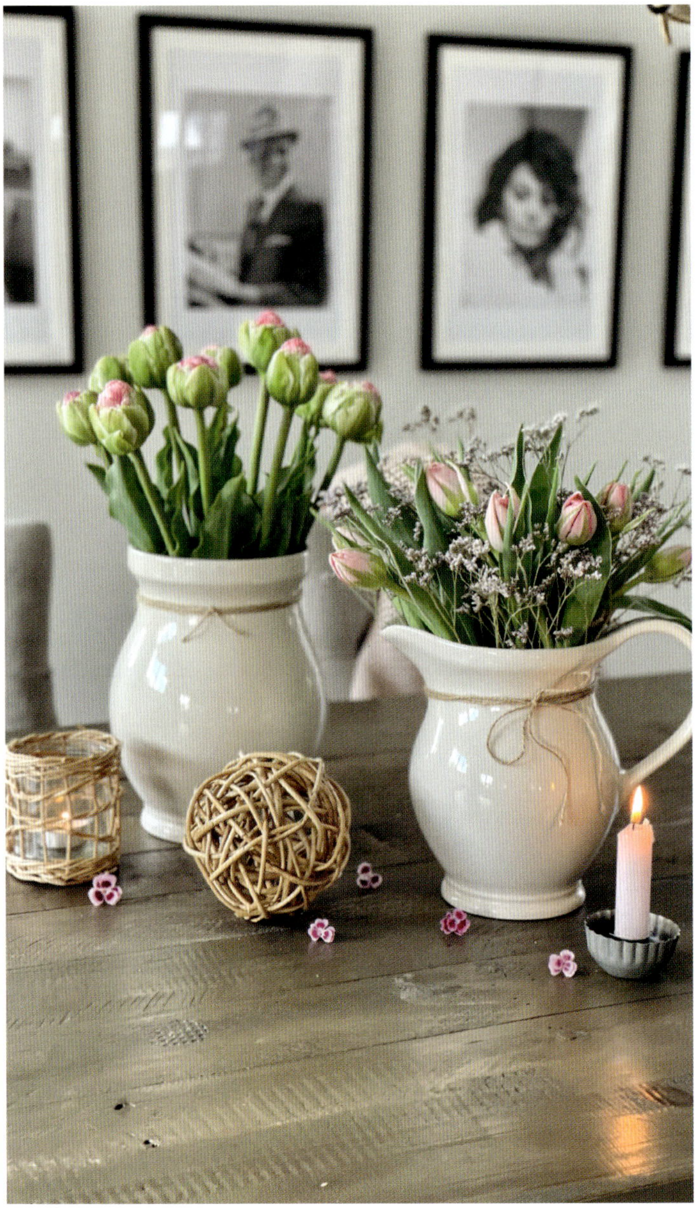

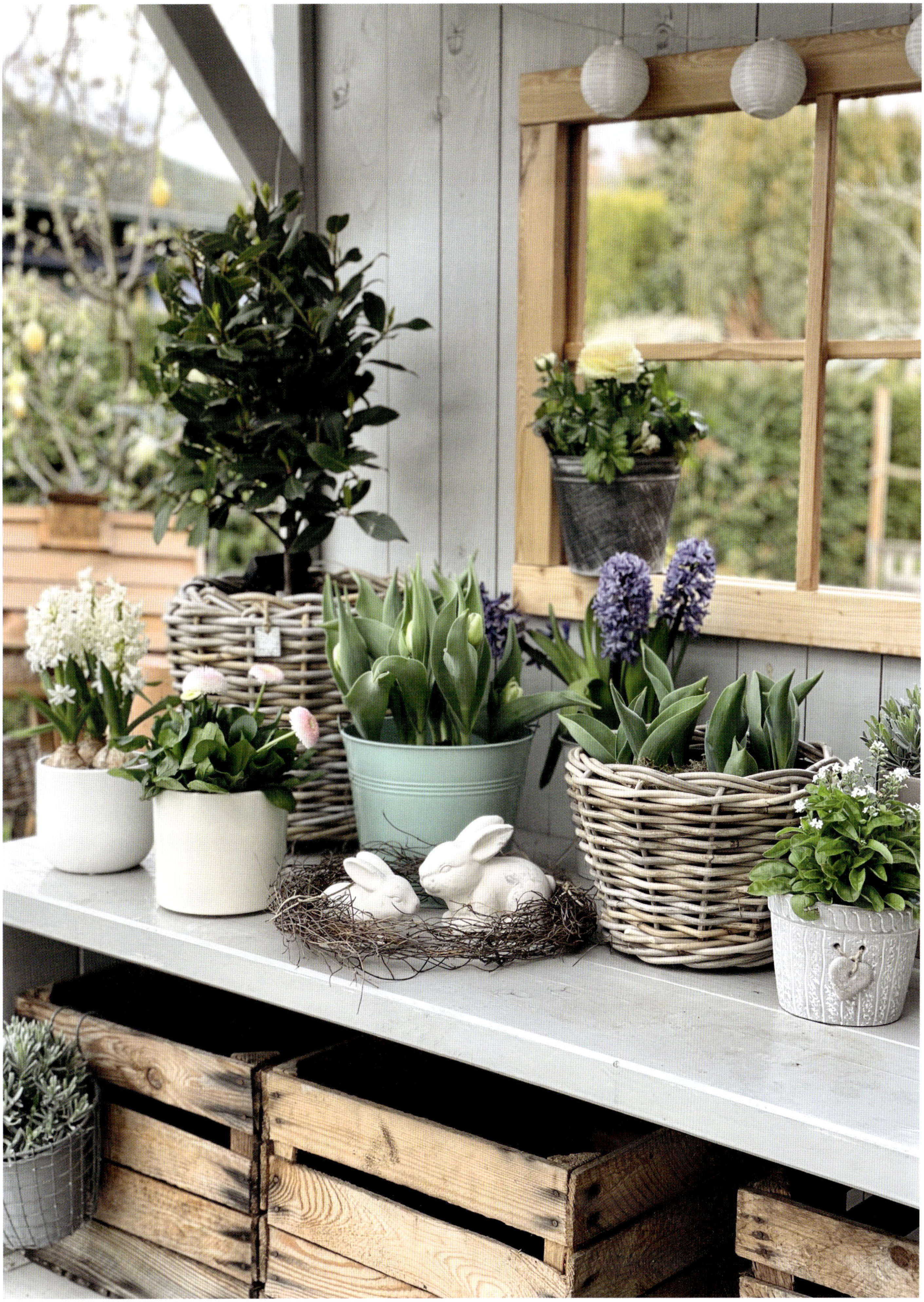

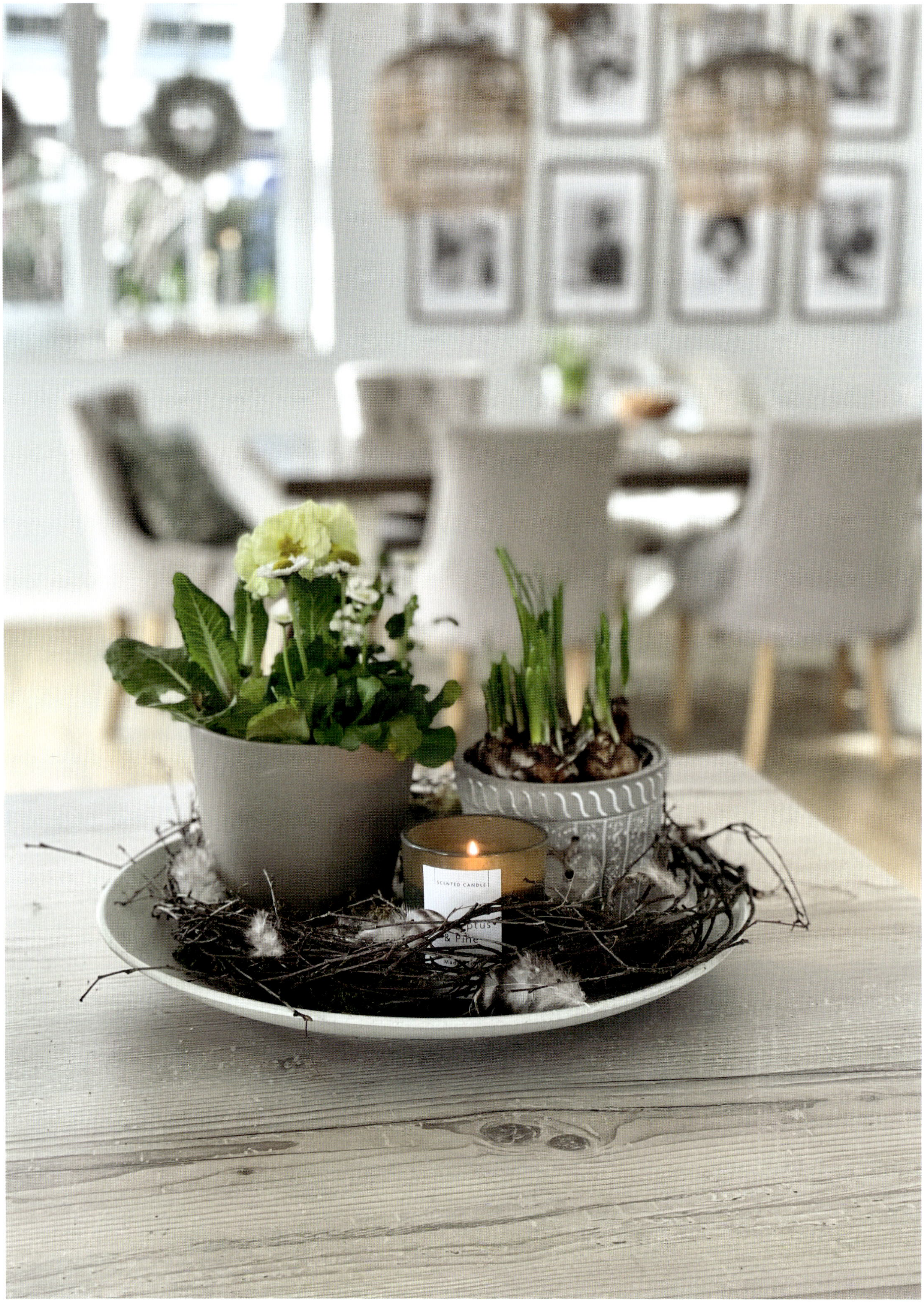
SCENTED CANDLE
& Pine

„VERWEILE NICHT IN DER VERGANGENHEIT, TRÄUME NICHT VON DER ZUKUNFT. KONZENTRIERE DICH AUF DEN GEGENWÄRTIGEN MOMENT.“

BUDDHA

BÄRLAUCH-SUPPE MIT GÄNSEBLÜMCHEN UND CROÛTONS

Bärlauch ist mit seinen frisch-grünen Blättern und kleinen weißen Blüten sehr hübsch anzusehen und zählt zu den beliebtesten Frühlingskräutern. Er ist gesund und aromatisch. Die Blätter haben einen leichten, würzigen Knoblauchgeschmack.

VORSPEISE
FÜR 4 PERSONEN

Für die Suppe

1 Zwiebel

1 EL Butter

100 g Bärlauch-Blätter

350 g Kartoffeln, mehlig kochend

500 ml Gemüsebrühe

300 ml Wasser

200 ml Sahne

Salz

Pfeffer

Für die Croûtons

4 Scheiben Toastbrot

1 EL Butter

Für die Dekoration

1 Handvoll Gänseblümchen, gewaschen

1 Die Kartoffeln und die Zwiebel schälen und in Würfel schneiden.

2 Die Zwiebel in einem Topf mit etwas Butter andünsten, Kartoffeln hinzufügen und mit Gemüsebrühe und Wasser ablöschen. Die Kartoffeln etwa 20 Minuten weichkochen. In der Zwischenzeit den Bärlauch waschen, vorsichtig trockentupfen und grob hacken.

3 Den Bärlauch zu den weichgekochten Kartoffelwürfeln geben und nur kurz erhitzen. Dann den Topf vom Herd nehmen und die Zutaten mit einem Pürierstab fein pürieren. Die Sahne hinzufügen und die Suppe mit Salz und Pfeffer abschmecken. Dann auf niedriger Temperatur warm halten.

4 Das Toastbrot in kleine Würfel schneiden und in einer Bratpfanne mit etwas Butter rösten.

5 Die Suppe in Teller anrichten, mit Gänseblümchen verzieren und die Croûtons in einem kleineren Schälchen dazu reichen.

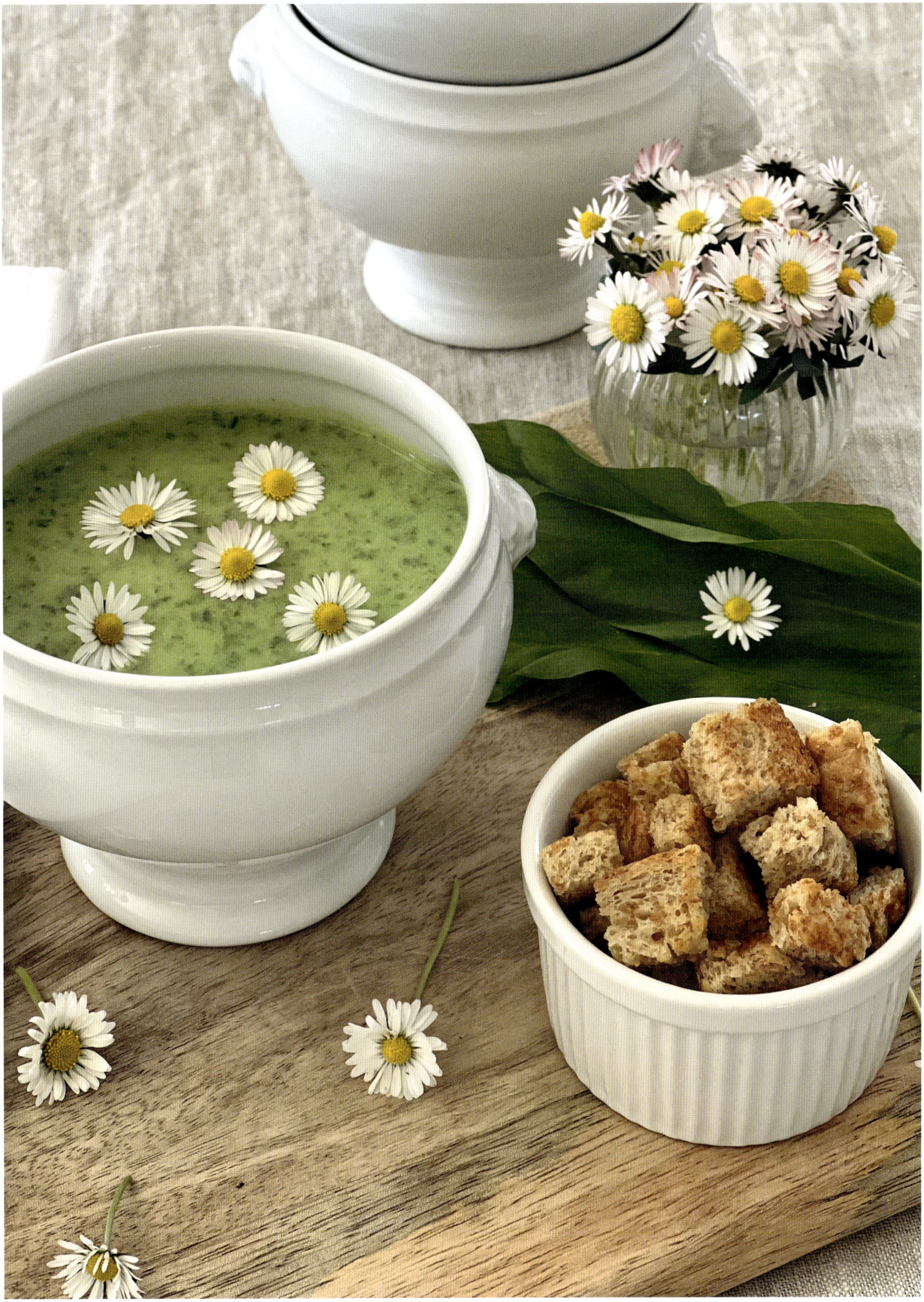

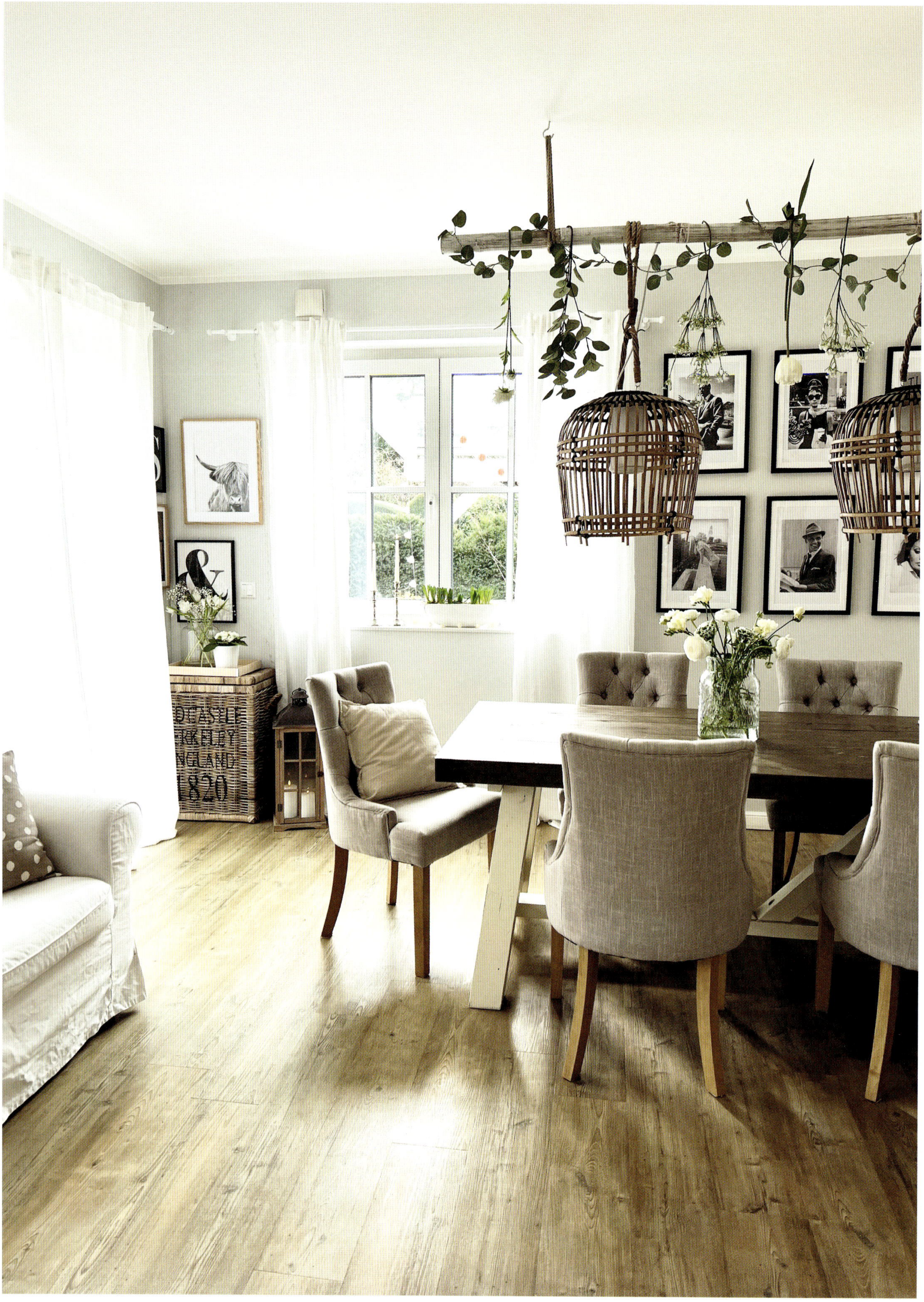

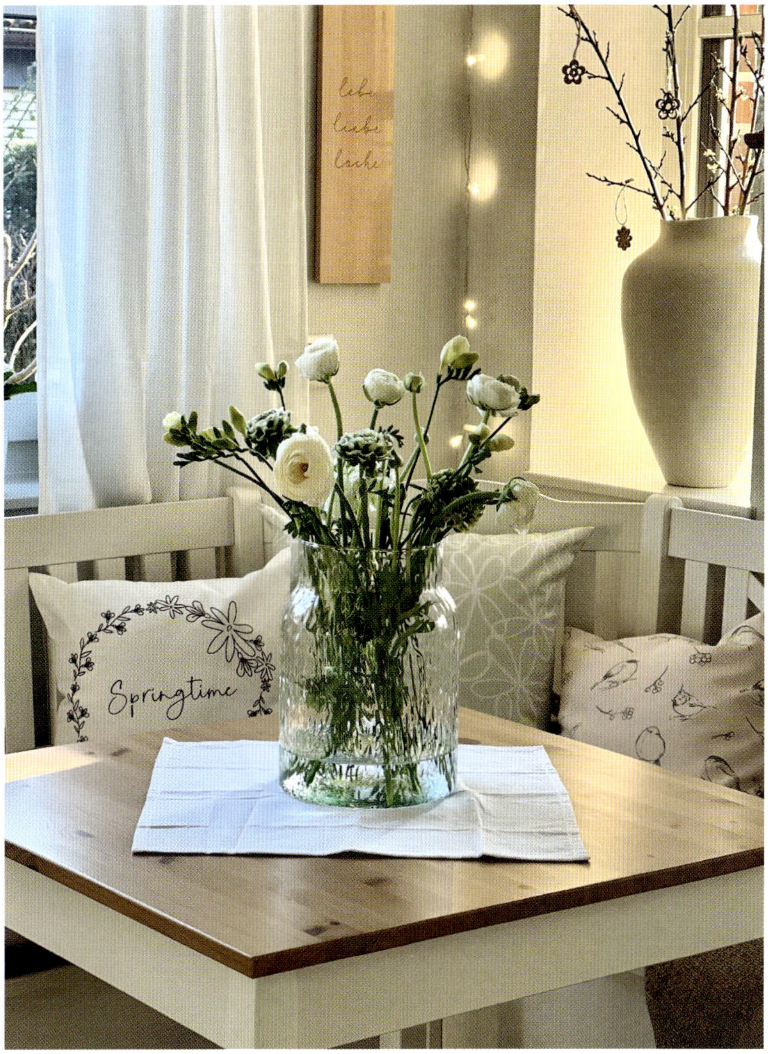

Mit den ersten warmen Sonnenstrahlen im Frühling ziehen mehr Blumensträuße bei uns zu Hause ein. Kerzen und Lichterketten kommen immer seltener zum Einsatz. *Die Hängelampen über unserem Esstisch dekoriere ich immer passend zur Jahreszeit.* Die Aufhängung der Lampen besteht aus einem weißen Bambusrohr, das mit zwei Seilen an der Decke befestigt wurde.

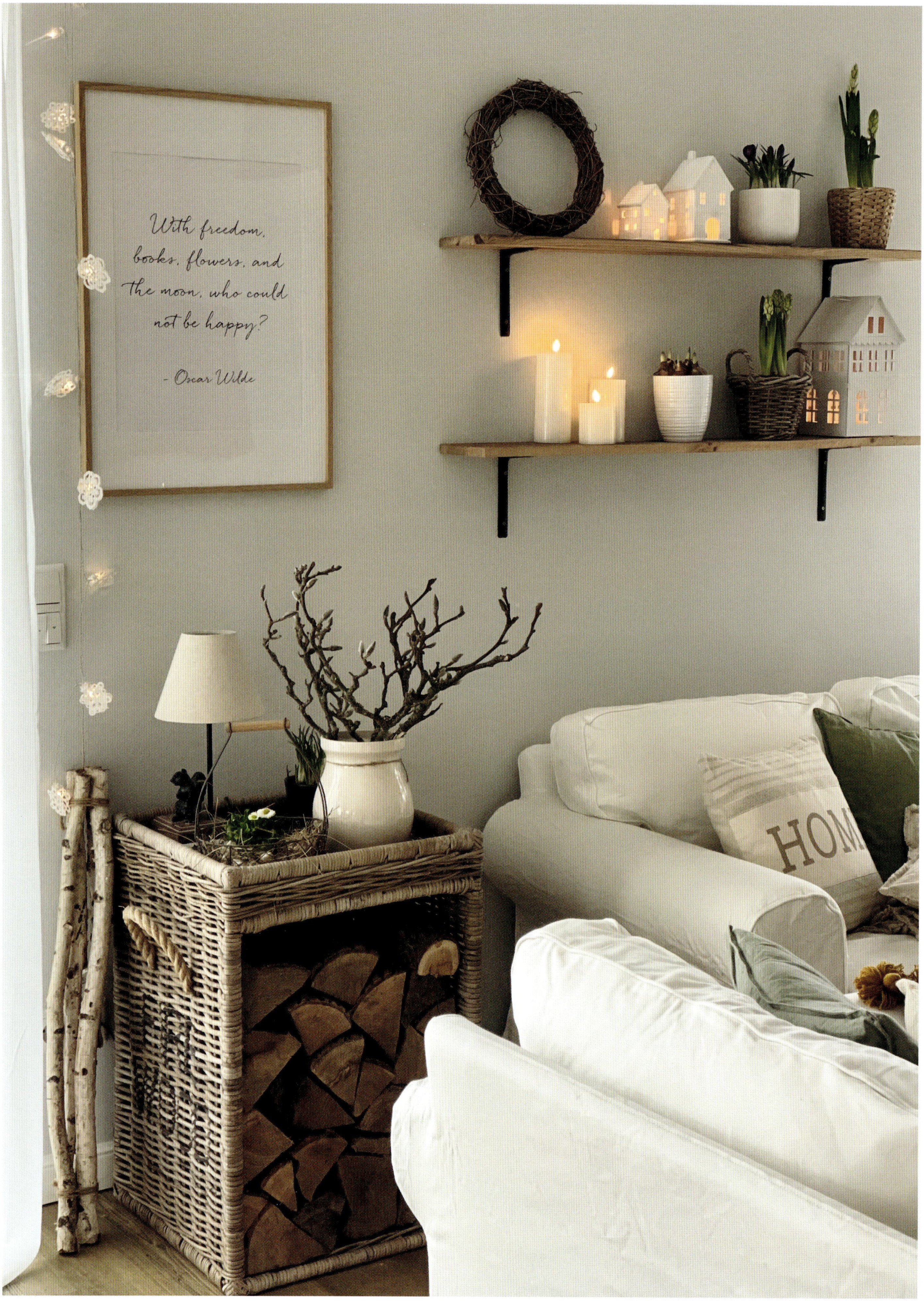
With freedom,
books, flowers, and
the moon, who could
not be happy?
- Oscar Wilde

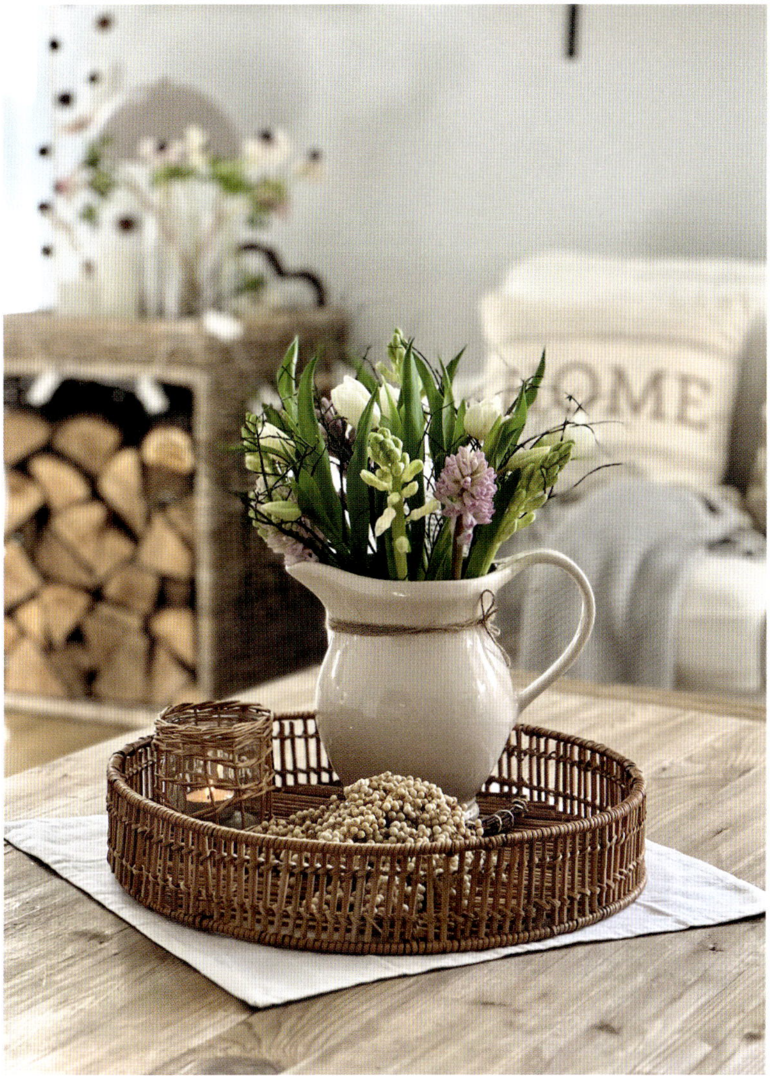

Tabletts sind nützliche Accessoires. Mit wenig Aufwand lassen sie sich *je nach Jahreszeit unterschiedlich gestalten* und entfalten entsprechend ihrer Platzierung eine eigene Wirkung. Der Strauß mit Tulpen, Hyazinthen und Heidelbeerzweigen ergibt zusammen mit dem Windlicht und den weißen Pfefferbeeren ein frühlingshaftes Bild.

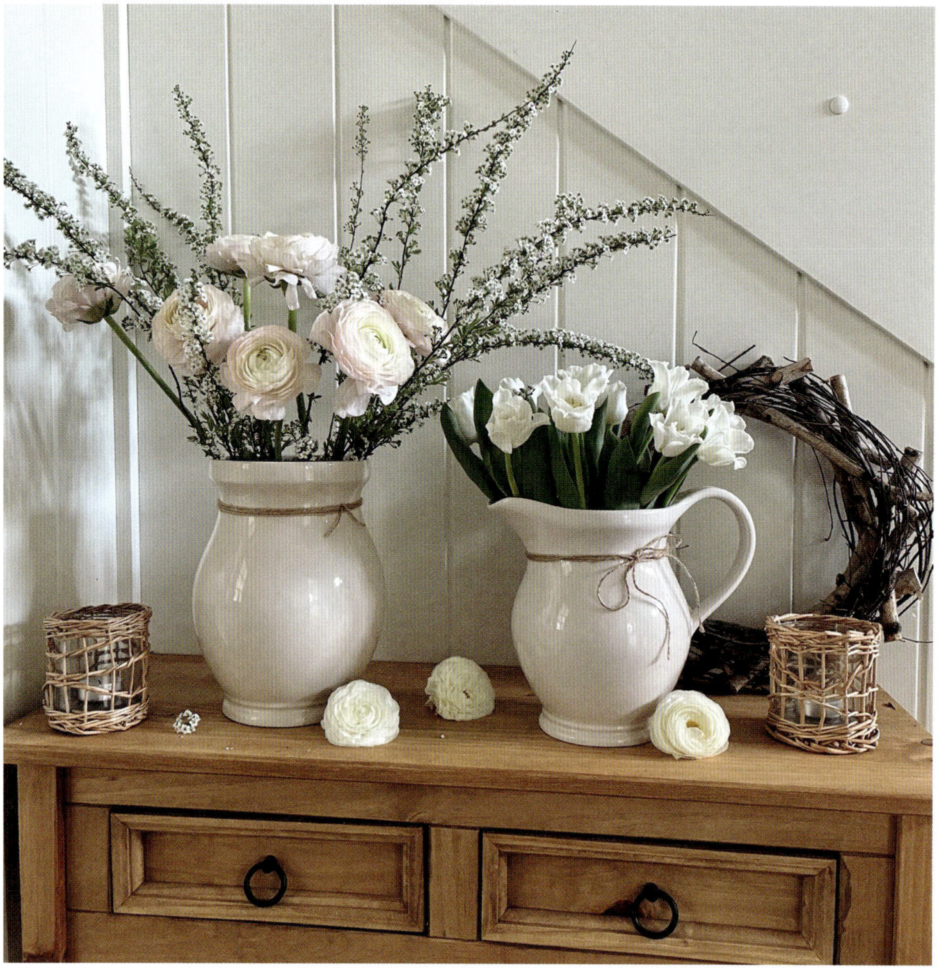

Nachdem die Wintermonate bei mir vor allem klassisch weiß sind, sehne ich mich im Frühling wie so viele Menschen nach etwas Farbe! Daher dürfen auch *dezente Farbtupfer* nicht fehlen. Im Frühling sind die bestimmenden Farben im Haus, neben Weiß, sanfte Pastelltöne und zartes Rosa. Sie sind Weichzeichner, die sich wunderbar in die helle Umgebung einfügen.

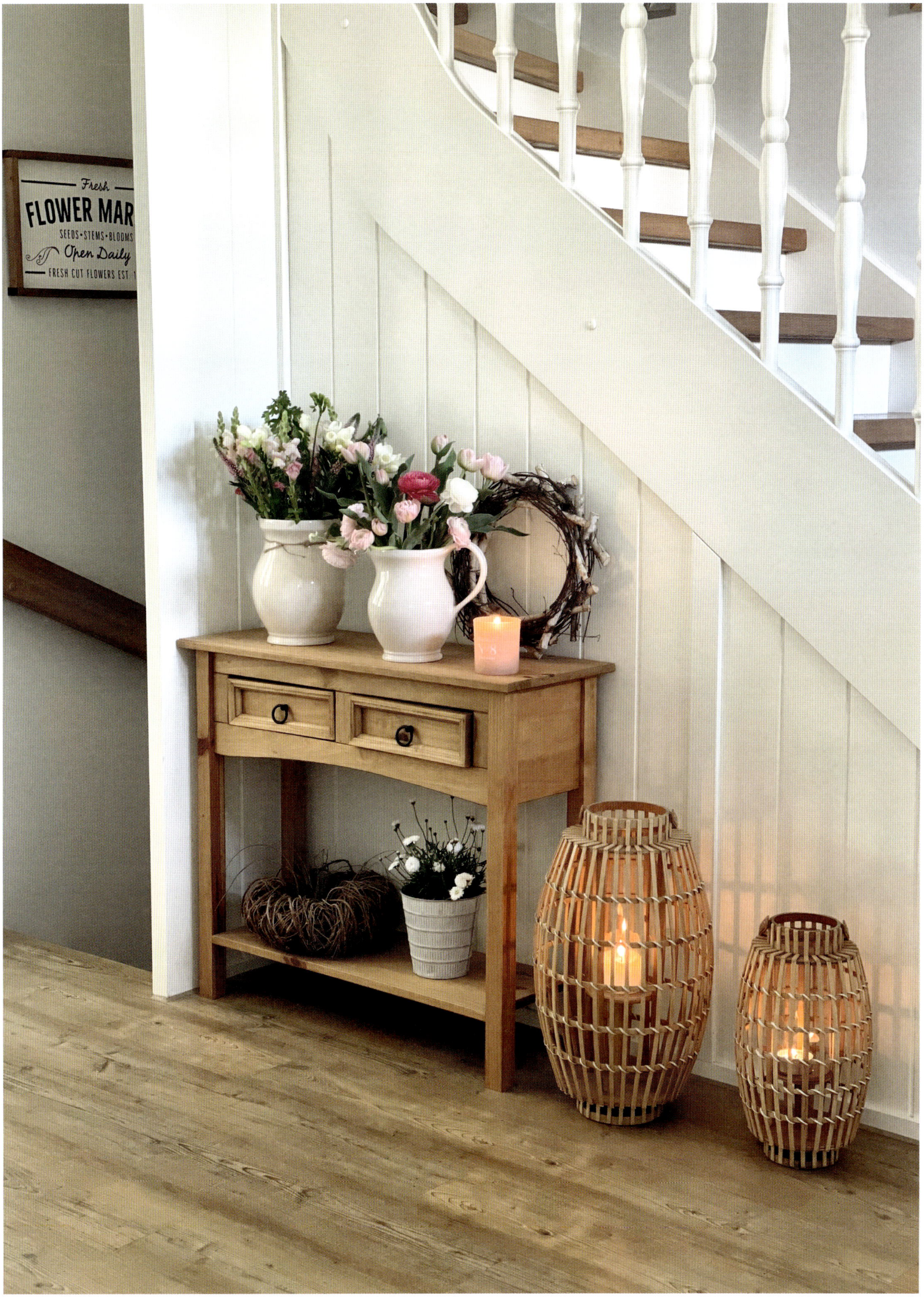
Fresh
FLOWER MAR
SEEDS·STEMS·BLOOMS
Open Daily
FRESH CUT FLOWERS EST

BLUMENGESTECK IN ZINKWANNE

Blumen sind für viele Menschen eines der schönsten symbolischen Geschenke, um Wertschätzung und Dankbarkeit auszudrücken. Der Mix aus Rosen, Tulpen, Schleierkraut und Frauenmantel in Weiß, Rosa und Pink sorgt dabei für eine wunderbare Farbharmonie. Mit einer persönlichen, handgeschriebenen Karte zaubert das Blumengesteck der beschenkten Person bestimmt ein Lächeln ins Gesicht.

FÜR 1 GESTECK, Ø 25 CM

1 Zinkwanne in Weiß, ca. 11 cm hoch

1 Steckschaum, passend zugeschnitten

1–2 Bund Rosen in Weiß-Rosa

1–2 Bund Tulpen in Pink

je 1 Bund Schleierkaut in Rosa und Weiß

1 Bund Frauenmantel-Blätter

1 Karte in Weiß, klein

1 Holzstäbchen

1 Stift in Schwarz

Klebefilm

1 Die Zinkwanne bis zur Hälfte mit Wasser füllen.

2 Den zugeschnitten Steckschaum in den Behälter legen und diesen mit Wasser vollsaugen lassen.

3 Die Blumen kürzen und leicht schräg anschneiden.

4 Erst die Rosen, dann die Tulpen und zuletzt das Schleierkraut in den Steckschaum stecken, so dass ein harmonisches Bild entsteht. Zum Schluss die Zinkwanne mit Frauenmantel umranden.

5 Die Karte mit einer persönlichen Nachricht versehen und mit Klebefilm am Holzstäbchen befestigen. Dann im Gesteck platzieren.

Den Steckschaum gut feucht halten und nachts kühl lagern. So hält sich das Gesteck länger.

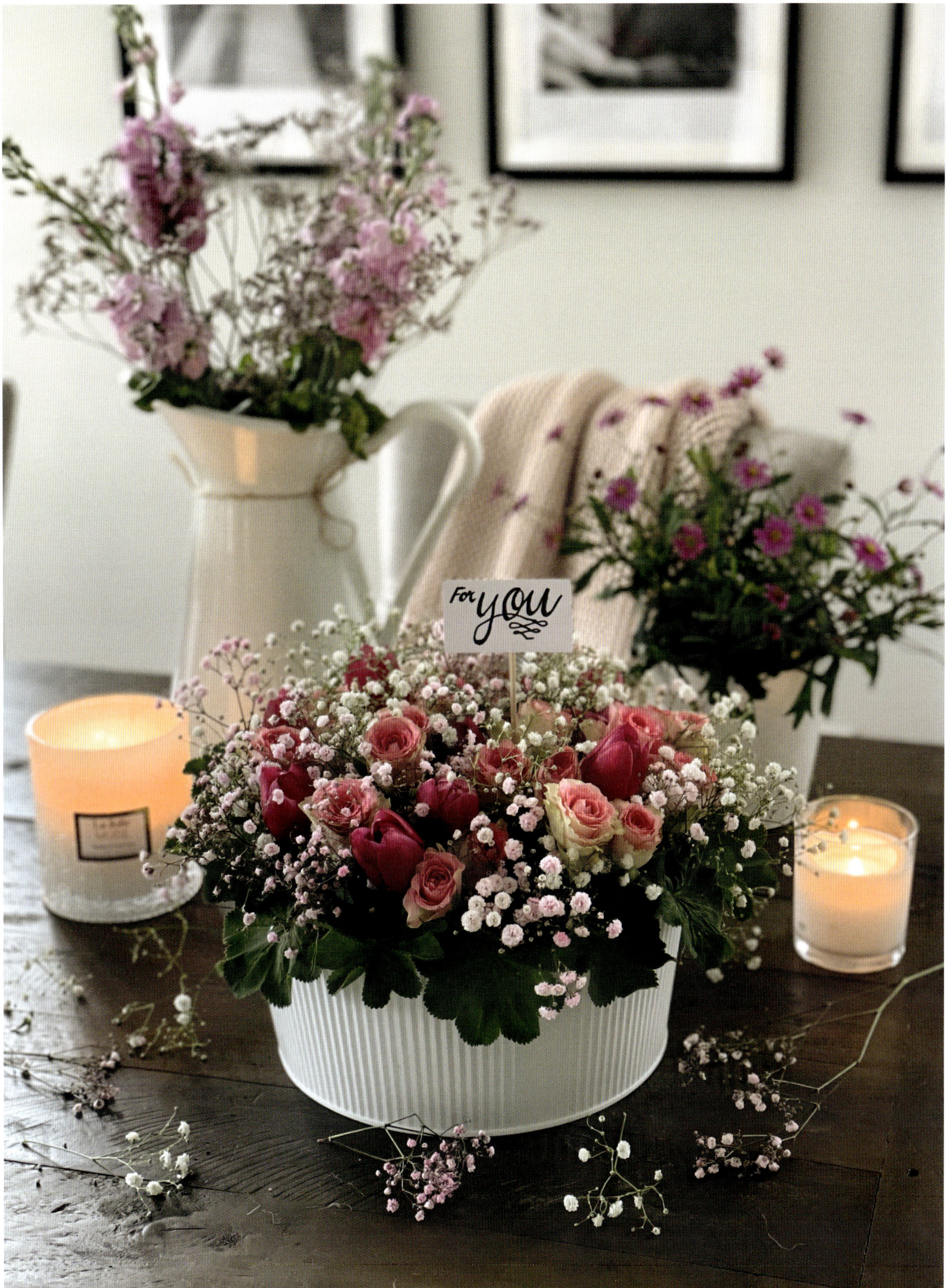
For YOU

„DIE WELT IST VOLL VON
KLEINEN FREUDEN, DIE KUNST
BESTEHT NUR DARIN, SIE ZU SEHEN,
EIN AUGE DAFÜR ZU HABEN.“

LI-TAI-PO

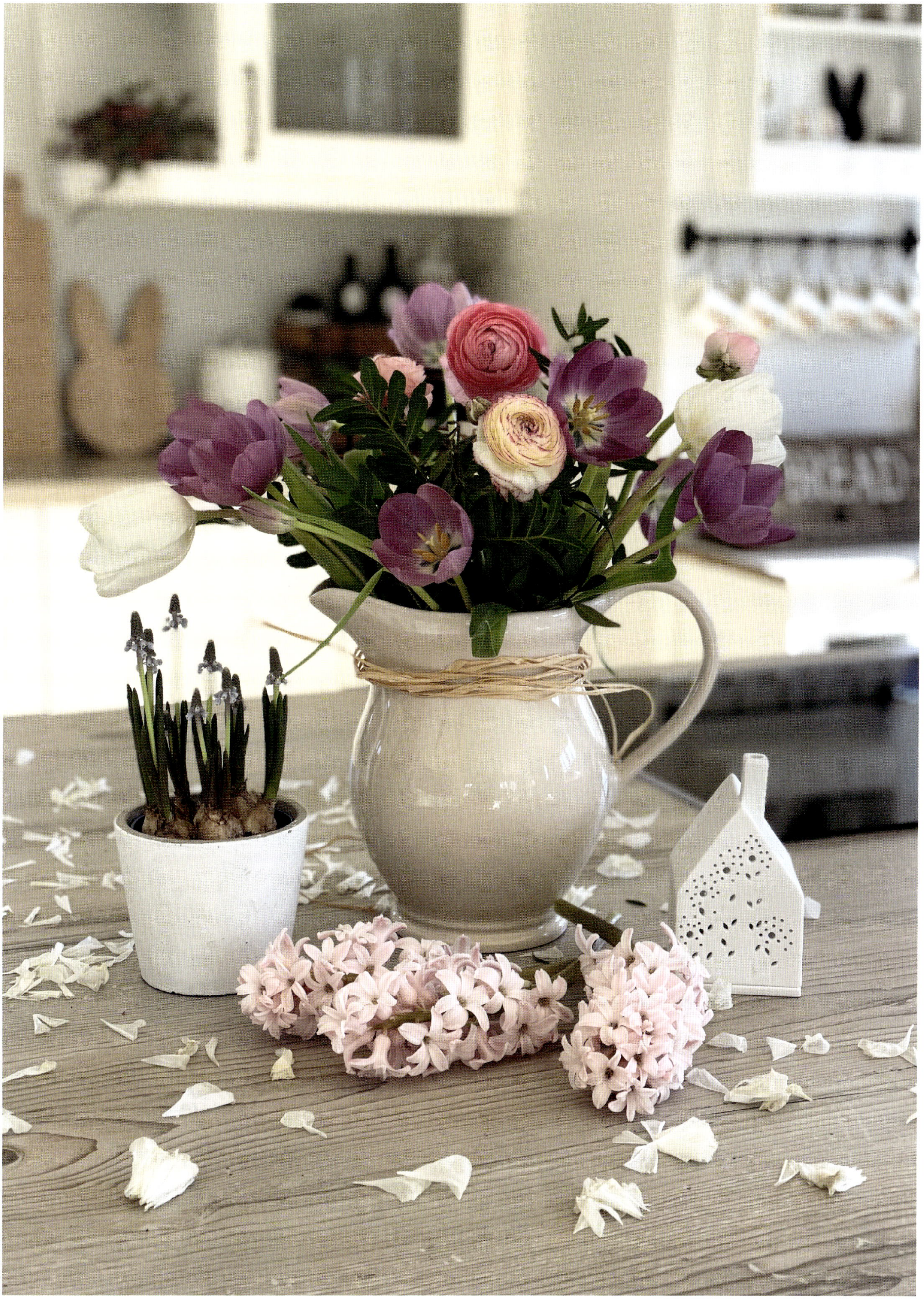

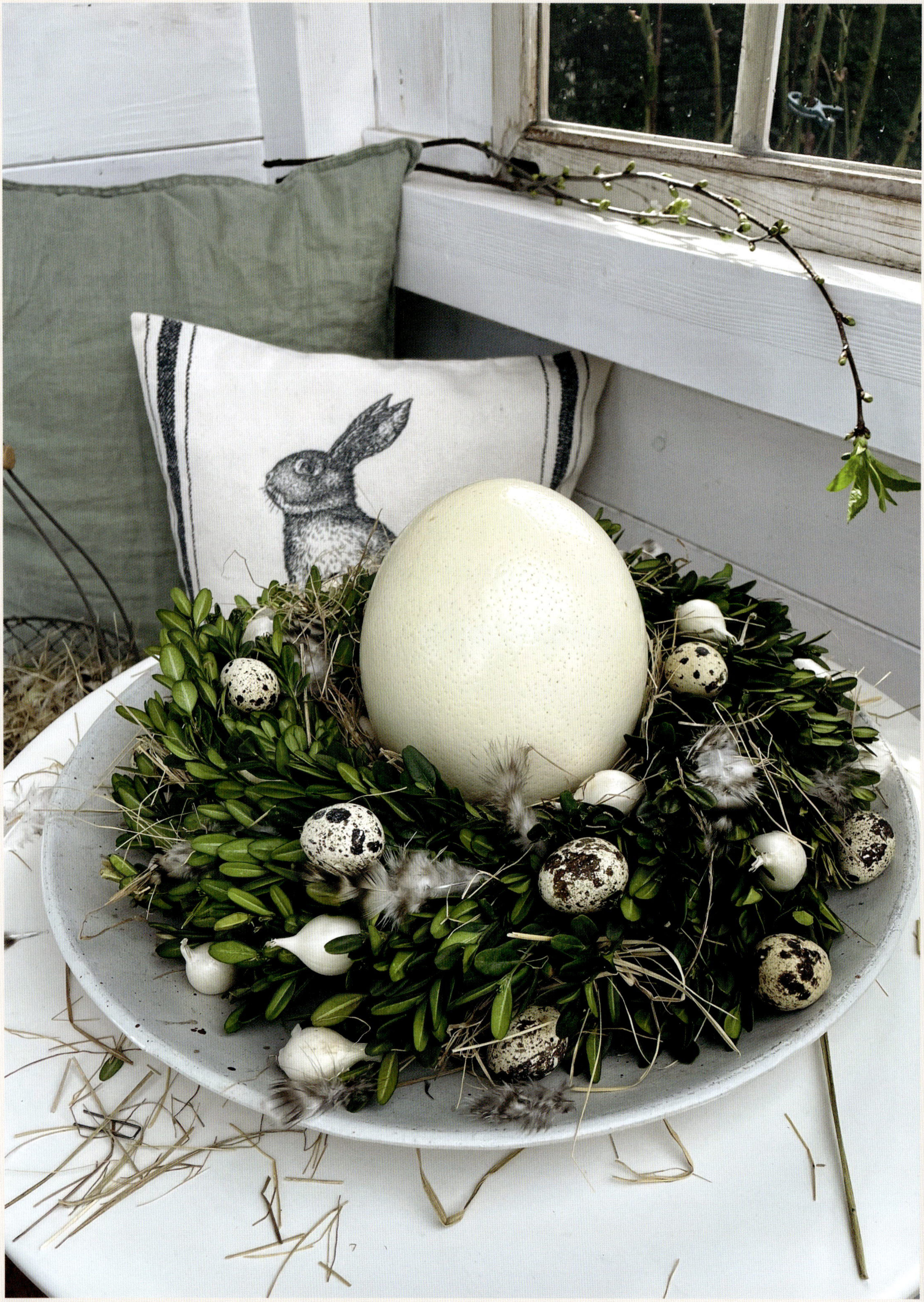

OSTERN

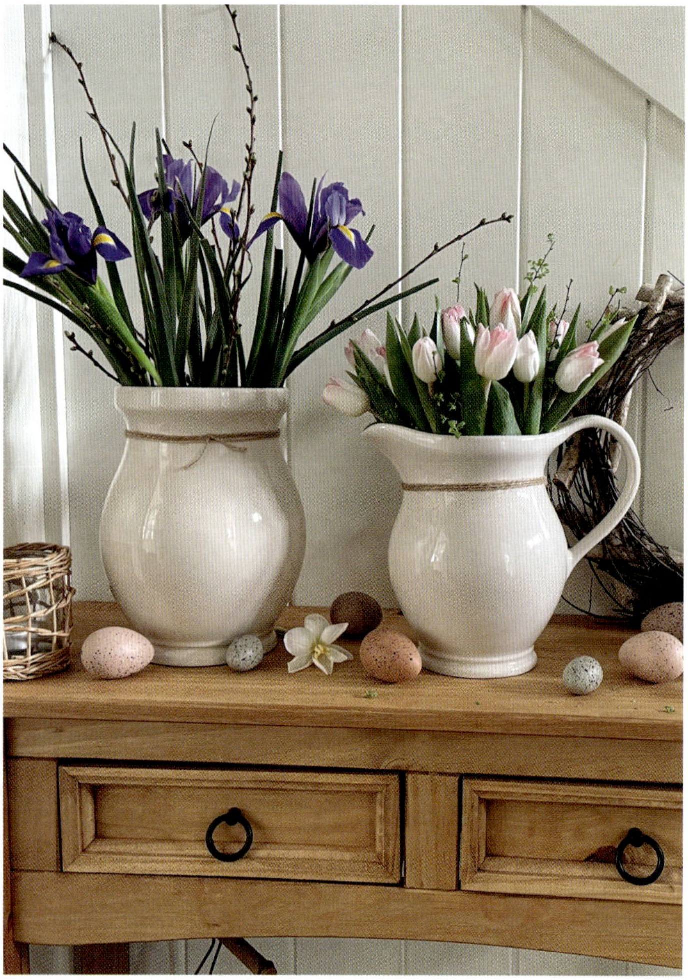

Mit der näher rückenden Osterzeit verändert sich die Gestaltung der Wohnräume und des Außenbereichs erneut. *Hasen, Eier und Nester* ziehen langsam ein, bis schließlich kurz vor dem Fest in fast allen Ecken ein österliches Dekoelement zu finden ist.

Kleiner Deko-Tipp:
Wer seinem Windlicht schnell und unkompliziert ein österliches Aussehen verleihen will, der braucht nur selbstklebende Milchglasfolie und eine Schere. Einfach eine Hasenform ausschneiden und außen auf das Glas anbringen.

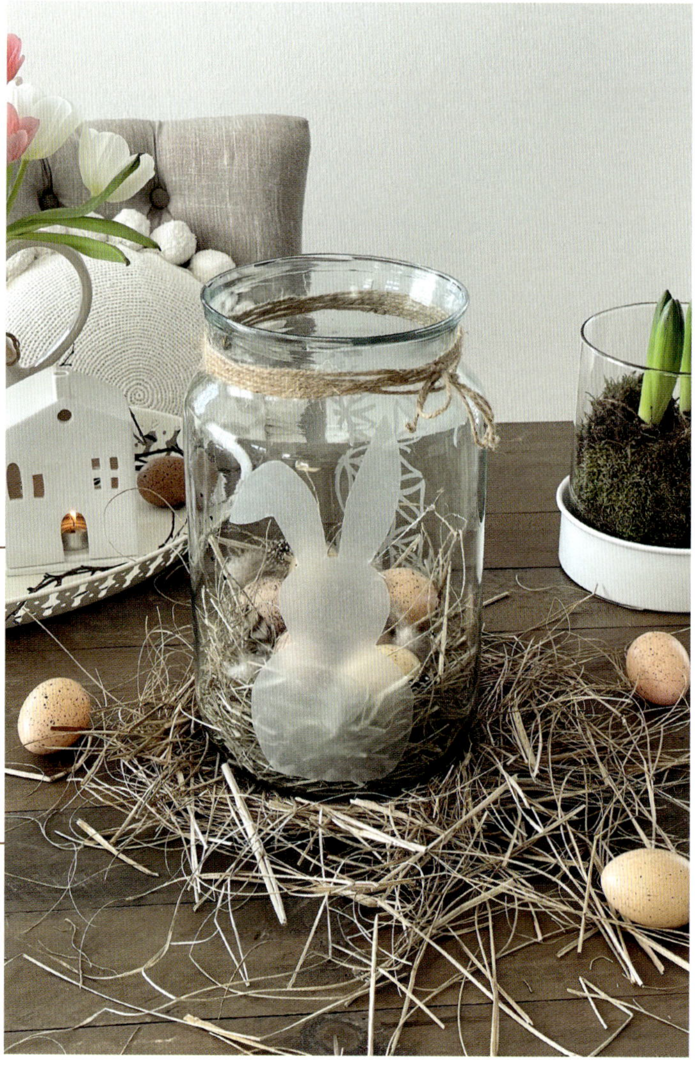

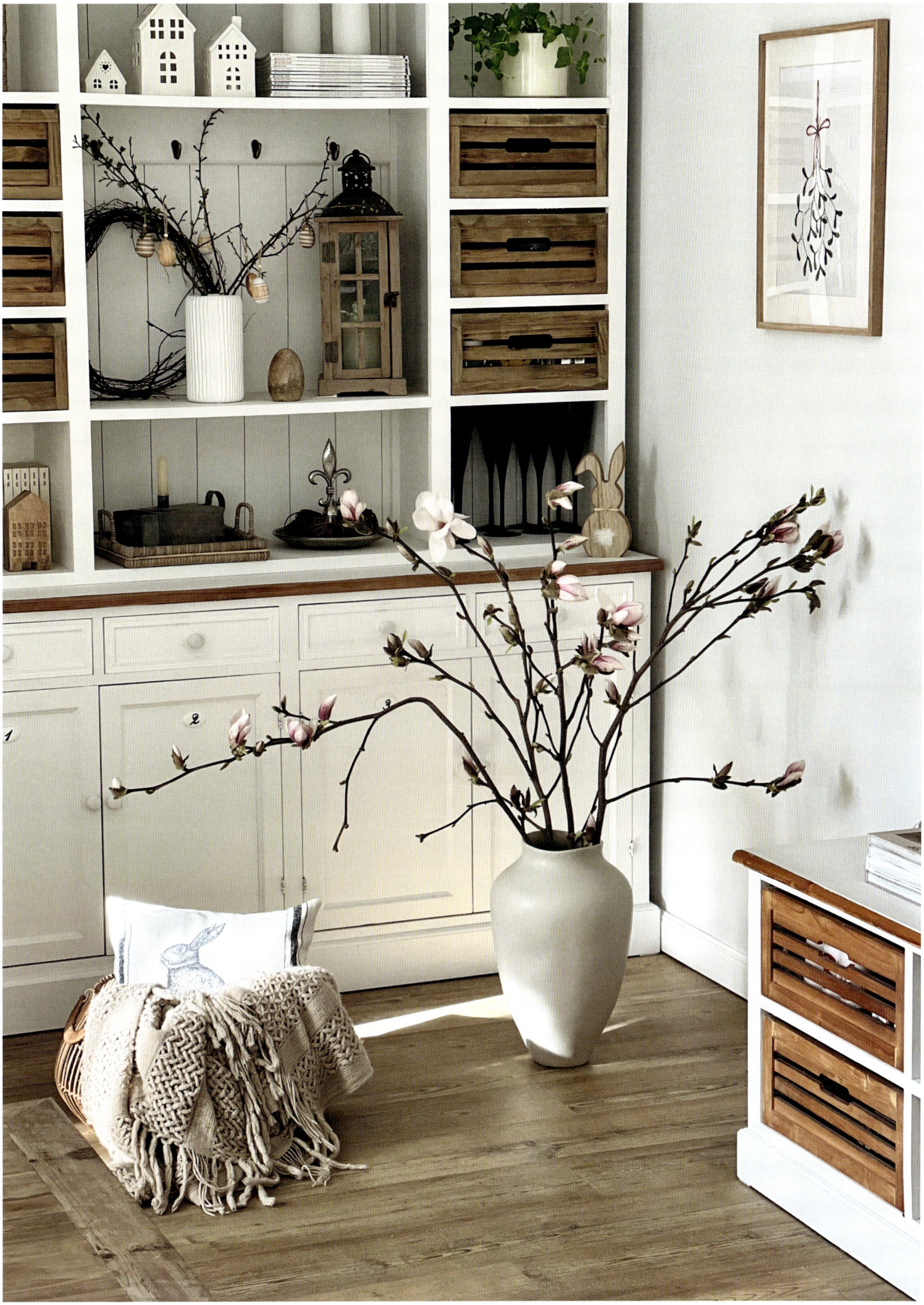

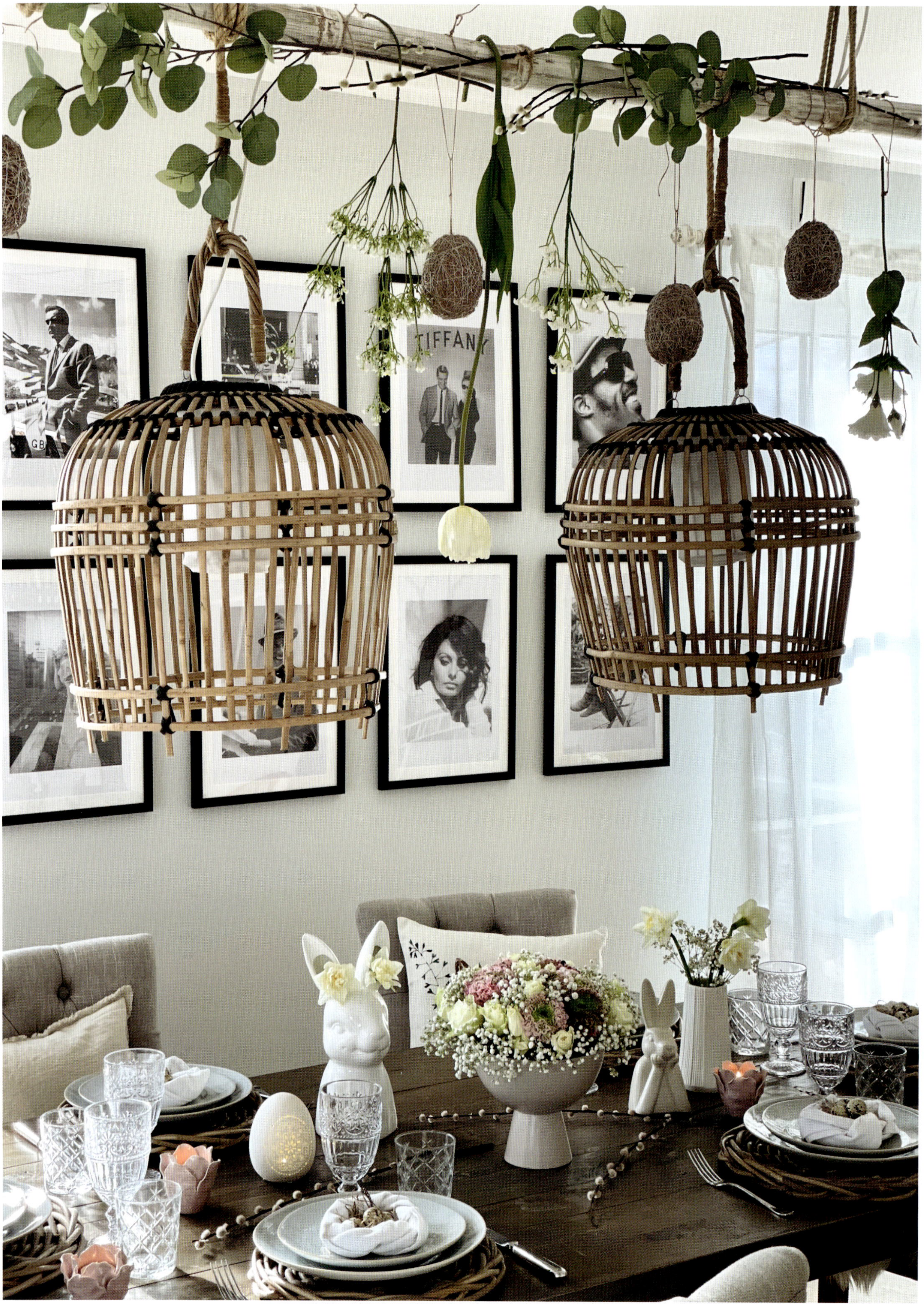
TIFFANY

Ein farbenfrohes Blumengesteck auf dem Ostertisch bringt einen Hauch von Frühling und Farbe in den Raum. Die Kombination von Rosa, Weiß und Grün ist ein Hingucker und trotzdem harmonisch-zurückhaltend. *Die schöne Deko-Schale gibt dem Gesteck den nötigen Raum zur Wirkung.* Neben Ostereiern, Hasen und Kerzen sorgt das Gesteck für das i-Tüpfelchen auf dem dekorierten Tisch.

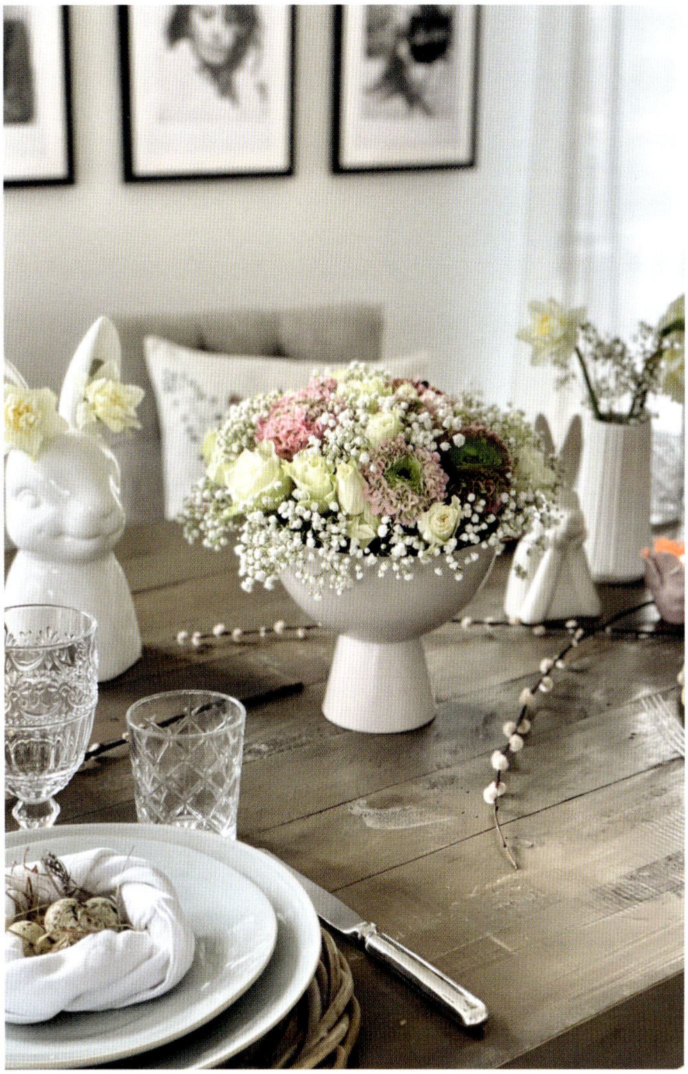

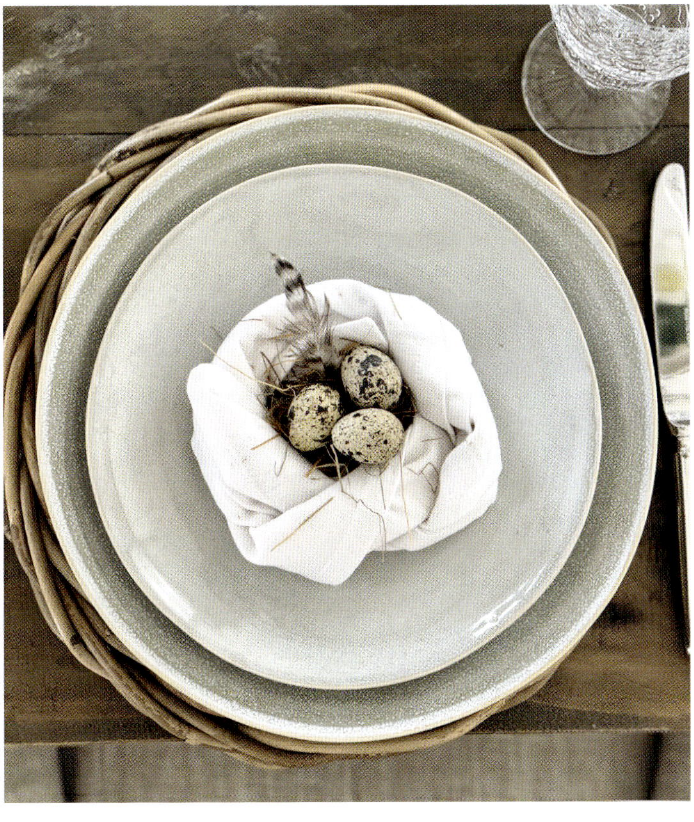

Zum Osternest geformte Stoffservietten sind schnell gemacht und werten den Ostertisch optisch auf. Die Serviette zu einem Dreieck legen, dann der Länge nach zusammenrollen und wie abgebildet zu einem kleinen Nest formen. Eier und Heu mittig im Nest platzieren.

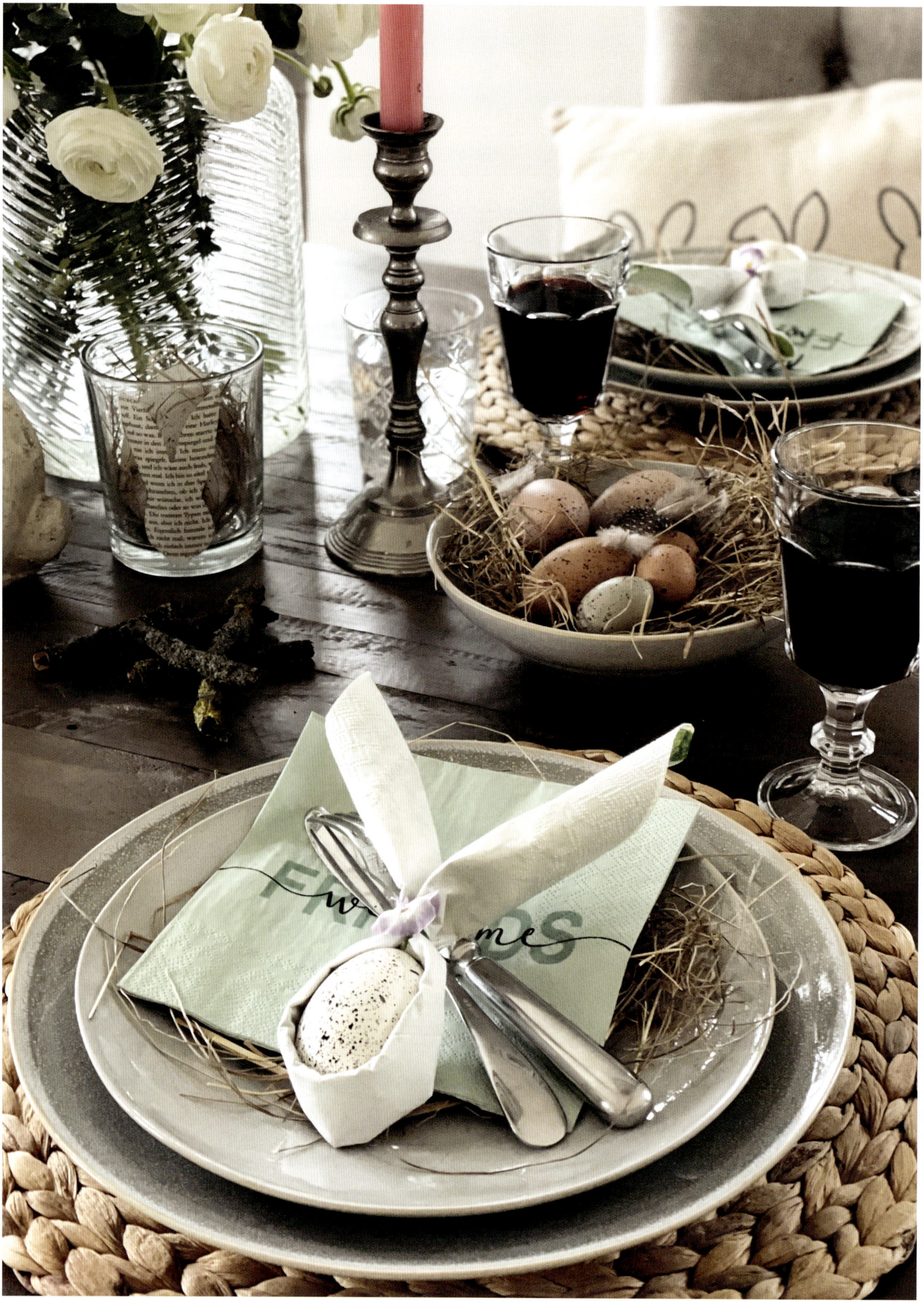

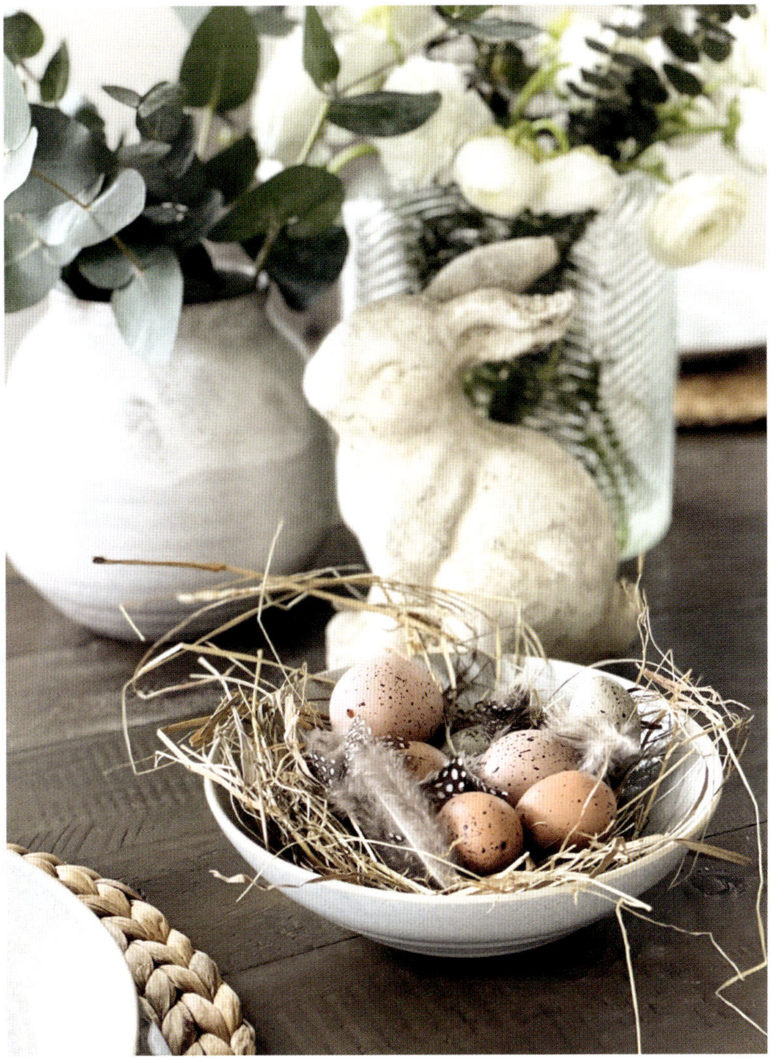

Deko-Tipp für die Ostertafel: Eine passende *österliche Tischdeko* lässt sich schnell und einfach mit ein paar Materialien zaubern. Für ein dekoratives Osternest Heu in einen tiefen Teller legen und verschiedene Eier und Federn darauf drapieren.

Als österlichen Gruß eine Papierserviette diagonal zu einem länglichen Streifen zusammenfalten und um ein farblich passendes Kunststoffei legen. Die Enden oberhalb des Eis zusammenbinden und wie Hasenohren formen.

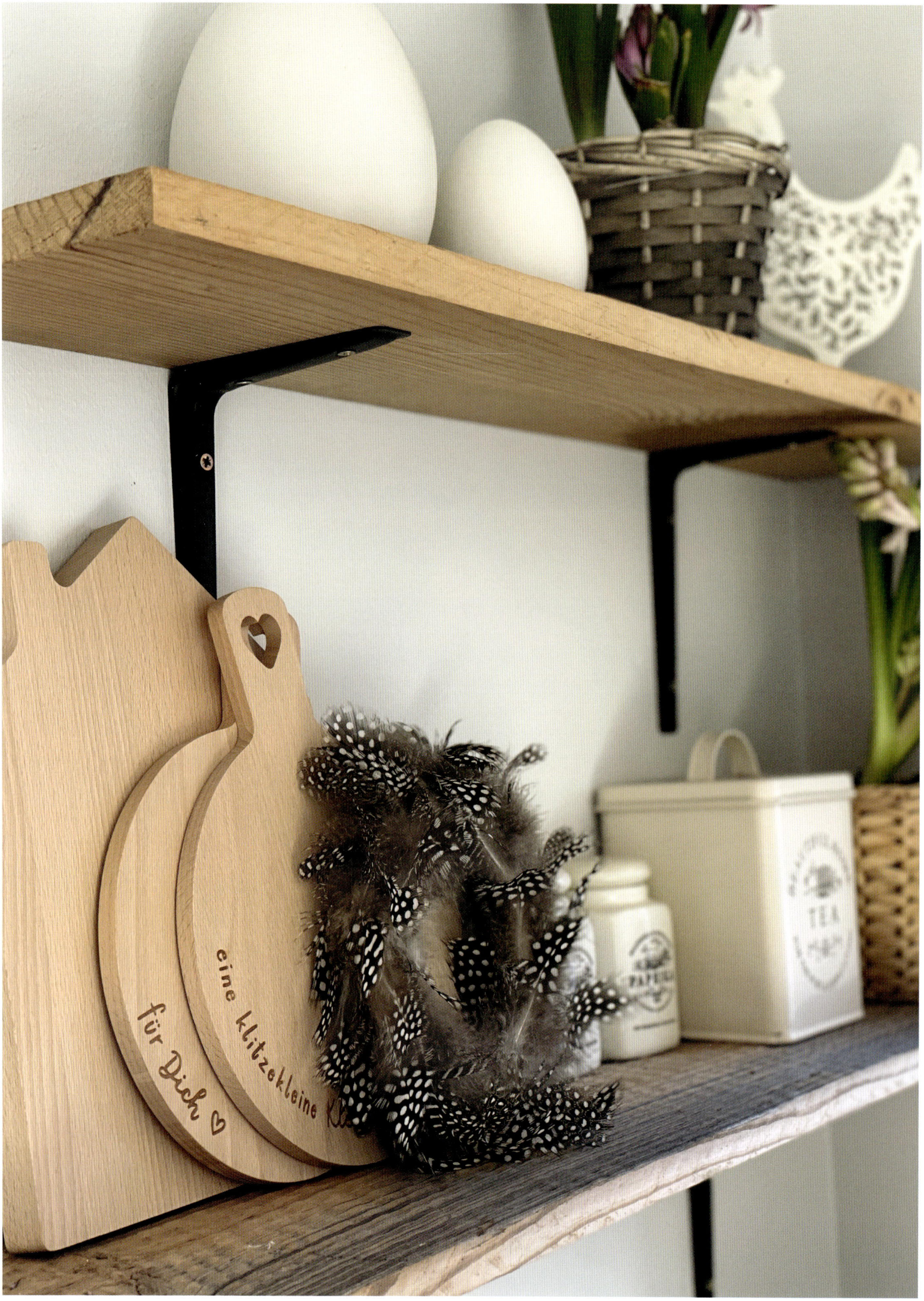
für Dich
eine klitzekleine
TEA

„MENSCHLICHES GLÜCK
STAMMT NICHT SO SEHR AUS
GROSSEN GLÜCKSFÄLLEN, DIE
SICH SELTEN EREIGNEN, ALS
VIELMEHR AUS KLEINEN GLÜCK-
LICHEN UMSTÄNDEN, DIE JEDEN
TAG VORKOMMEN.“

BENJAMIN FRANKLIN

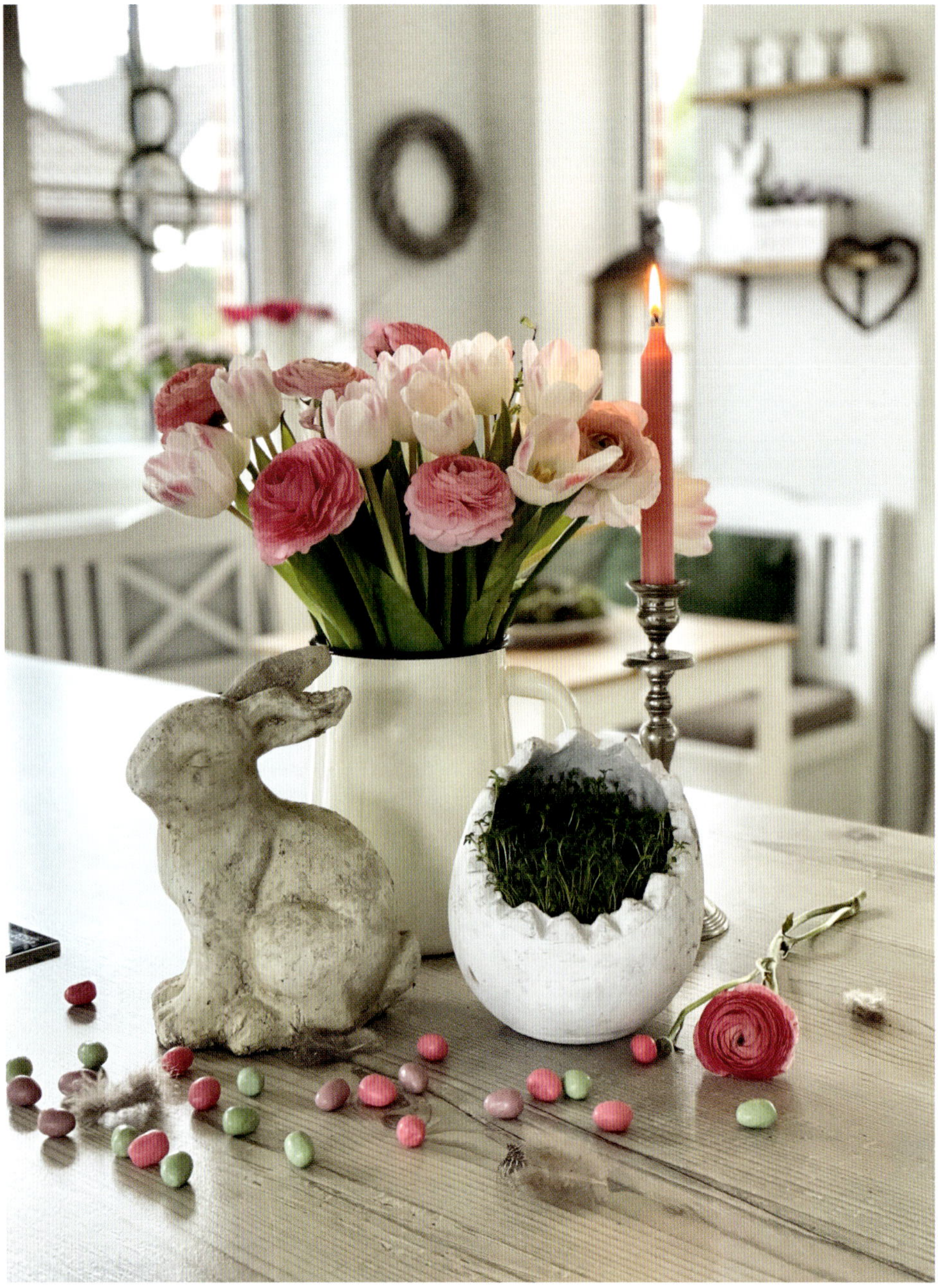

Selbstgemachte Leckereien, egal ob süß oder herzhaft, bereichern jedes *Osterfest* und dürfen wie die passende Osterdeko beim gemütlichen Zusammensein nicht fehlen. Selbst gezogene Kresse in einem hübschen Gefäß sieht nicht nur gut aus, sondern verfeinert auch gleich Butterbrote und Eiersalate.

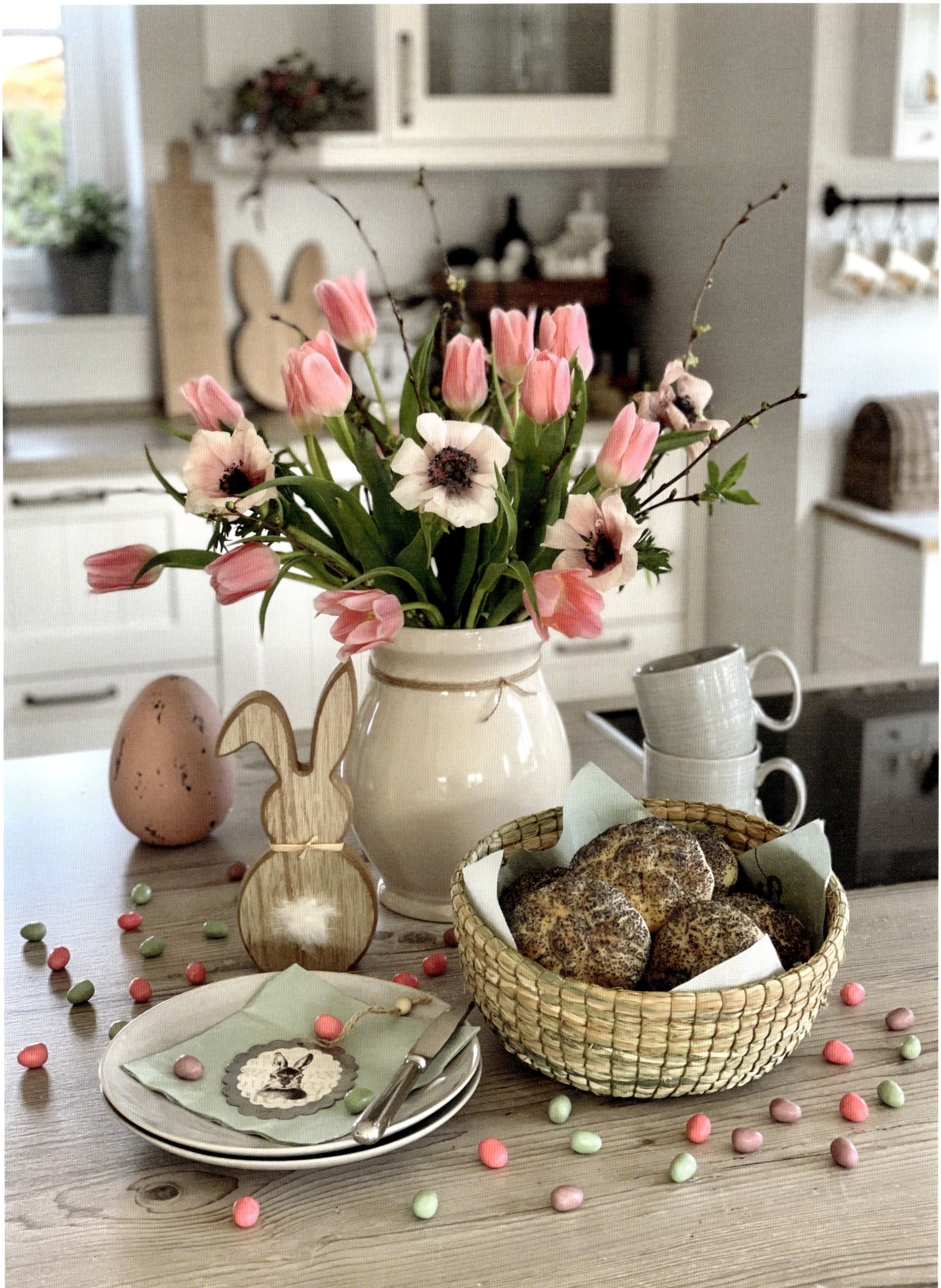

BLÄTTERTEIG-HASE

Dieses Blätterteig-Gebäck wird mit Sahne und Erdbeeren gefüllt. Es ist eine dekorative, köstliche und einfache Idee für den gemütlichen Osterbrunch oder die Kaffeetafel. Die Sahne sorgt dabei für eine leicht cremige Note, und die frischen Erdbeeren verleihen dem Gebäck einen fruchtigen Geschmack. Ein Hauch von Puderzucker rundet die süße Leckerei ab.

FÜR 1 HASEN

2 Rollen Blätterteig aus dem Kühlregal

250 ml Schlagsahne

250 g Erdbeeren, frisch

1 Banane, klein

Puderzucker

1 Tube Zuckerschrift (Schokoladengeschmack)

Schablone „Hasenkopf"

1 Den fertigen Blätterteig 15 Minuten vor Zubereitung aus dem Kühlschrank nehmen. Den Backofen auf 200 °C (Ober- und Unterhitze) vorheizen.

2 Den Blätterteig ausrollen und mit Hilfe der Schablone einen Hasenkopf ausschneiden. Ich habe ein Hasenkopf-Holzbrett und dieses als Vorlage verwendet. Alternativ gibt es im Internet aber schöne Hasenköpfe, die man zum Ausdrucken und Nachzeichnen verwenden kann. Oder man zeichnet einen Hasenkopf ganz kreativ selbst. Den Vorgang mit dem zweiten Blätterteig wiederholen.

3 Einen Hasenkopf auf ein mit Backpapier ausgelegtes Backblech legen und im vorgeheizten Backofen auf mittlerer Schiene etwa 15 Minuten lang goldbraun backen. Diesen Vorgang mit dem zweiten Hosenkopf wiederholen.

4 Während die Hasenköpfe abkühlen die Sahne schlagen und die Erdbeeren waschen und vorsichtig trockentupfen. Die Erdbeeren und die Banane in dünne Scheiben schneiden.

5 Einen Blätterteighasen mit Schlagsahne bestreichen und Erdbeerscheiben darauf verteilen. Zwei Bananenscheiben und drei Erdbeerstückchen für das Gesicht beiseitelegen. Dann den zweiten Blätterteighasen vorsichtig auflegen.

6 Den gefüllten Hasenkopf mit Puderzucker bestäuben. Mit Bananenscheiben, Erdbeerstücken und Zuckerschrift ein Gesicht gestalten. Die Schnurrbarthaare sind aus Banane.

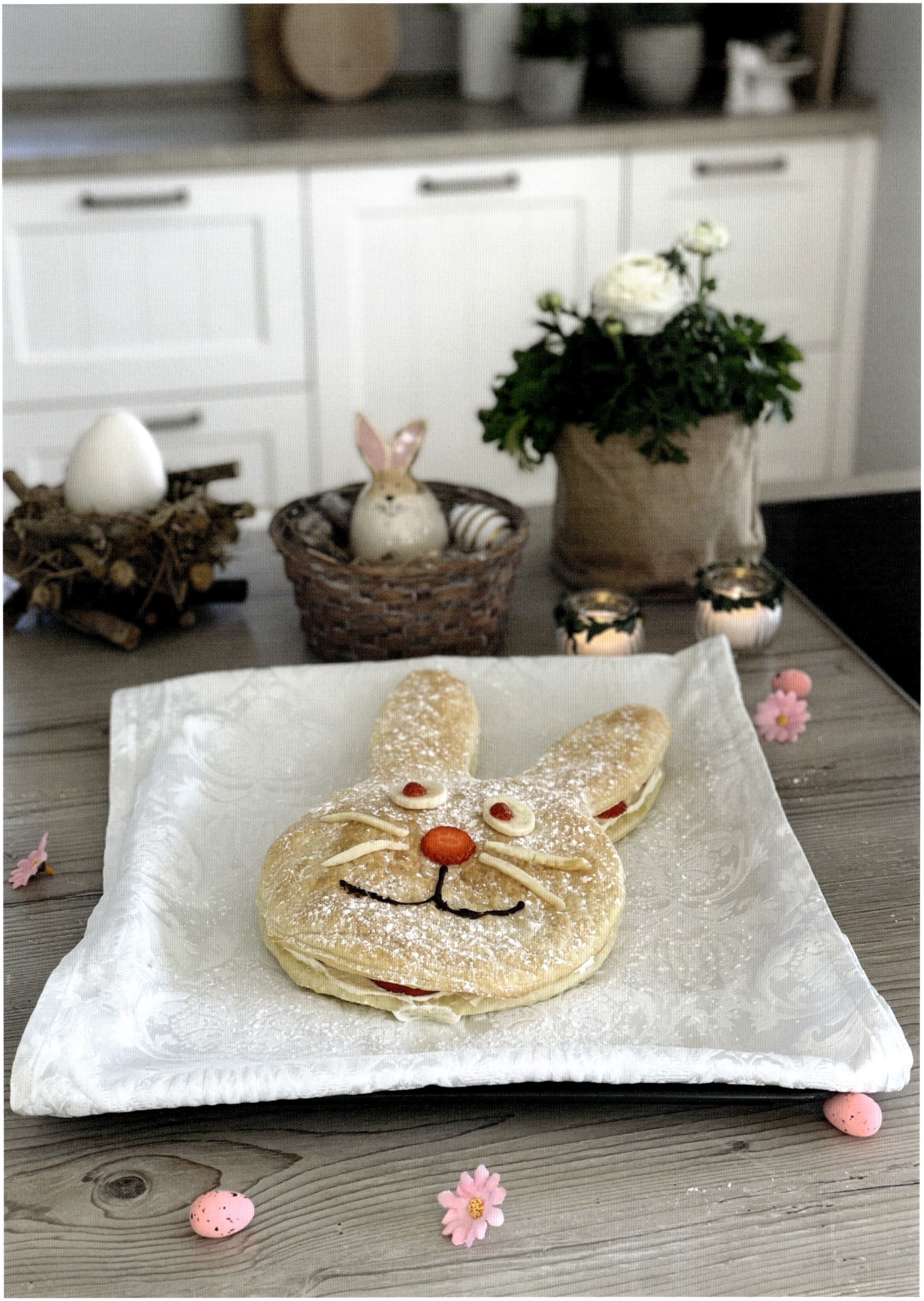

Niedliche Häschen, Oster- und Wachteleier sowie Federn sorgen umgehend für das richtige Frühlings-Feeling und stimmen auf das bevorstehende Osterfest ein. Da darf es auch gerne mal der Schokohase sein, der es sich in einem Osternest auf dem Teller bequem macht. *Zarte Grüntöne, heller Bast und die erdigen Farben der Eier kombiniert mit pastellfarbenen Blumen* machen jeden Ostertisch zum Highlight des Osterfests.

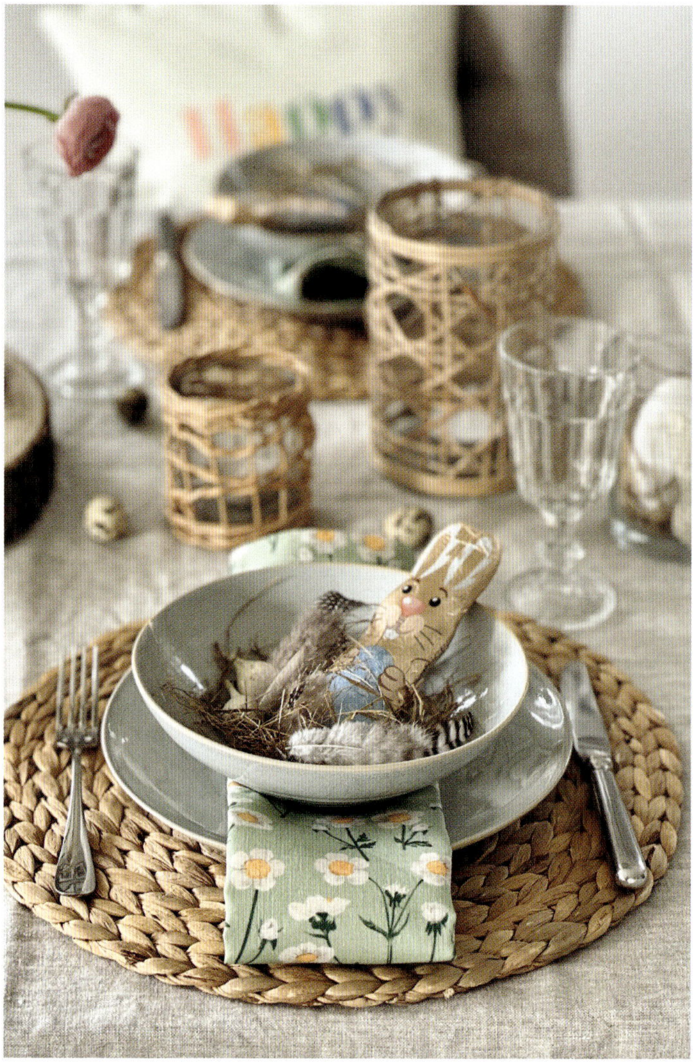

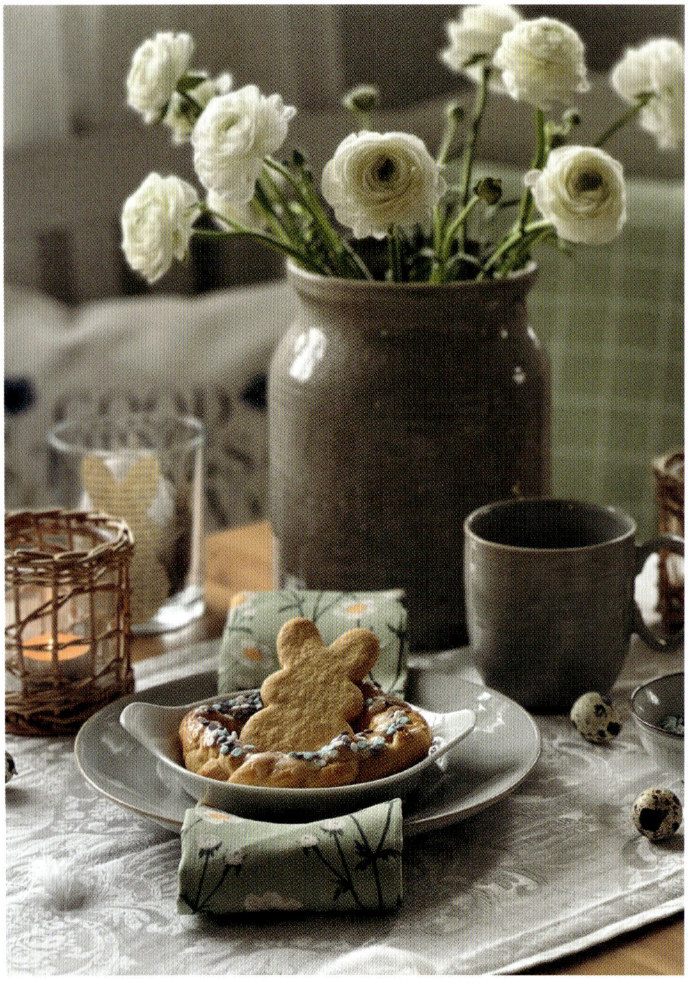

GENUSS-TIPP

Statt Schokohase als Überraschung auf dem Osterteller lässt sich auch blitzschnell ein Hefekranz backen. Dafür einfach einen TK-Hefeteig in Streifen schneiden und diese zu einem Kranz verdrehen. Nach dem Backen mit Zuckerguss und Streuseln verzieren.

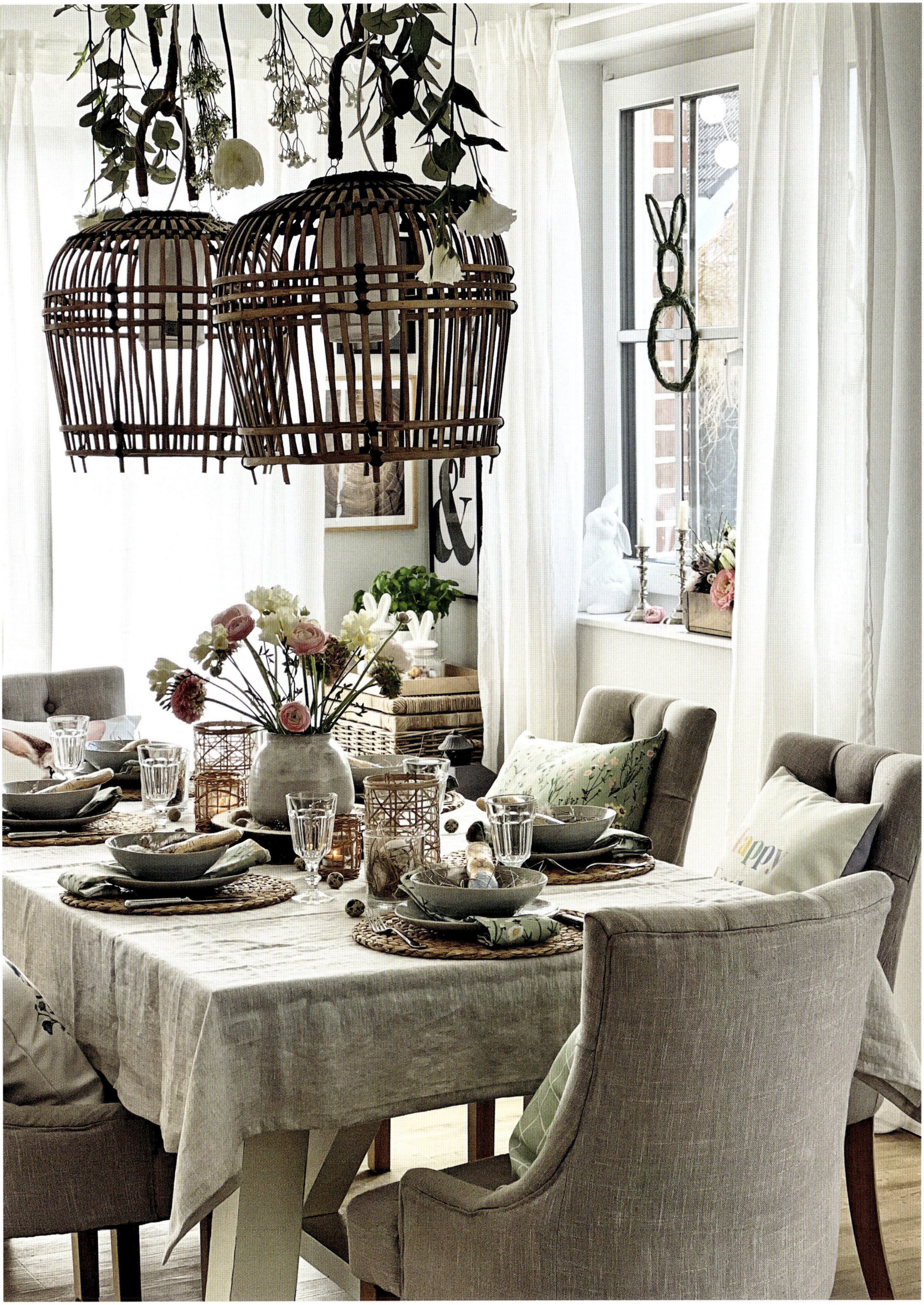

OSTERKRANZ AUS BUCHS

Dieser mit Federn und Steckzwiebeln verzierte Buchskranz heißt die Frühlings- und Osterzeit auf sehr dekorative Weise willkommen. Die Federn stehen für Leichtigkeit, der Buchs wiederum steht oftmals für Treue und Beständigkeit.

FÜR 1 BUCHSKRANZ

1 Strohkranz, ø ca. 30 cm

Basteldraht in Grün

1–2 Bund Buchszweige

Heißkleber

10–15 Wachteleier

10–15 Steckzwiebeln

1 Pck. Federn

Gräser aus dem Garten, getrocknet, alternativ Heu

Patenthaften

1 Tablett

1 Straußenei

Gräser aus dem Garten, getrocknet, alternativ Heu

Alternativ kann man diesen Buchskranz auch als stilvolle Türdekoration verwenden. Dann entfällt natürlich das Straußenei; stattdessen bindet man mit Schleifenband eine hübsche Aufhängung.

1 Den grünen Basteldraht am Strohkranz befestigen. Hierzu den Anfang des Drahtes um den Kranz legen und verzwirbeln.

2 Vom Buchs kleine, etwa 10 cm lange Zweige mit einer Gartenschere zurechtschneiden. Wenn möglich mehr vom Grün schneiden mit wenig „Holzanteil", diesen sonst verdecken.

3 Jeweils einige Zweige Buchs zu kleinen Bündeln fassen und am Kranz befestigen, indem der Draht fortwährend um den Kranz gewunden wird. Den Draht dabei nicht abschneiden, sondern weiter binden.

4 Nun weitere Zweige um den Kranz legen und mit dem Draht festwickeln. Dabei die Zweige überlappen lassen, sodass jeweils die Schnittstellen verdeckt werden. Fortfahren, bis der Kranz gut bedeckt und das Stroh nicht mehr sichtbar ist.

5 Mit dem Heißkleber die Wachteleier, Steckzwiebeln und Federn festkleben.

6 Die getrockneten Gräser zu kleinen Büscheln fassen und mit Patenthaften am Kranz befestigen.

7 Für die Verwendung als Tischdekoration den Kranz auf ein Tablett legen und zum Schluss ein Straußenei mittig platzieren. Alternativ macht sich an dieser Stelle auch eine Windlicht-Kerze sehr schön!

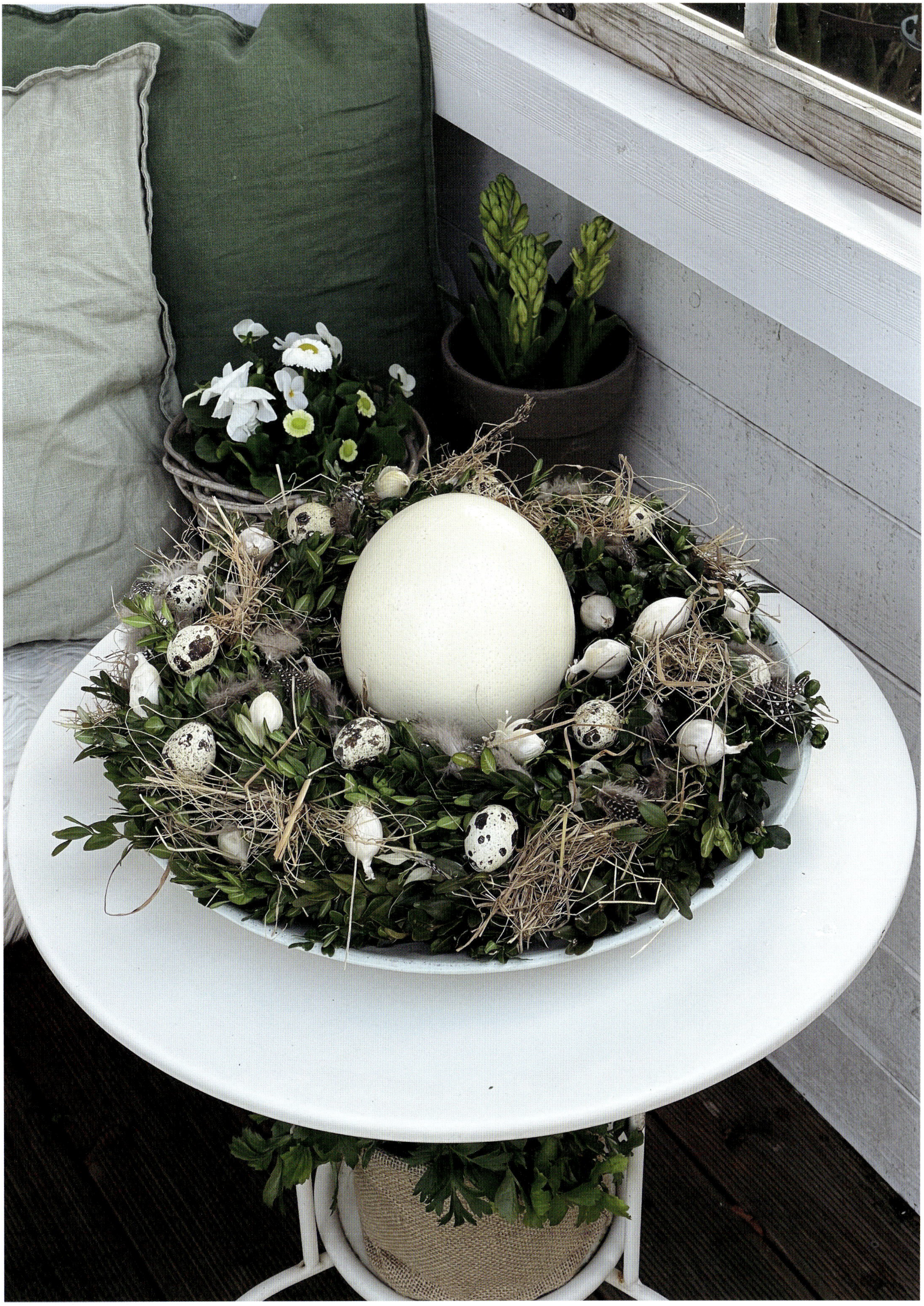

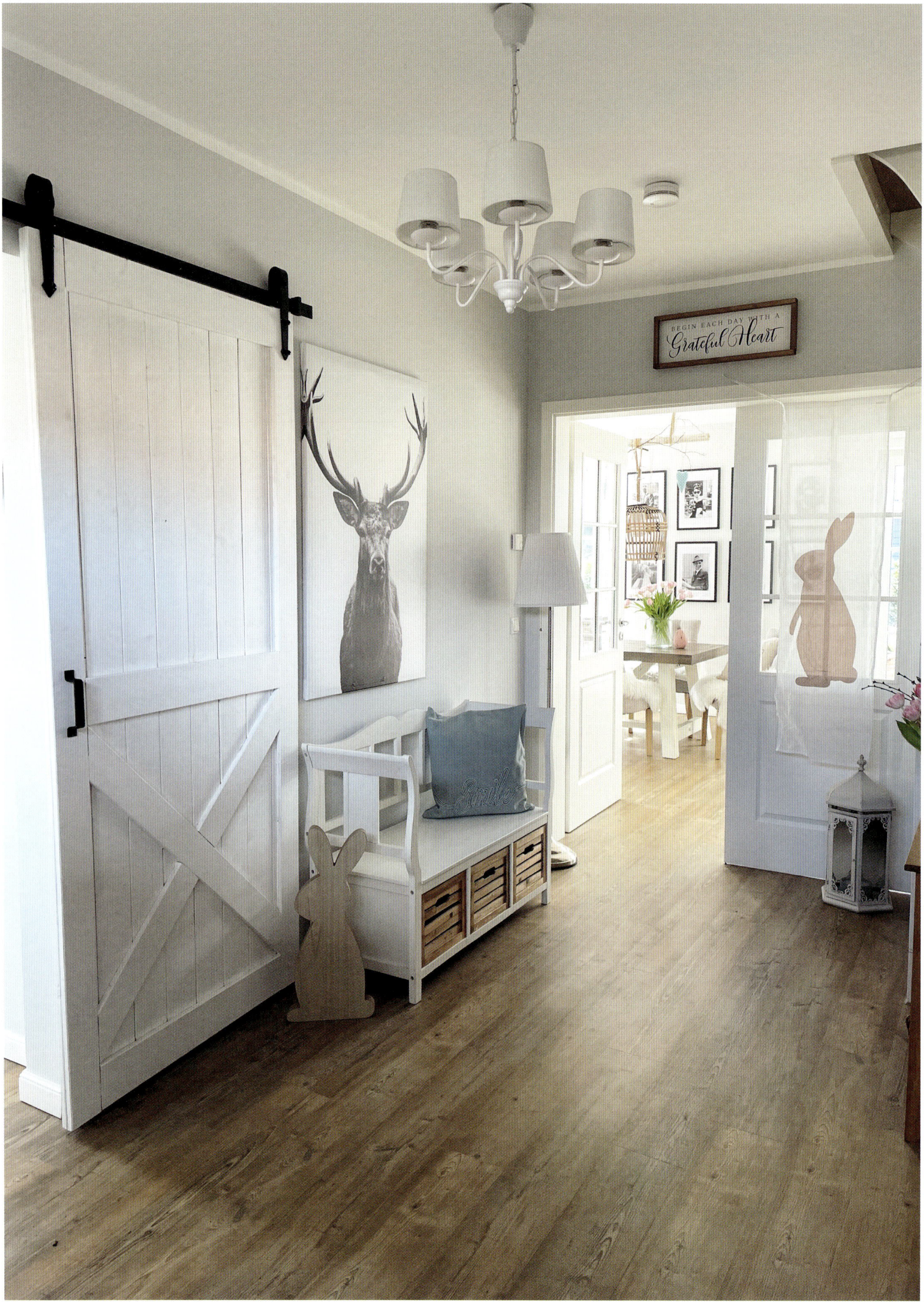
BEGIN EACH DAY WITH A
Grateful Heart
Smile

„SO MUSS MAN LEBEN!
DIE KLEINEN FREUDEN
AUFPICKEN, BIS DAS GROSSE
GLÜCK KOMMT. UND WENN
ES NICHT KOMMT, DANN HAT
MAN WENIGSTENS, DIE
‚KLEINEN GLÜCKE' GEHABT."

THEODOR FONTANE

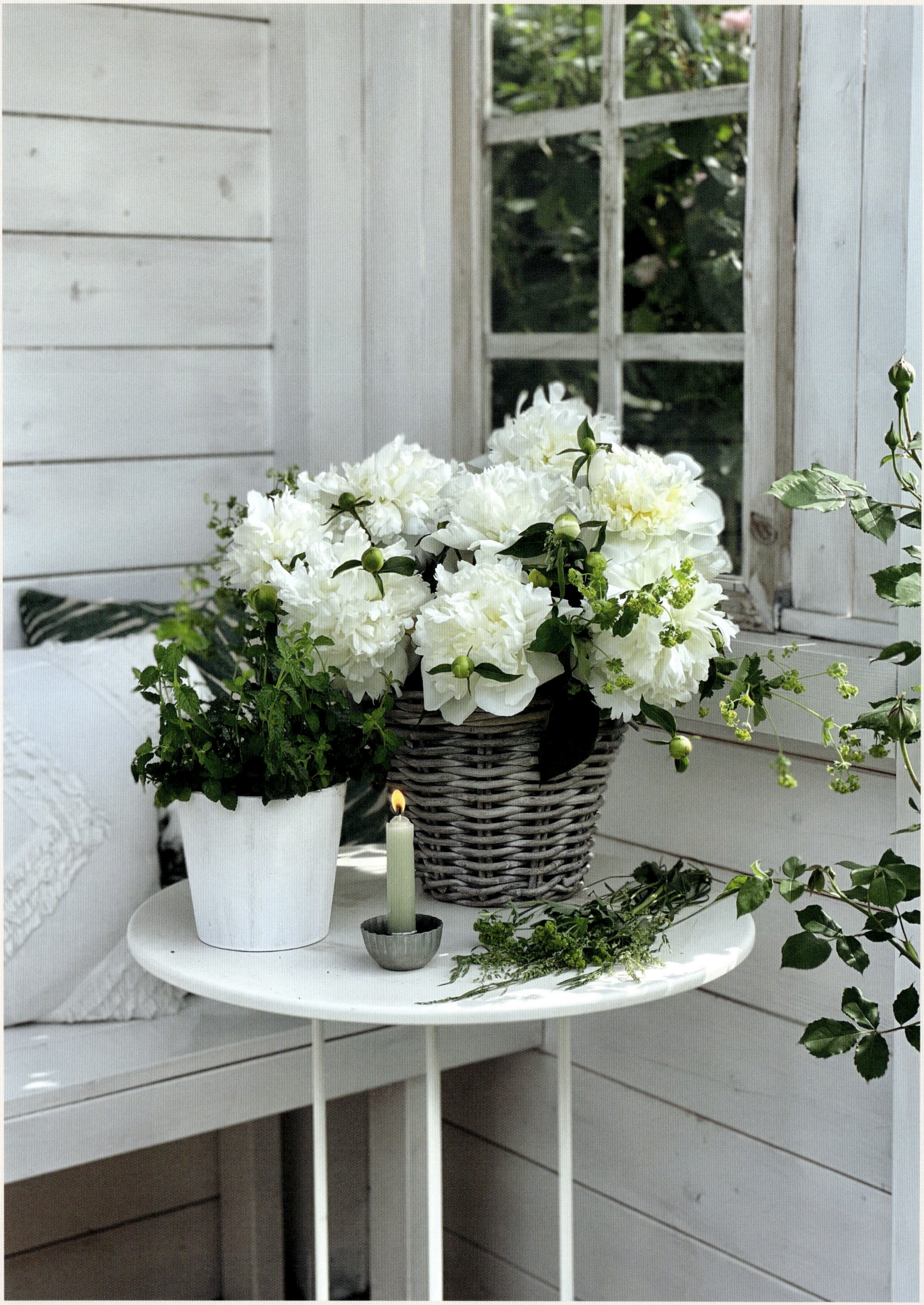

SOMMER-
FÜLLE

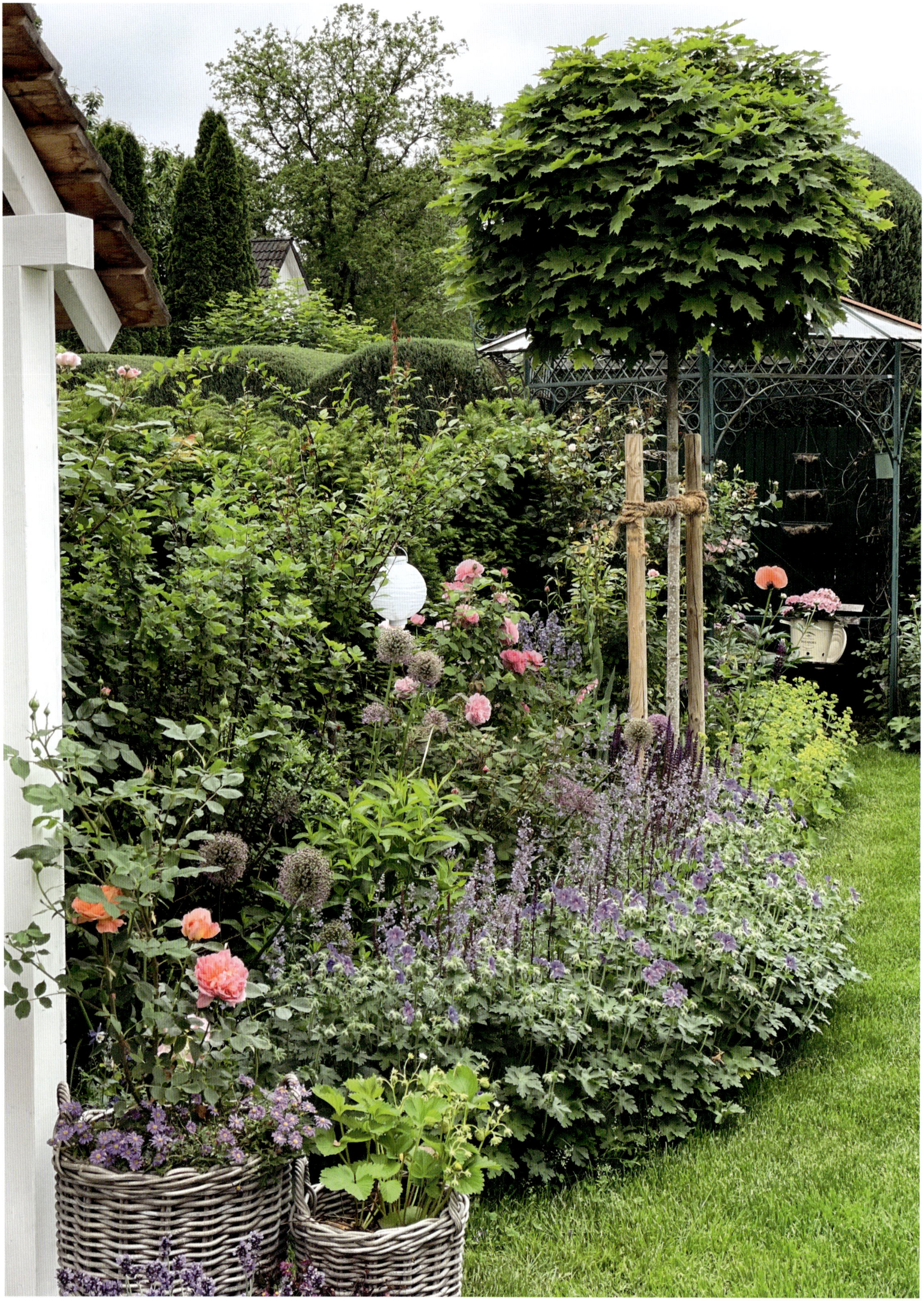

Wenn es morgens schon früh hell wird und der Tag mit fröhlichem Vogelgezwitscher und sanften Sonnenstrahlen beginnt, fällt das Aufstehen wesentlich einfacher als an tristen, kalten Tagen. In den *frühen Morgenstunden* mit einer Tasse Kaffee oder Tee in der Hand durch den Garten zu schlendern, ist ein wundervolles Ritual, um in den Tag zu starten.

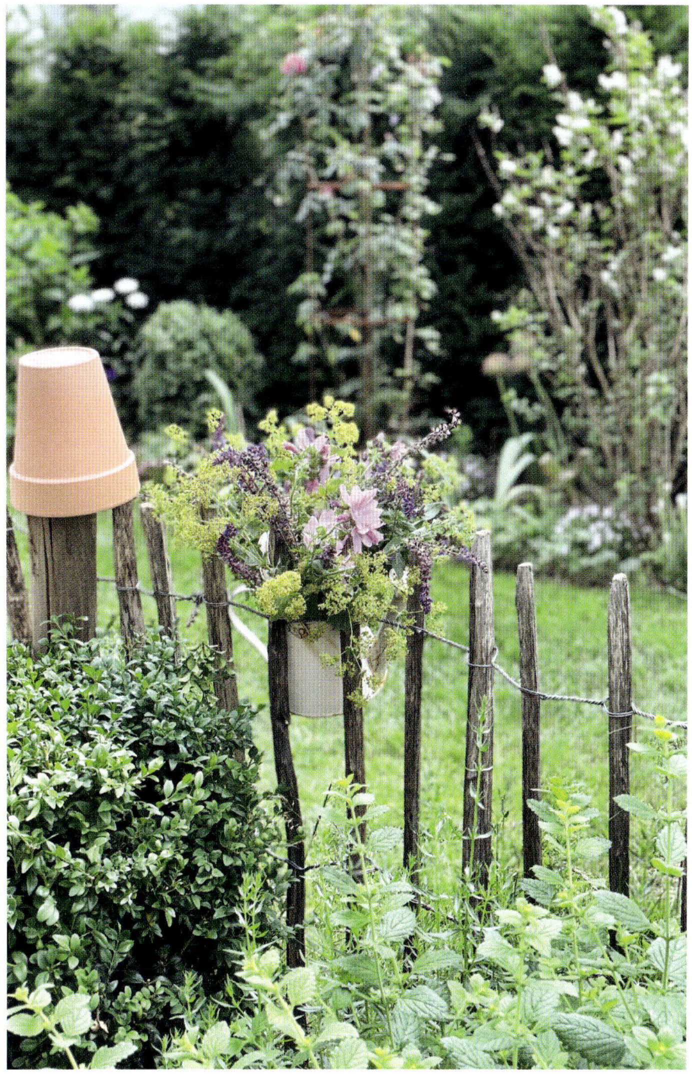

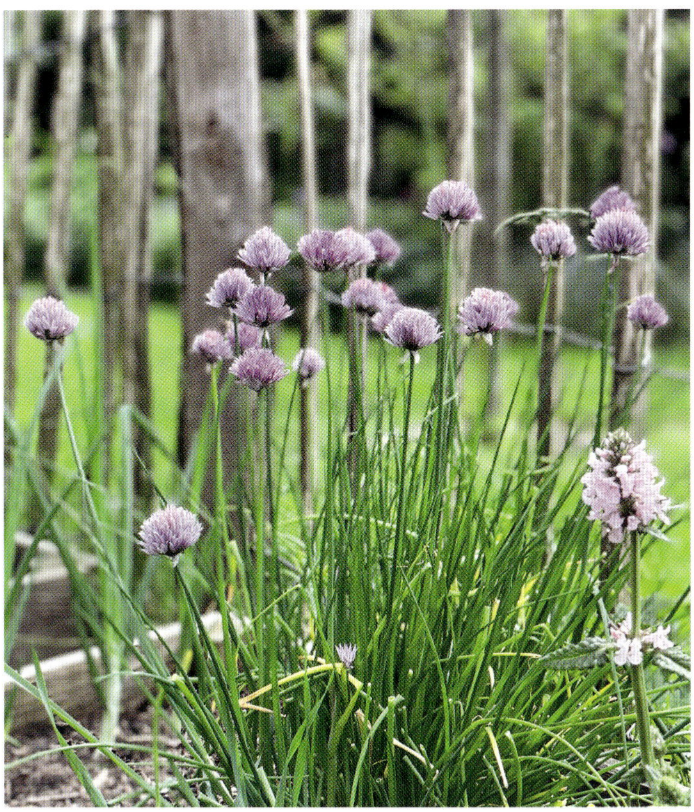

Einen Teil unseres Gartens habe ich im Stil eines *Cottage Gardens* angelegt mit Stauden, Rosen und Kräutern. Viele dieser Pflanzen eignen sich nicht nur als duftende Begleiter in Sträußen und Kränzen, sondern auch zum Verfeinern von Speisen.

Die Arbeit im Garten empfinde ich als *Ausgleich zum Alltag* und als Kraftquelle. Hier kann ich neue Energie tanken und während des Unkrautjätens meine Gedanken neu sortieren.

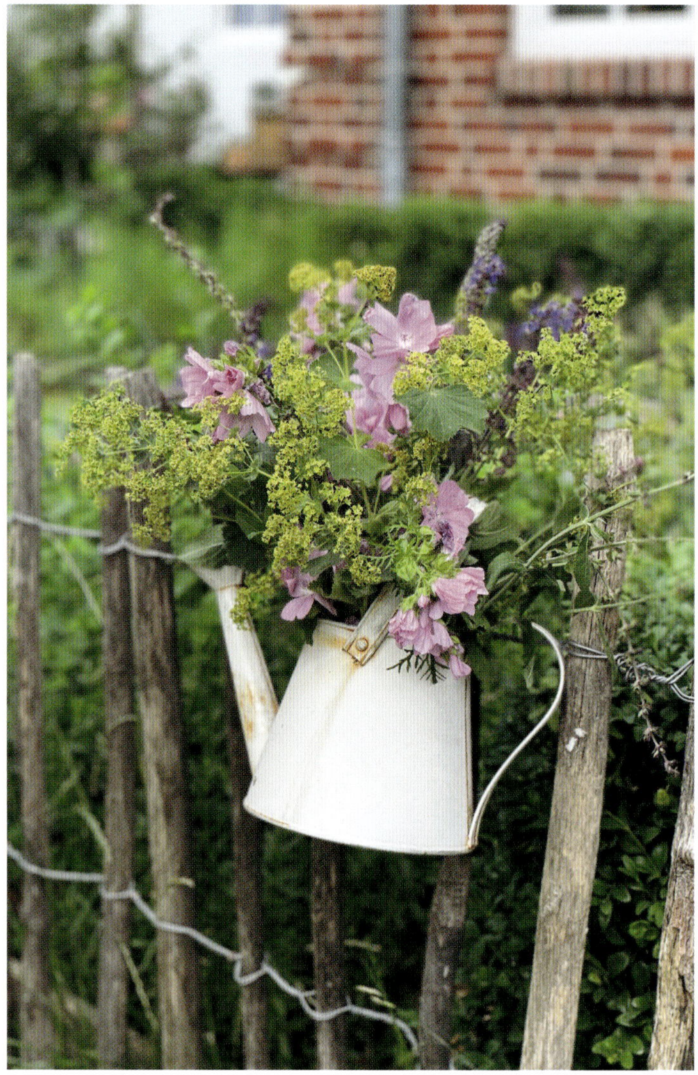

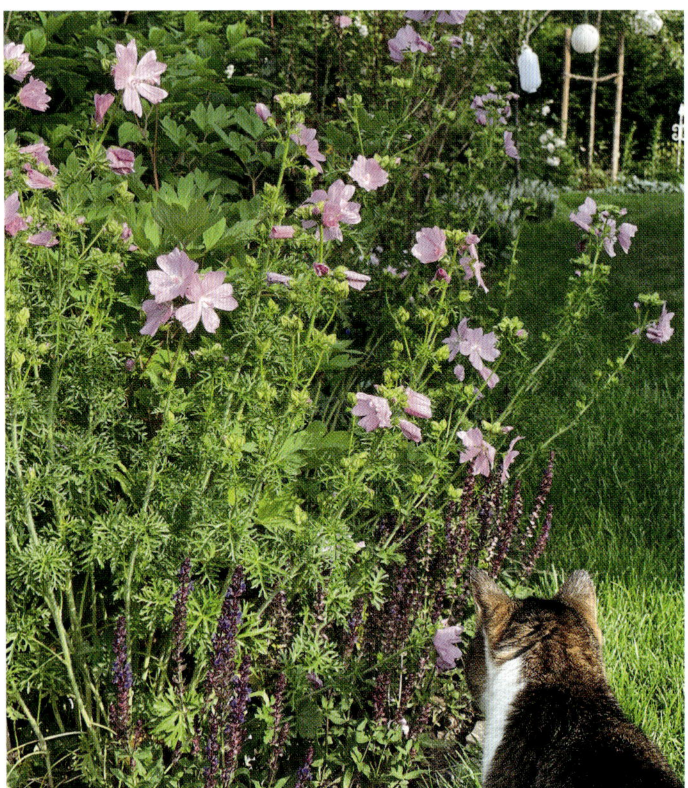

Der Gang durch den Garten zeigt mir immer wieder, wie *facettenreich und schön* die Natur sein kann. Ich lasse mich gerne von ihr inspirieren. Wenn im Haus keine freie Vase mehr zu finden ist, dann dürfen meine Sträuße auch gerne mal im Garten stehen.

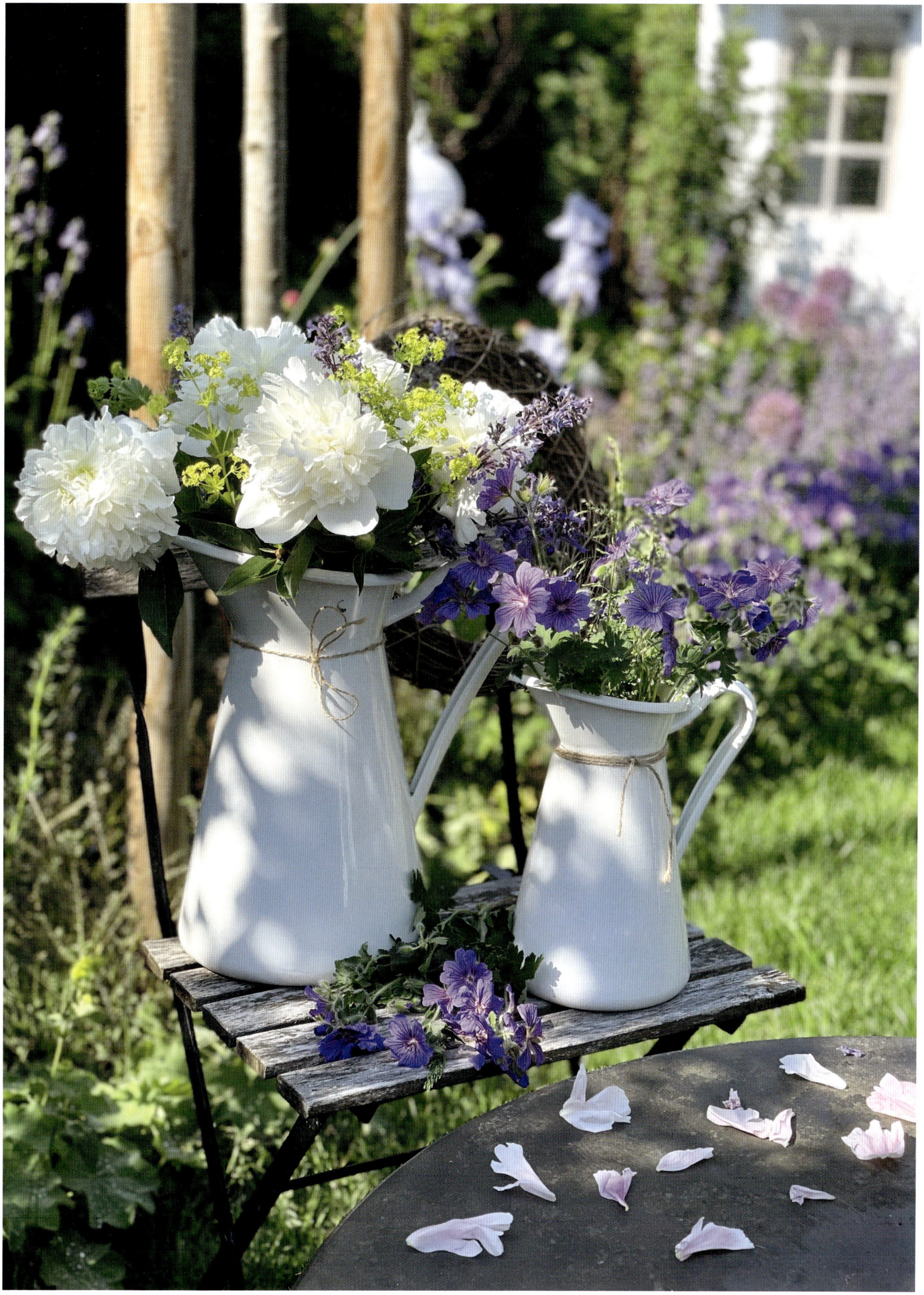

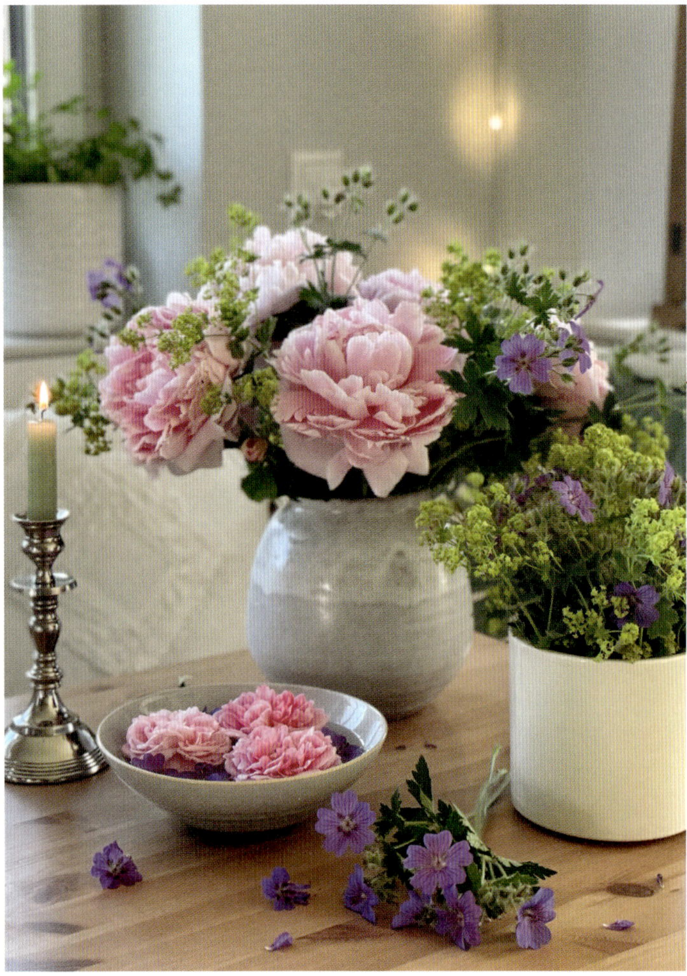

Die opulenten Blüten der Pfingstrose lassen sich auch hervorragend in einer Schale mit Wasser arrangieren.

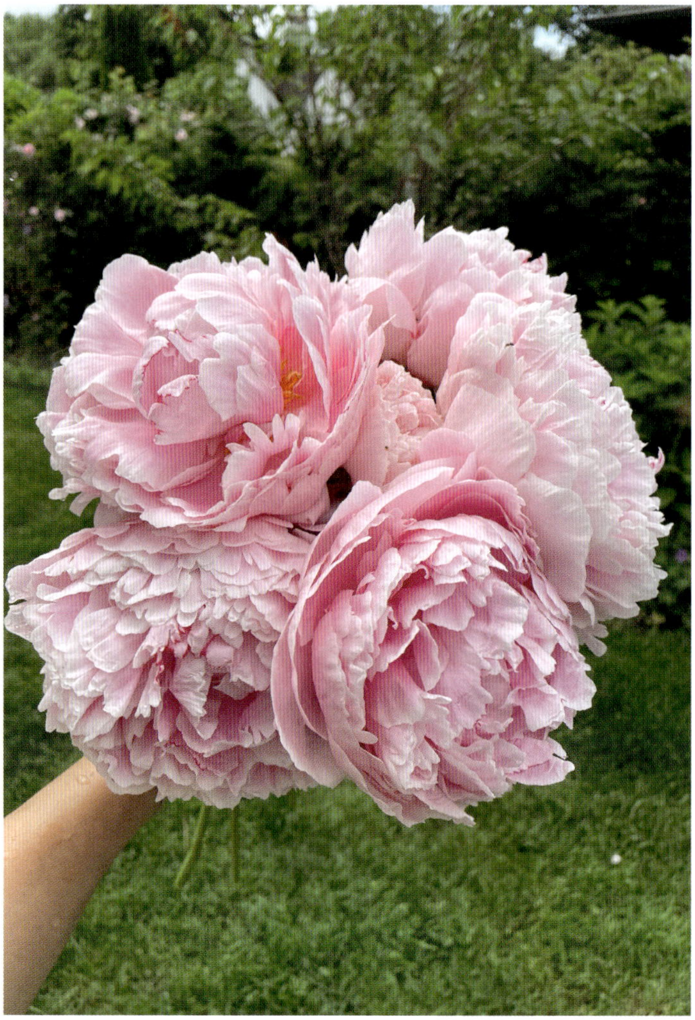

Ein Stück Sommer hole ich mir auch gerne in Form von Schnittblumen von draußen ins Haus. Ich pflanze sie eigens dafür in meinem Garten an, und erfreue mich immer daran, wenn ich sie *für üppige Sträuße und schöne Arrangements* schneiden kann. In vielen meiner Sommersträuße finden sich Pfingstrosen, Duftrosen, Frauenmantel und Storchschnabel.

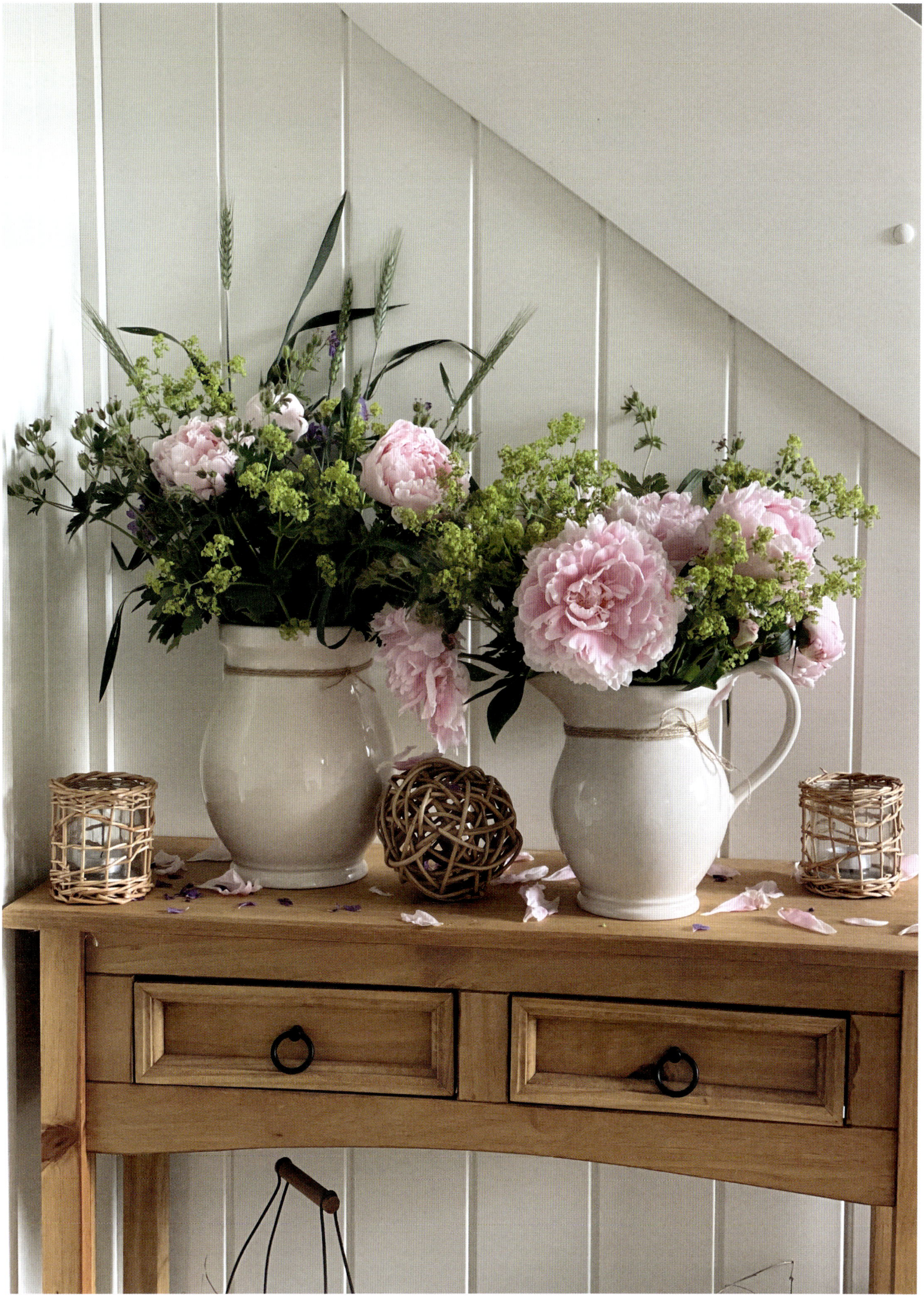

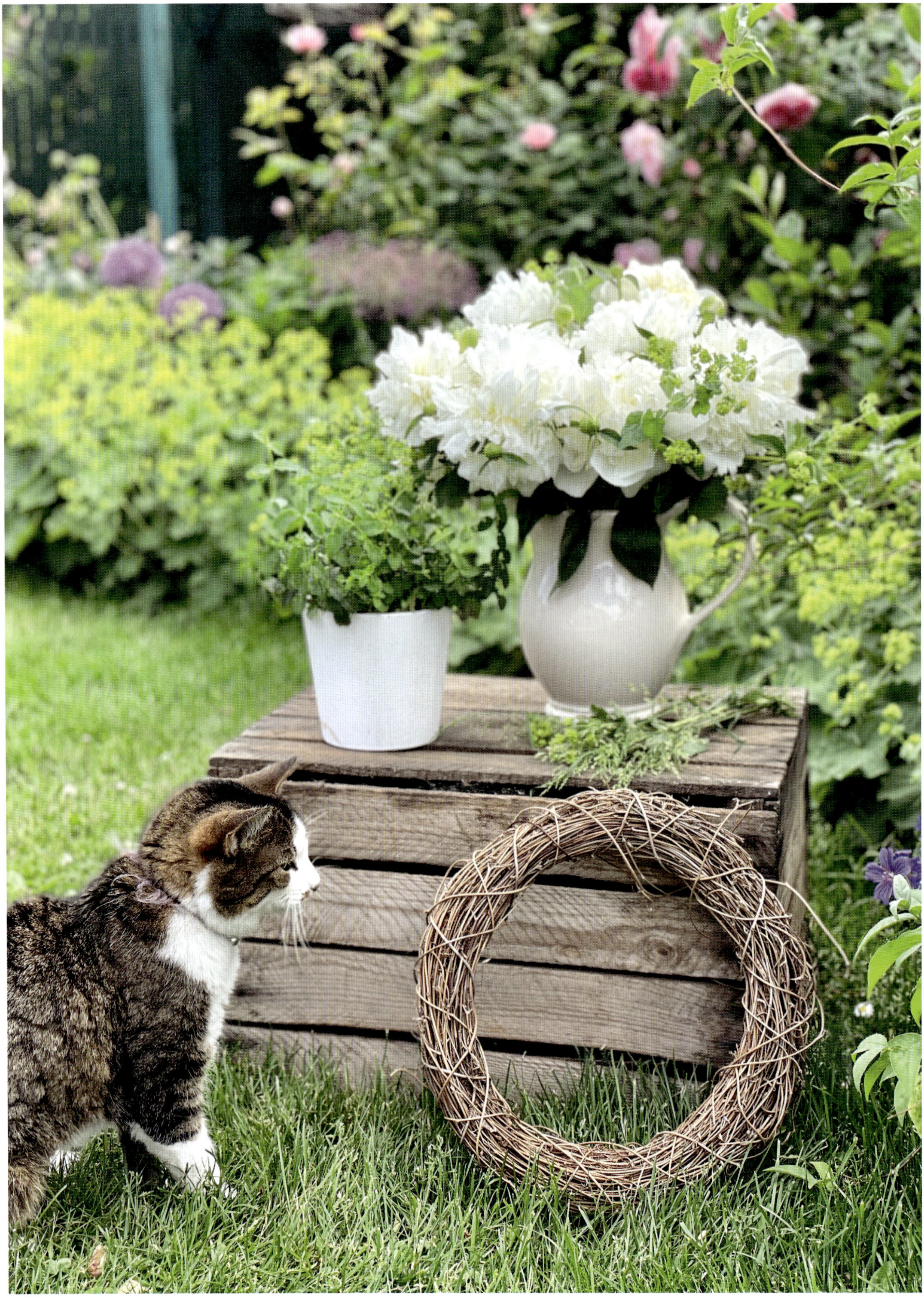

„NIMM DIR JEDEN TAG
DIE ZEIT, STILL ZU SITZEN UND
AUF DIE DINGE ZU LAUSCHEN.
ACHTE AUF DIE MELODIE DES
LEBENS, WELCHE IN
DIR SCHWINGT.“

BUDDHA

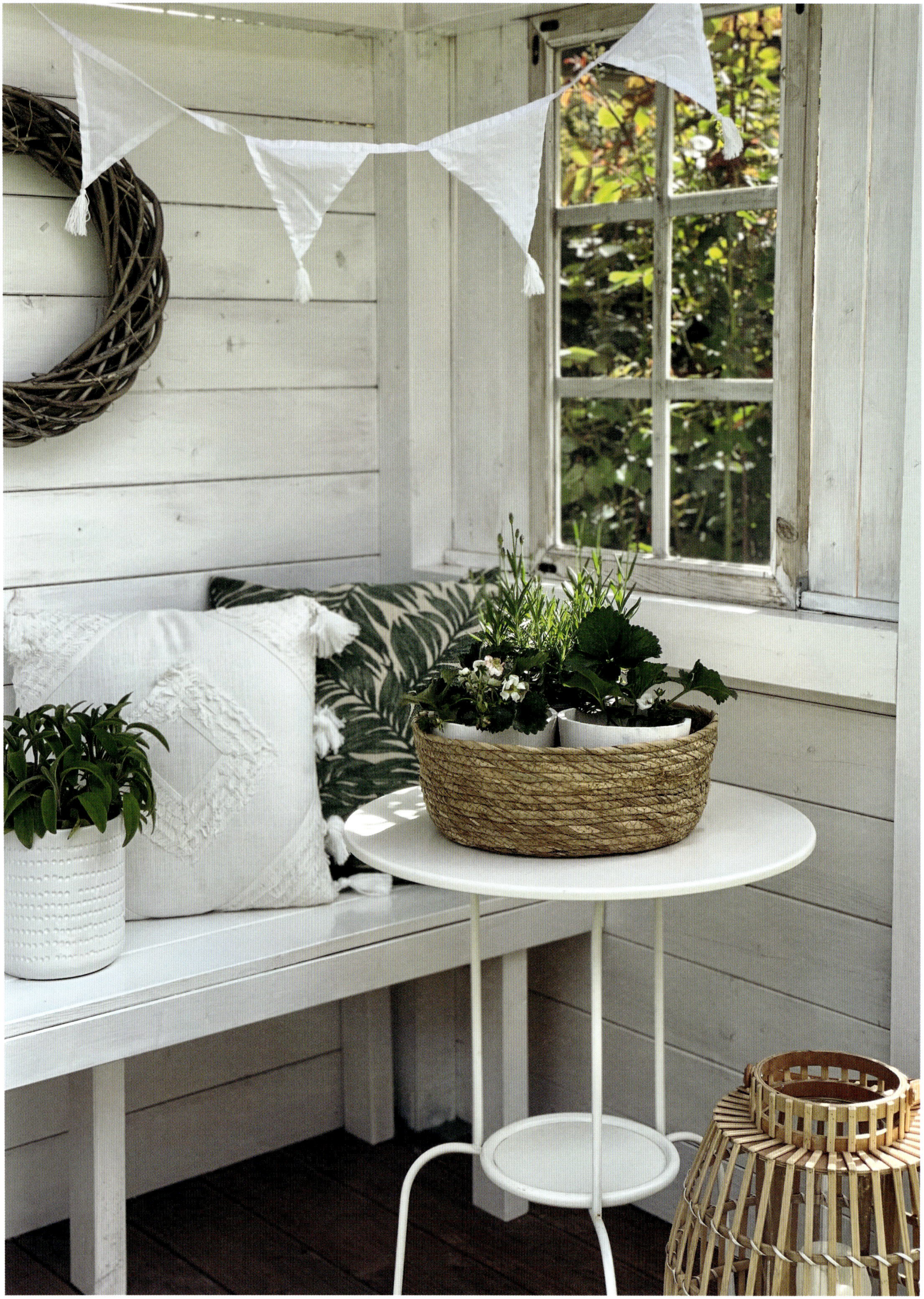

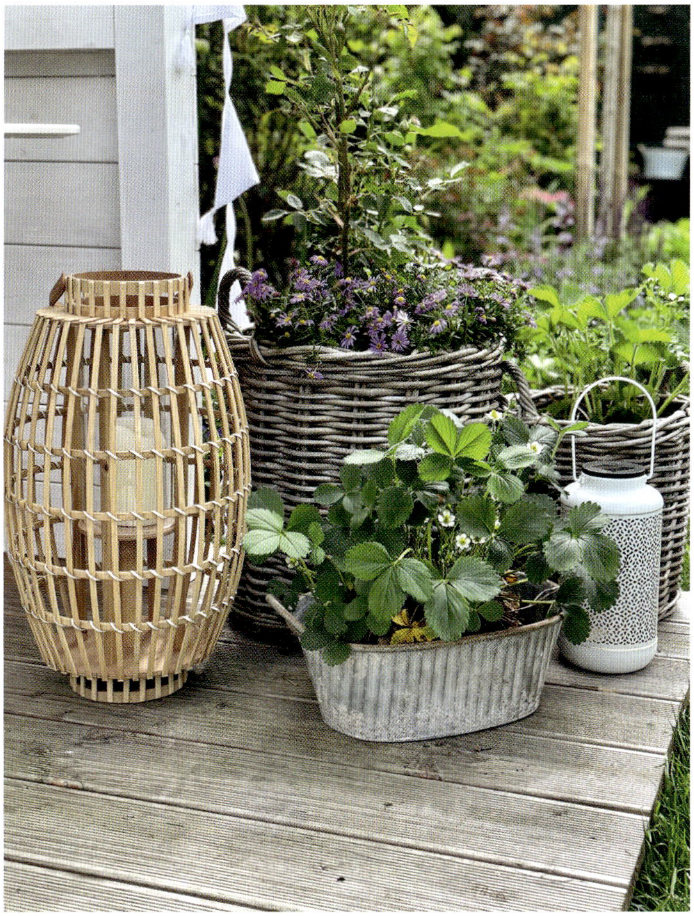

Eher unscheinbare Pflanzen, die man in kleinen Töpfen zieht, wie zum Beispiel Erdbeeren, können wunderbar in *Gruppen arrangiert* werden. Dafür kann man sie zusammen in einen passenden Korb oder Topf stellen. Man kann aber auch einfach mehrere hübsche Pflanzgefäße in einer Reihe aufstellen und schon wirken die kleinen Pflänzchen in der Gruppe äußerst dekorativ.

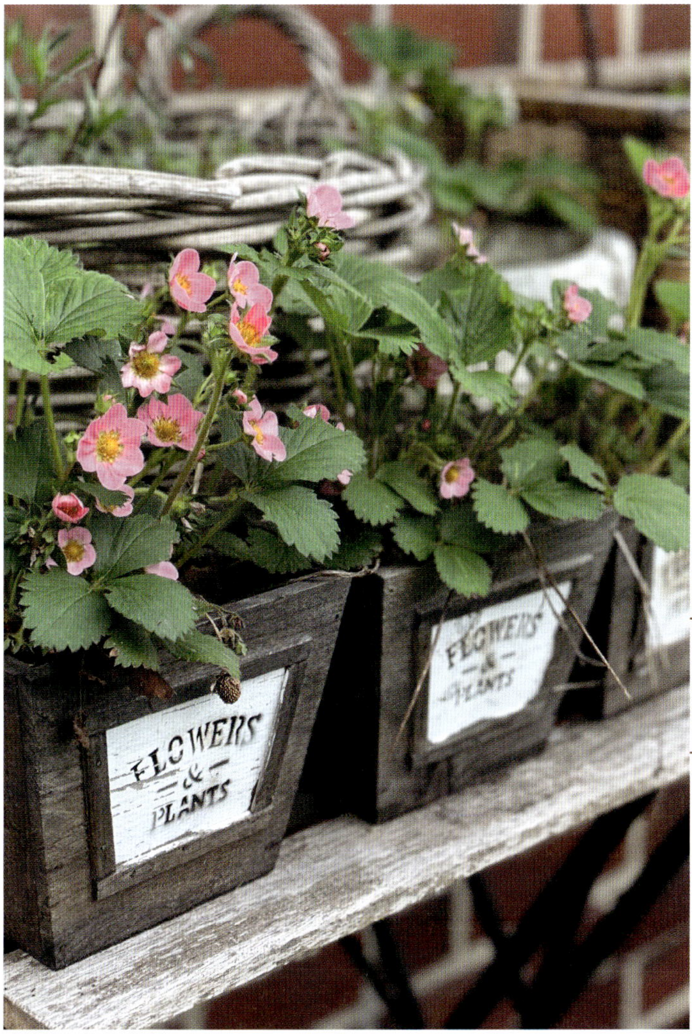

Die Blüten der Erdbeerpflanzen gibt es nicht nur in Weiß, sondern auch in einem hellen Pinkton.

DUFTIGER SOMMERKRANZ

Im Sommer verarbeite ich gerne das Schnittgut aus meinen Stauden zu hübschen Kränzen. Fantasievolle Deko aus dem eigenen Garten ist nicht nur facettenreich, sondern vor allem auch nachhaltig. Mit den Blüten und dem Blattgrün lässt sich das eigene Zuhause im Handumdrehen verschönern.

FÜR 1 SOMMERKRANZ

1 Strohkranz, ø ca. 30 cm

Bindedraht in Grün

Blüten von Frauenmantel, Katzenminze, Steppen-Salbei

1 Deko-Teller

1 Windlicht

1 Kerze in Rosa

Den Blütenkranz kann man so drapiert dekorativ eintrocknen lassen.

1 Den Draht am Strohkranz befestigen. Hierzu den Anfang des Drahtes um den Kranz legen und verzwirbeln.

2 Einige kleine Büschel mit verschiedenen Blüten zusammenfassen und diese mit dem Draht am Kranzrohling festwickeln. Den Draht dabei nicht abschneiden, sondern immer weiterwickeln.

3 Mit weiteren Blumenbüscheln ebenso verfahren. Dabei darauf achten, die Büschel überlappend anzubringen, sodass die Schnittstellen verdeckt werden.

4 Fortfahren, bis der Strohkranz ganz bedeckt und nicht mehr sichtbar ist. Den Draht abschneiden und das Ende und den Anfang des Drahtes durch Verdrehen aneinander befestigen.

5 Den Kranz auf einen Deko-Teller legen. Ein Windlicht mit Kerze in der Mitte platzieren.

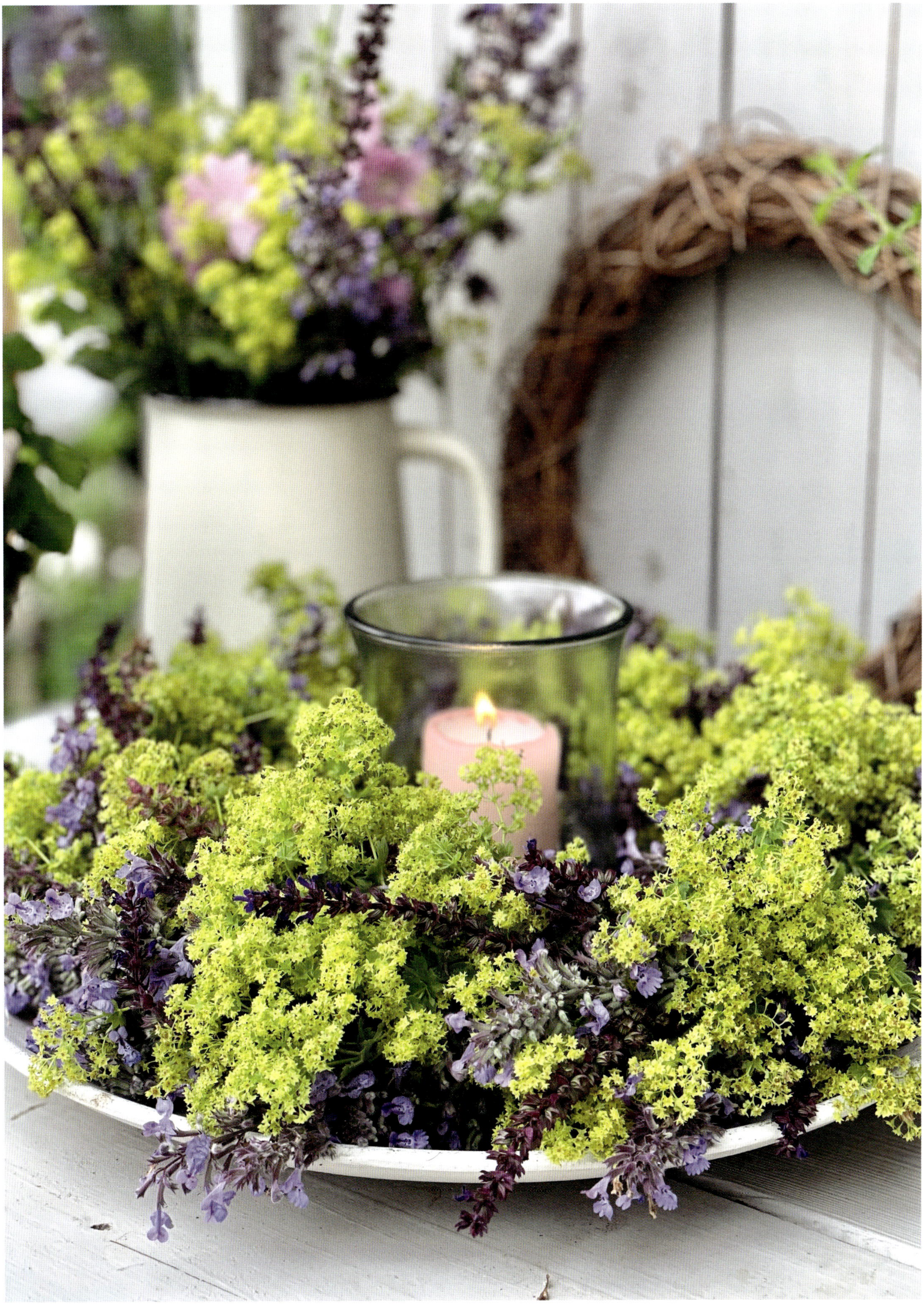

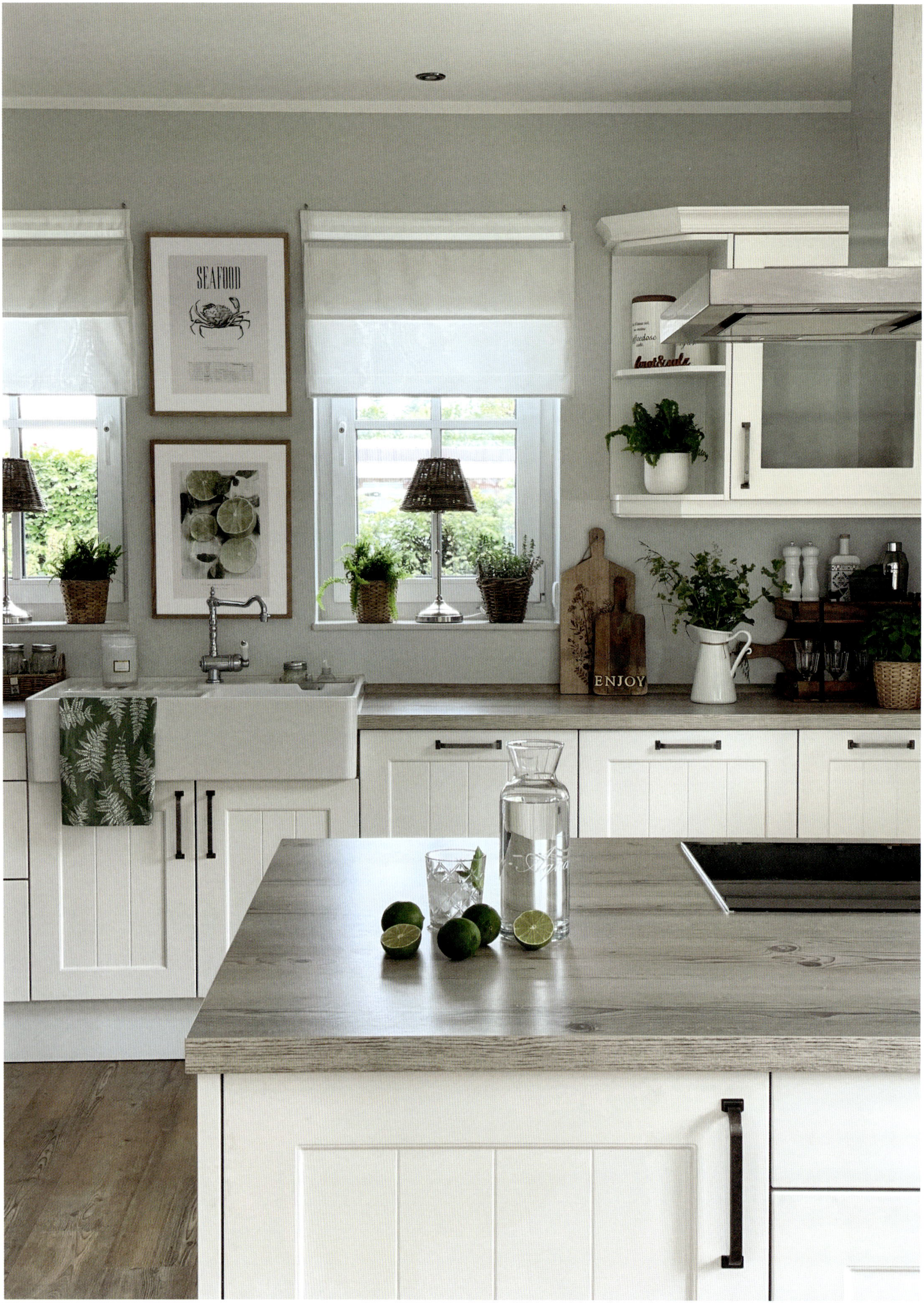
SEAFOOD
ENJOY

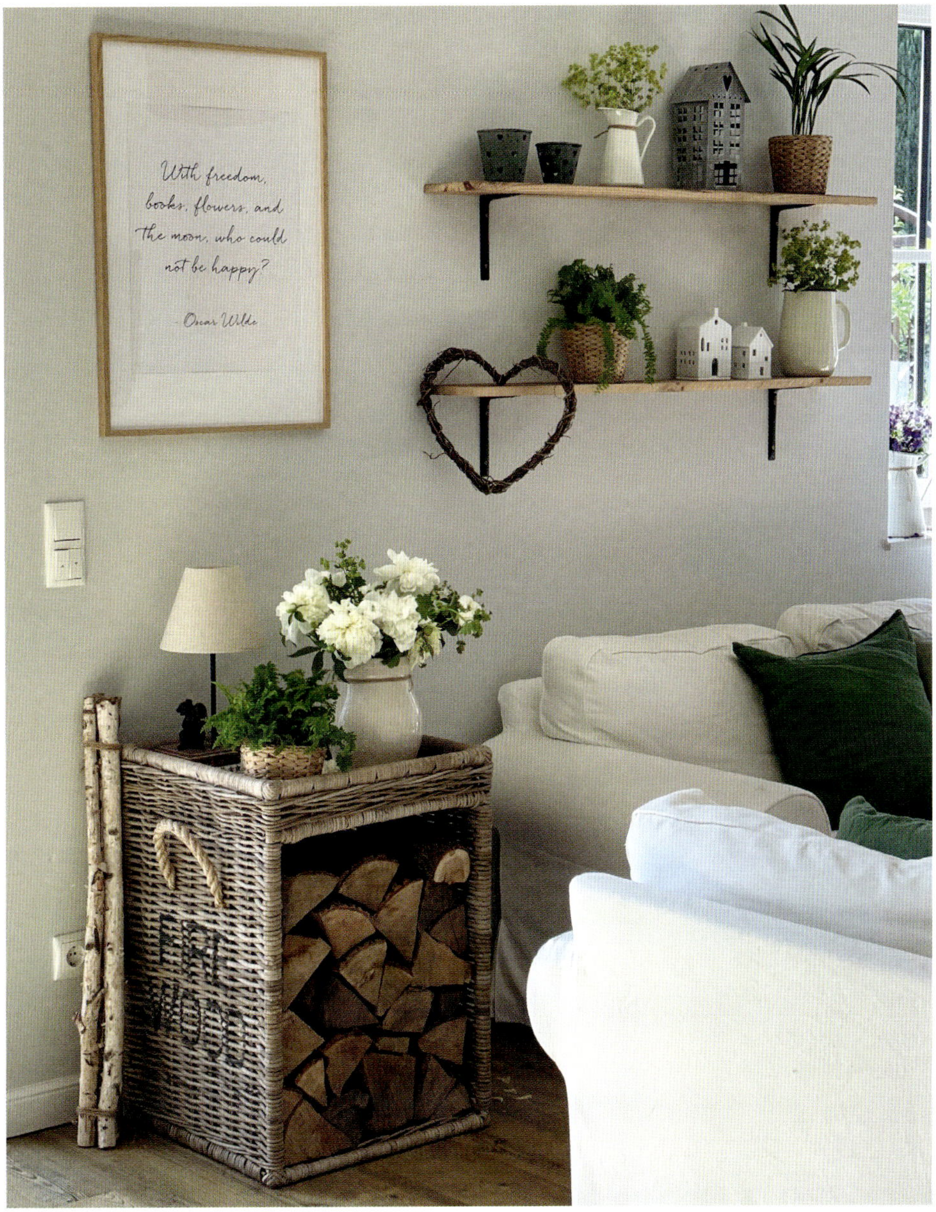

Farbakzente lassen sich auch gut mit Textilien setzen. Kissenbezüge, Tischdecken, Geschirrtücher sowie leichte Decken in abgestimmten Farbtönen sorgen für *eine harmonische Farbgestaltung in allen Räumen.* An den Wänden sorgen farblich und saisonal passende Poster für Abwechslung.

OLIVENBROT MIT KRÄUTERN UND FETA-KÄSE

Die Kombination aus Oliven und Kräutern verleiht diesem Brot einen mediterranen Touch. Die schwarzen Oliven und der Feta-Käse sorgen hierbei für eine salzige Note, die italienischen Kräuter geben dem Brot einen würzigen Geschmack. Außen leicht knusprig, schmeckt das Brot pur oder mit einem leckeren Dip zu Vorspeisen, Salaten oder dem Grillgemüse.

FÜR 1 BROT, KASTENFORM 30 CM

500 g Dinkelmehl, Type 1050

1 TL Salz

1 Pck. Trockenhefe

400 ml Wasser

3 TL Kräuter, getrocknet (italienische Kräutermischung, z. B. Basilikum, Oregano, Salbei, Rosmarin, Thymian und Majoran)

1 Glas schwarze Oliven (Abtropfgewicht 135 g), entsteint und geschnitten

150 g Feta-Käse

1 Den Backofen auf 200 °C (Ober-/Unterhitze) vorheizen.

2 Das Mehl, die Hefe, das Salz und die Kräuter in einer Küchenmaschine oder mit dem Handrührgerät gut vermischen.

3 Das Wasser hinzufügen, dabei je nach Konsistenz des Teiges eventuell einen kleinen Rest zurückbehalten. Den Teig für einige Minuten weiterkneten.

4 Die Oliven und den Feta-Käse hinzufügen und mit dem restlichen Teig vermengen. Einmal gut von Hand durchkneten und in eine mit Butter eingefettete Kastenform geben.

5 Im vorgeheizten Backofen auf mittlerer Schiene etwa 50–60 Minuten lang backen. Dann die Form aus dem Ofen nehmen und abkühlen lassen.

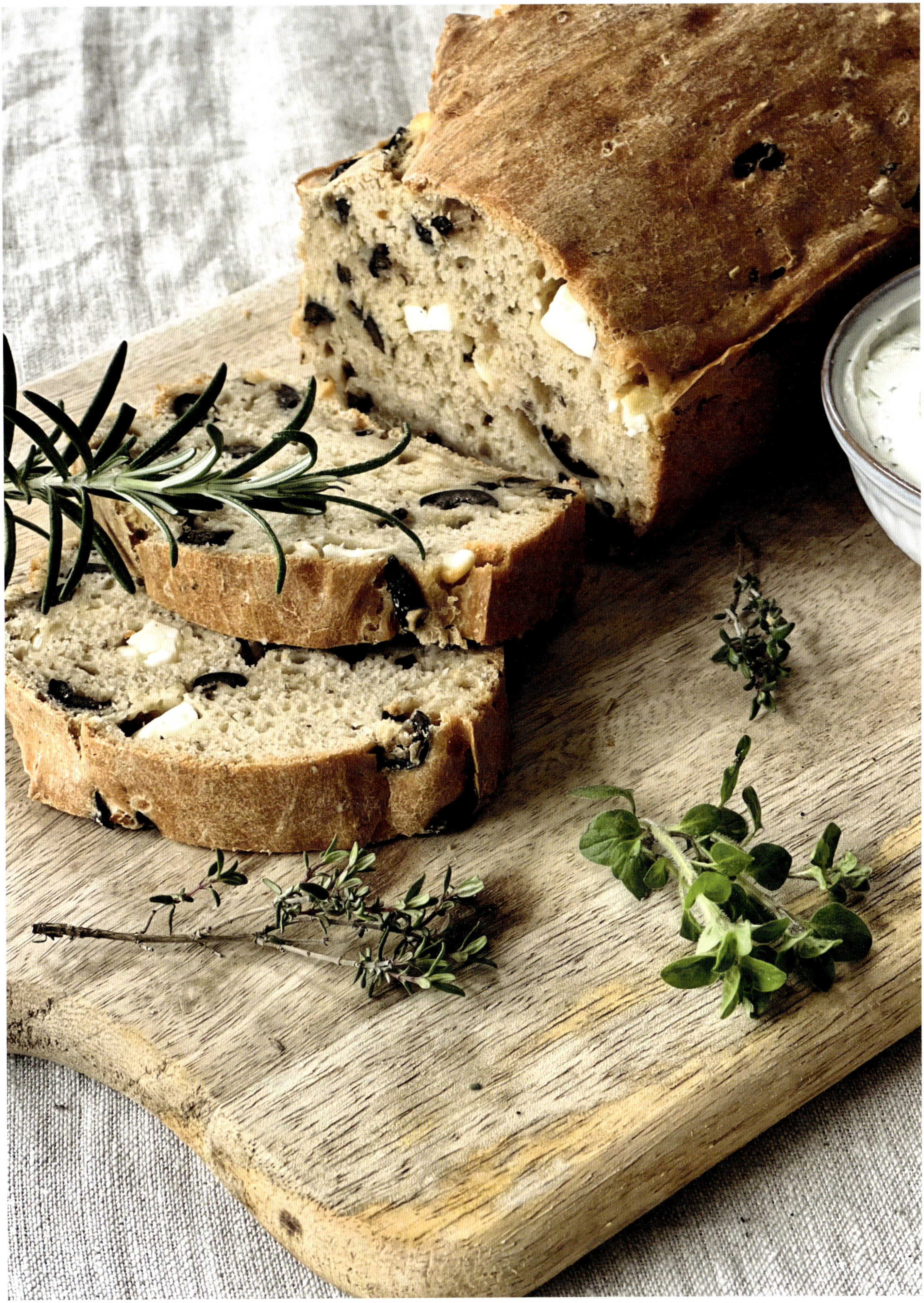

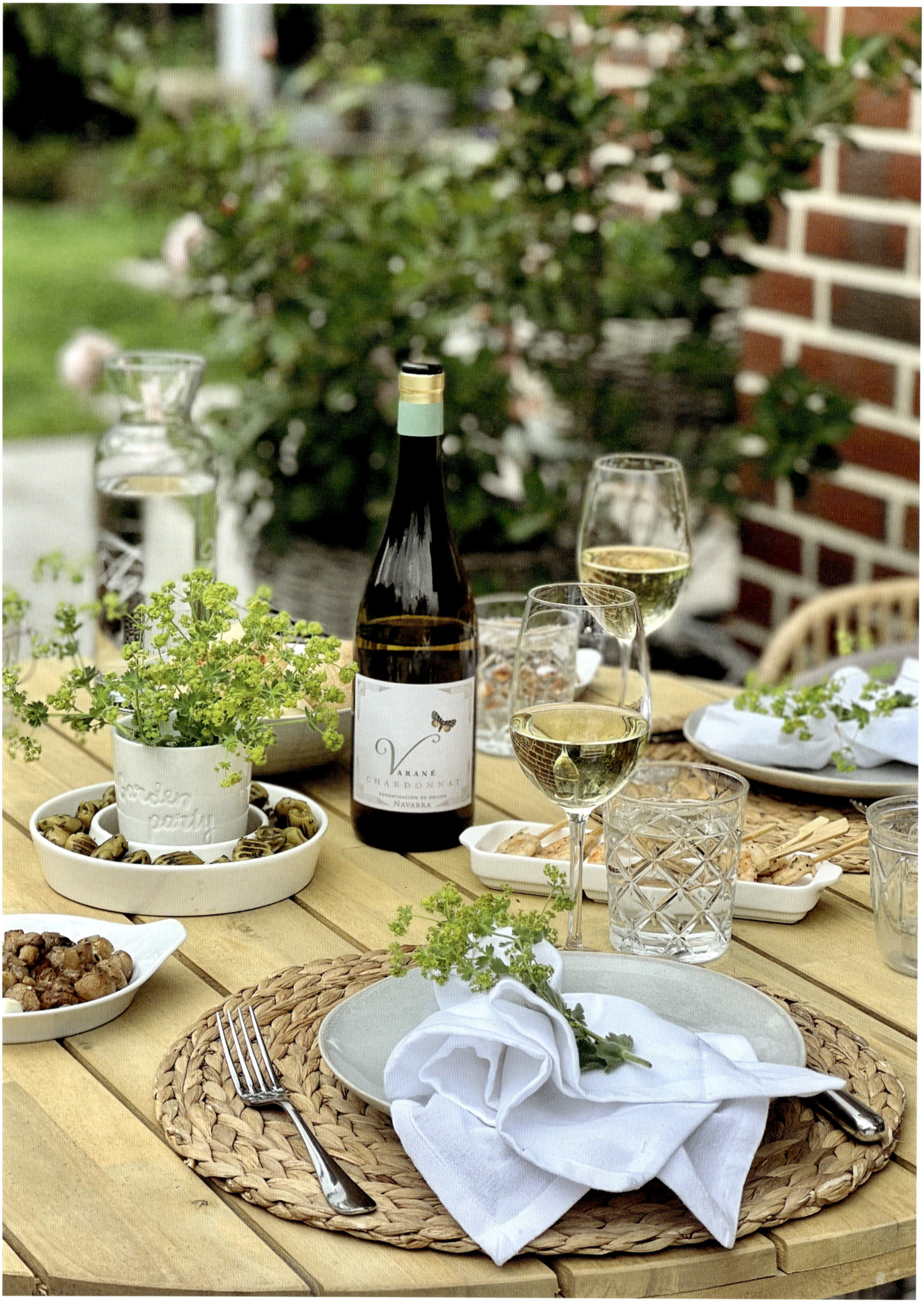
VARANÉ
CHARDONNAY
NAVARRA
Garden party

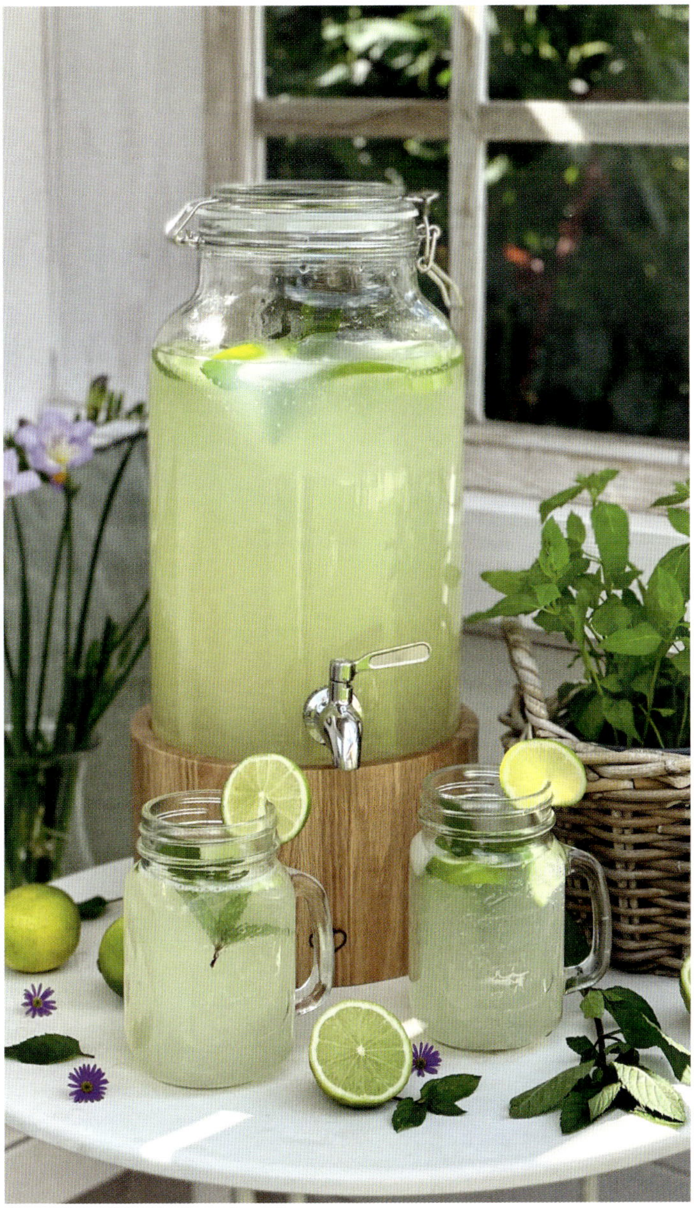

Im Freien draußen essen zu können, ganz gleich ob zum Frühstück, mittags oder am Abend, gehört für mich seit jeher zu den ganz besonderen Highlights im Sommer. An heißen Sommertagen sorgt *eine frische Zitronenlimonade* für Abkühlung. Die Limonade lässt sich ganz einfach selbst herstellen und kann ganz nach Belieben ohne Zucker oder mit Kräutern verfeinert werden.

GENUSS-TIPP

Wer gerne Cocktails und Longdrinks trinkt, kann sich einen Cocktail-Garten zulegen. Hier können Kräuter für Gin Tonic und Co. frisch gepflückt werden und sorgen für die besondere Note für den sommerlichen Sundowner.

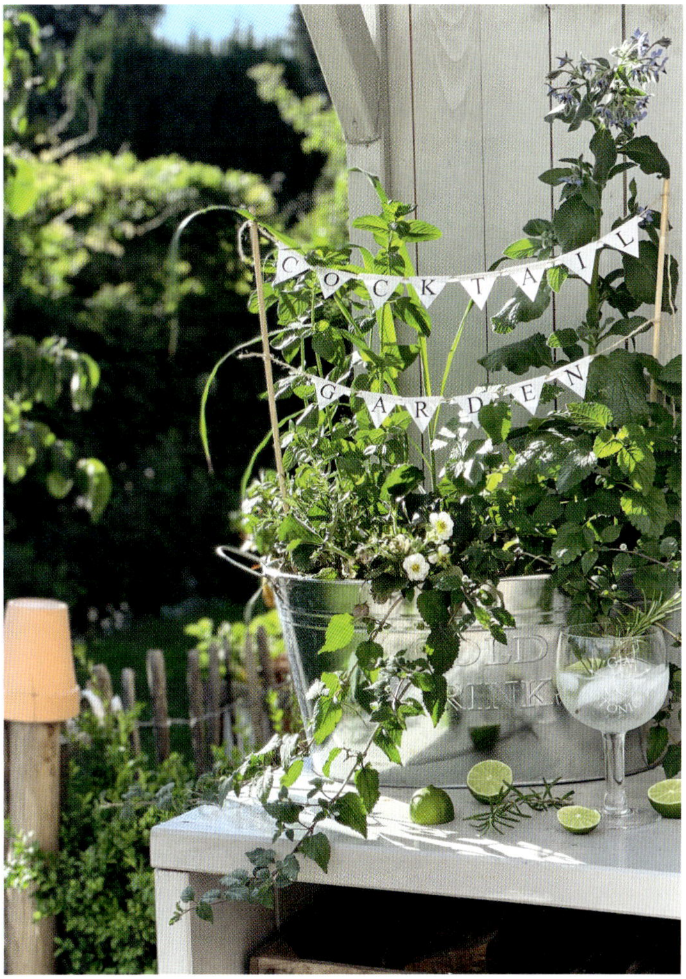

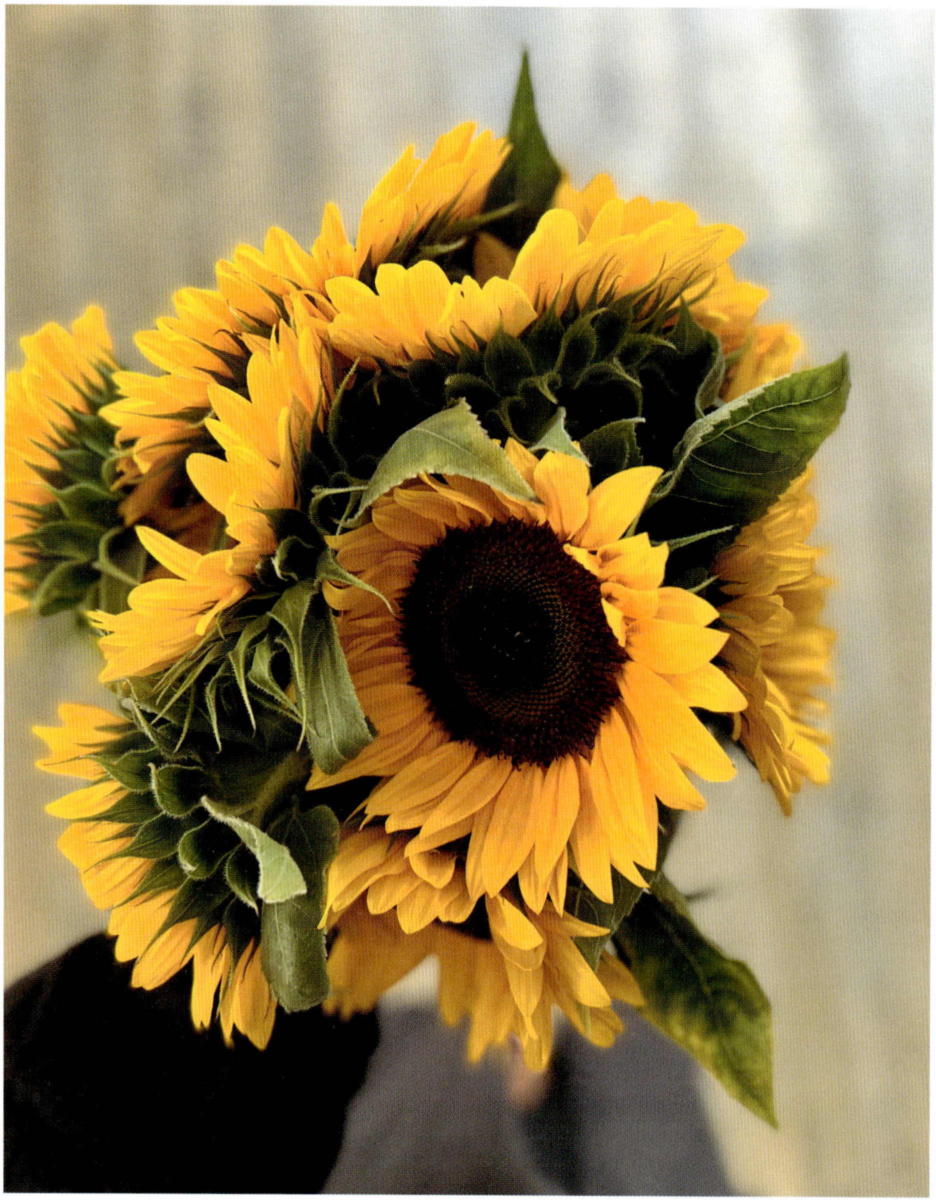

Wenn die Sonnenblumen blühen, dann reduziere ich meine restliche Dekoraktion im Haus etwas. Denn die ***Sonnenblume mit ihrem kräftigen Gelb*** zieht sowieso alle Blicke auf sich. Und so langsam wird es auch Zeit sich vom Sommer zu verabschieden und die nächste Jahreszeit willkommen zu heißen.

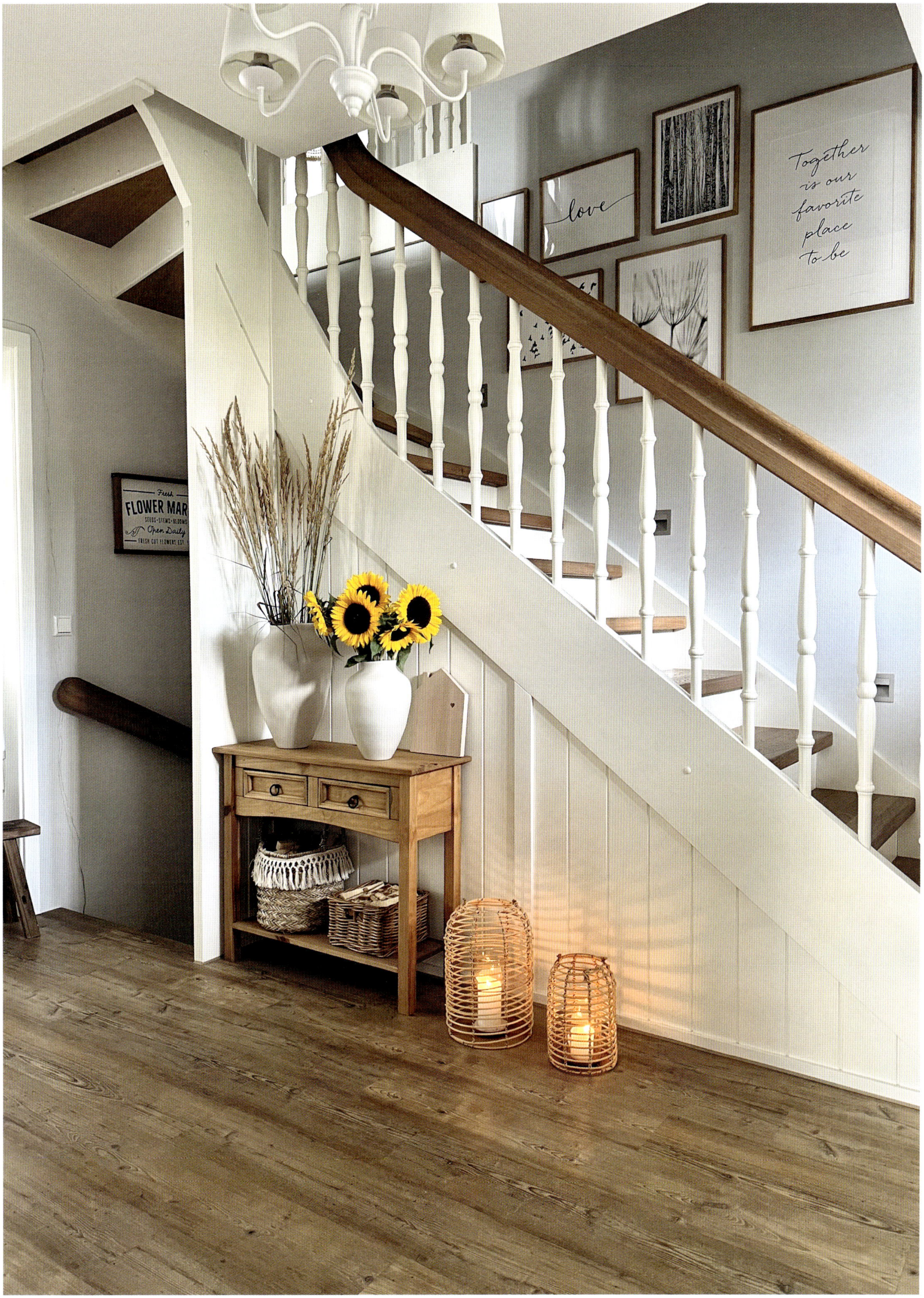
Together is our favorite place to be
love
Fresh
FLOWER MAR
Open Daily

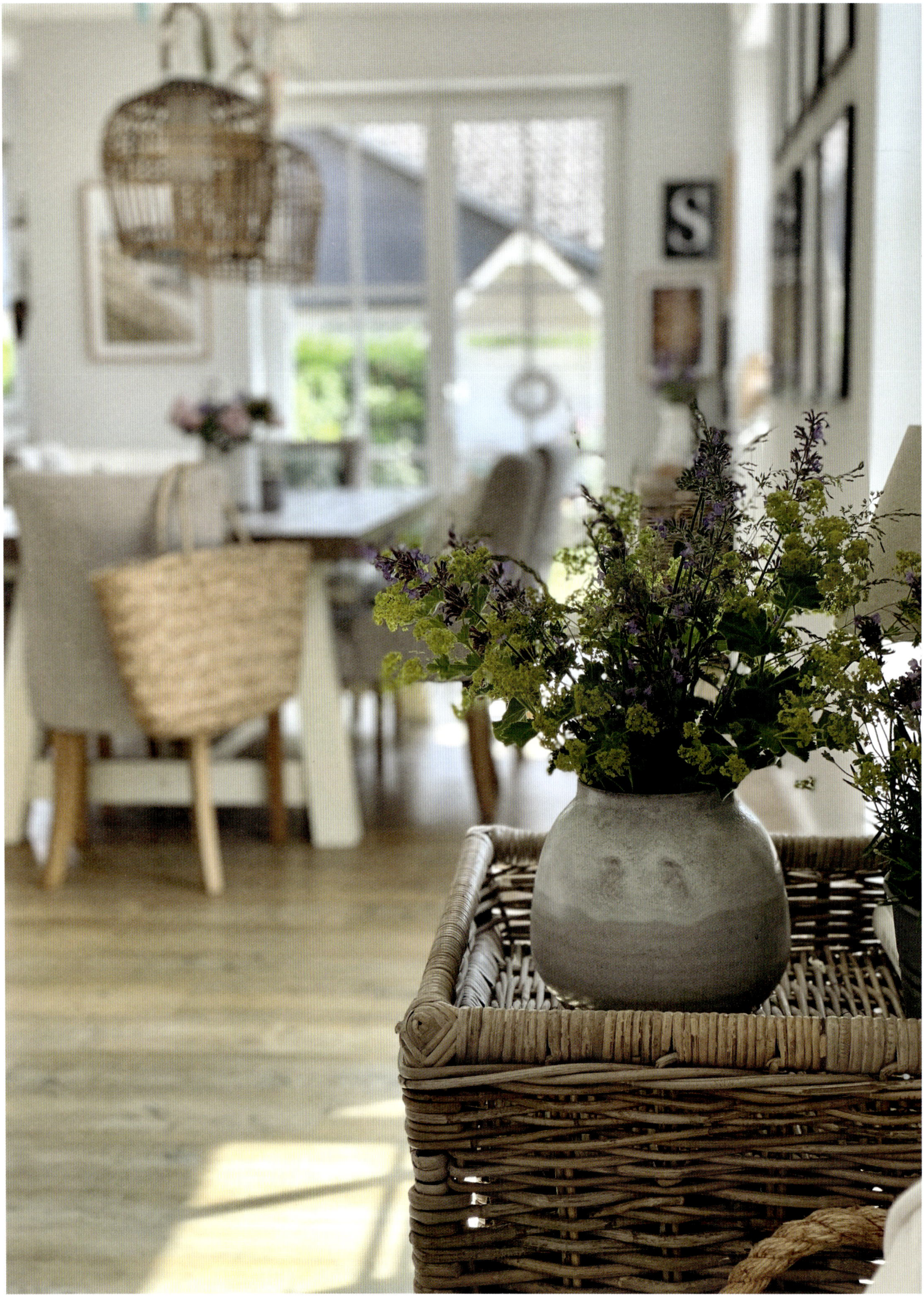
S

„SCHÖN IST EIGENTLICH ALLES,
WAS MAN MIT LIEBE BETRACHTET.
JE MEHR JEMAND DIE WELT LIEBT,
DESTO SCHÖNER WIRD ER SIE
FINDEN."

CHRISTIAN MORGENSTERN

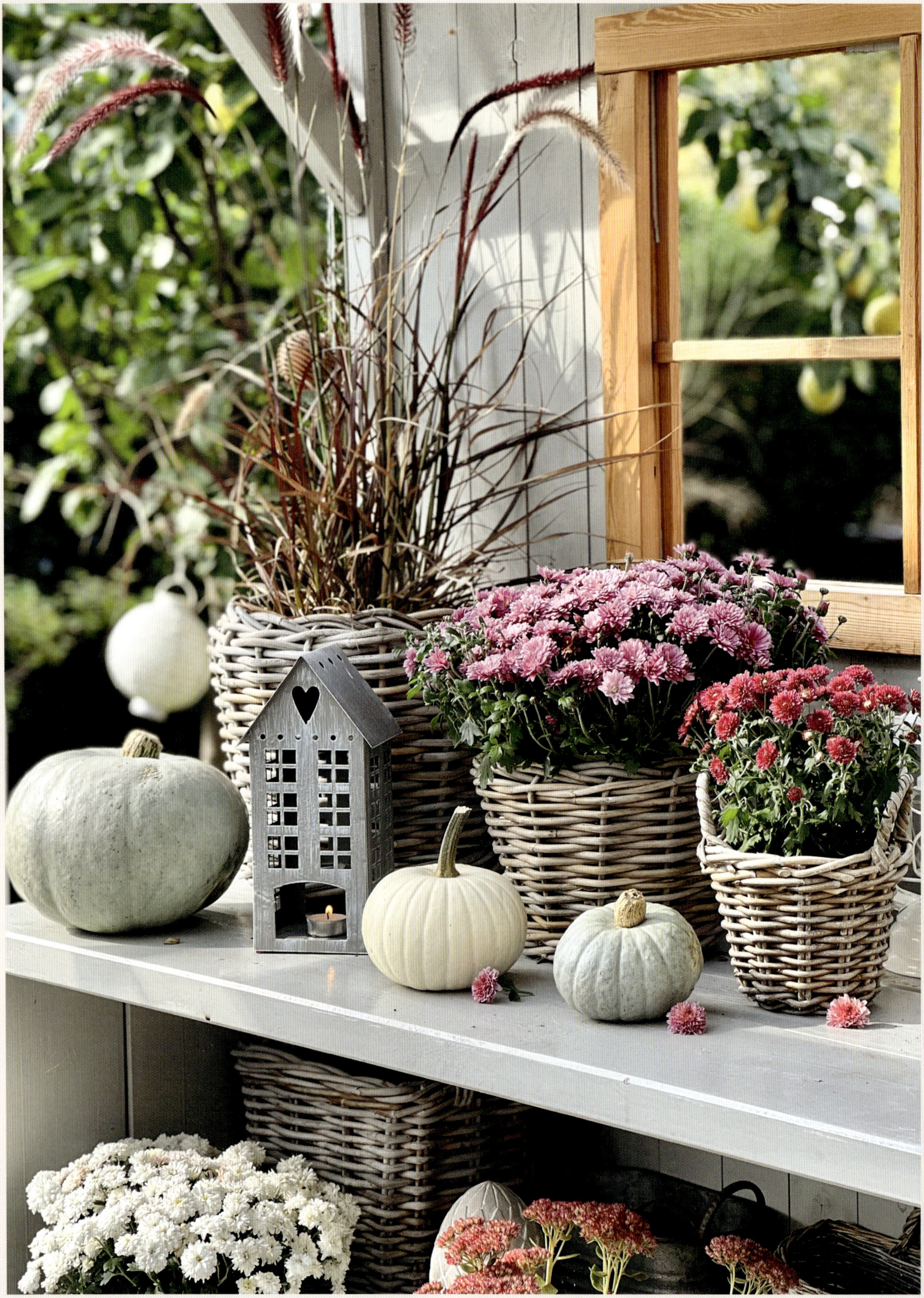

HERBST-
ZAUBER

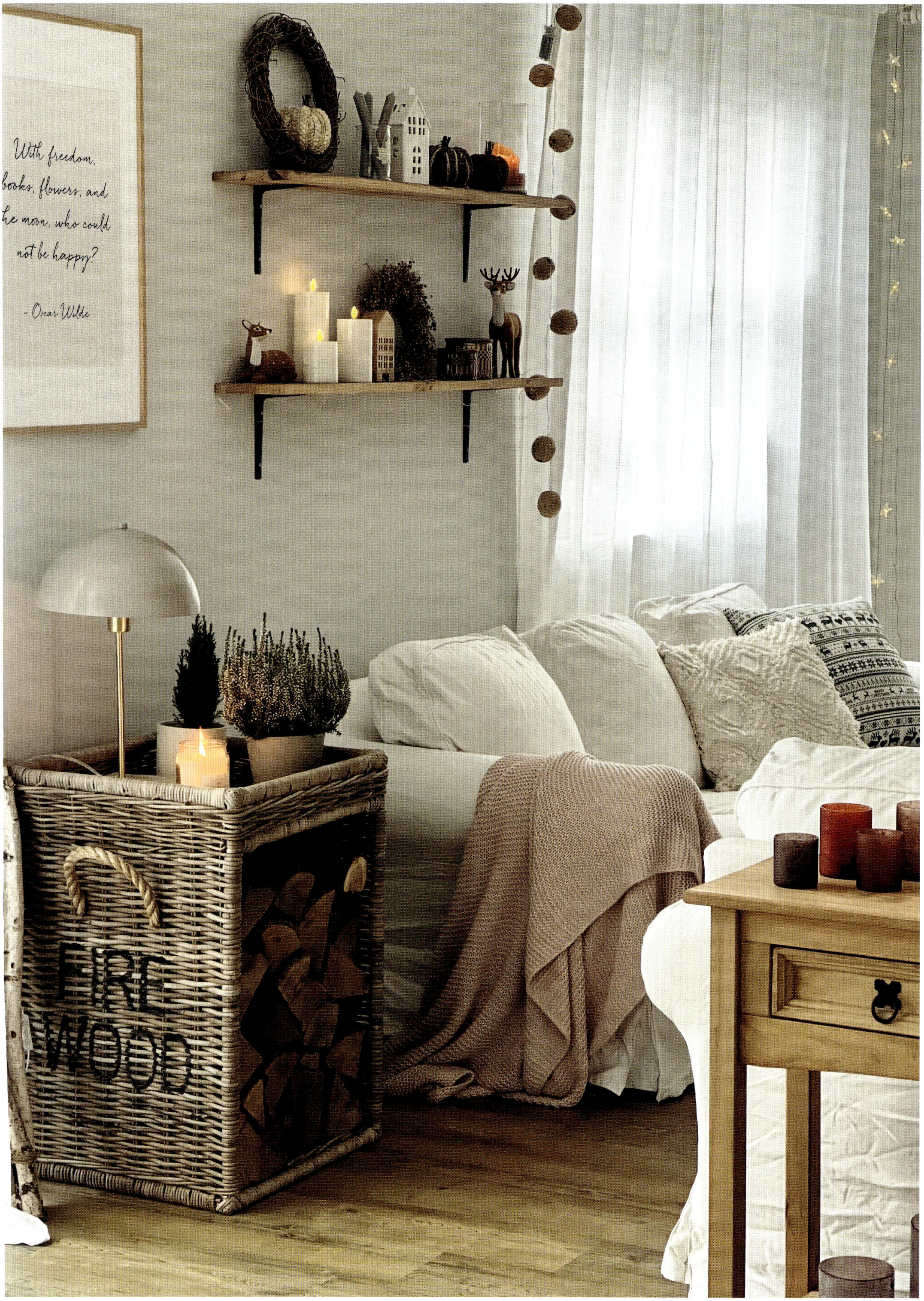
With freedom, books, flowers, and the moon, who could not be happy?
- Oscar Wilde
FIRE
WOOD

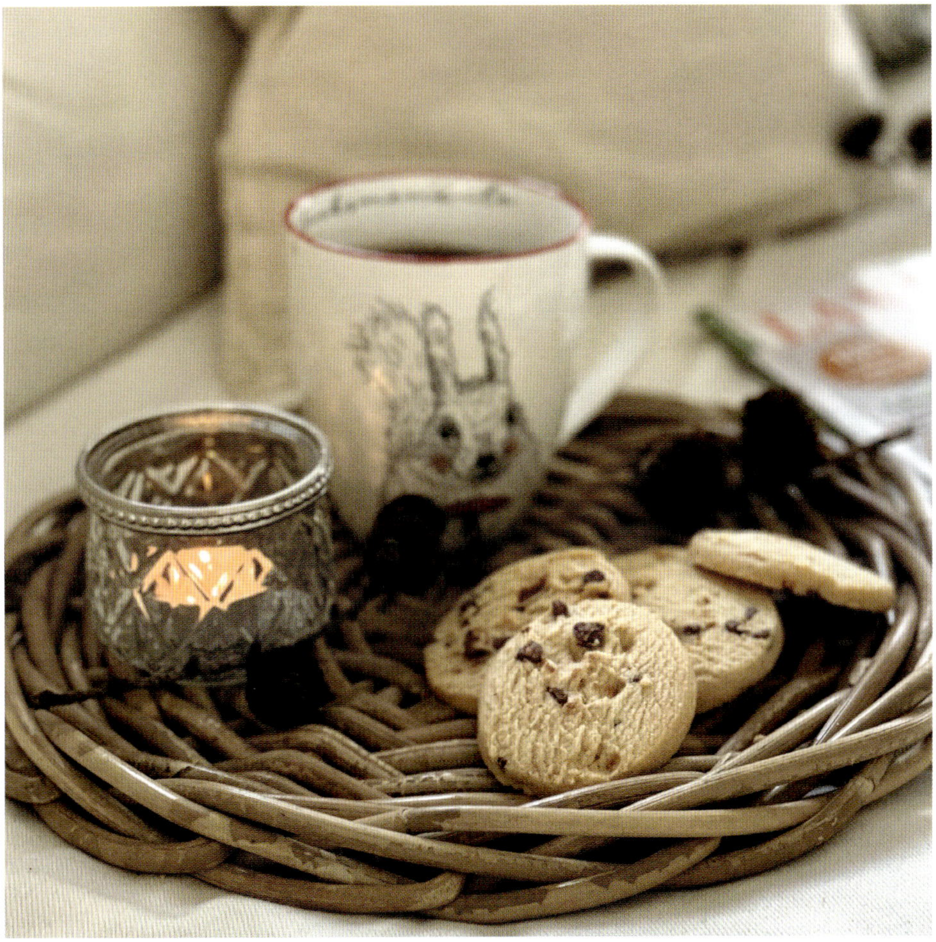

Bei uns im hohen Norden wird es früh herbstlich und wir verbringen wieder vermehrt Zeit in unseren gemütlich gestalteten Wohnräumen. Ab Oktober zeichnet der Herbst *mit prächtigen Rot- und Beerentönen* weithin sichtbar seinen „roten Faden" durch die Landschaft. Diese Farben und die besondere Stimmung hole ich mir auch in mein Zuhause.

MARONEN-ZIMT-KUCHEN

Herbstzeit ist Maronenzeit. Ob süß oder herzhaft, Maronen sind vielseitig verwendbar und aus der herbstlichen Küche kaum wegzudenken. Der köstliche Klassiker erhält durch Zimt zudem eine besonders feine Geschmacksnote. Für kuschlige Nachmittage und so wunderbar nach den Früchten dieser Jahreszeit schmeckend.

FÜR 1 KUCHEN

1 Kastenform aus Silikon, ca. 25 cm lang

100 g Butter, weich

150 g brauner Rohrzucker

3 Bio-Eier, Größe M

200 g Dinkelmehl, Type 630

2,5 TL Backpulver

1 TL Zimt

300 g Maronenpüree

1 Den Backofen auf 200 °C (Ober- und Unterhitze) vorheizen. Butter, Zucker und Eier in einer Schüssel mit einem Handrührgerät schaumig schlagen.

2 Mehl, Backpulver und Zimt nach und nach zur Zuckermasse geben und gut verrühren.

3 Das Maronenpüree unter den Teig mischen. Anschließend die Masse in eine Silikon-Kastenform geben und glattstreichen.

4 Den Teig im vorgeheizten Backofen auf der zweiten Schiene von unten für etwa 50 Minuten backen. Um zu überprüfen, ob der Kuchen durch ist, die Stäbchenprobe machen.

5 Den Kuchen aus dem Ofen nehmen und etwas abkühlen lassen. Anschließend auf ein Kuchengitter stürzen und vollständig auskühlen lassen.

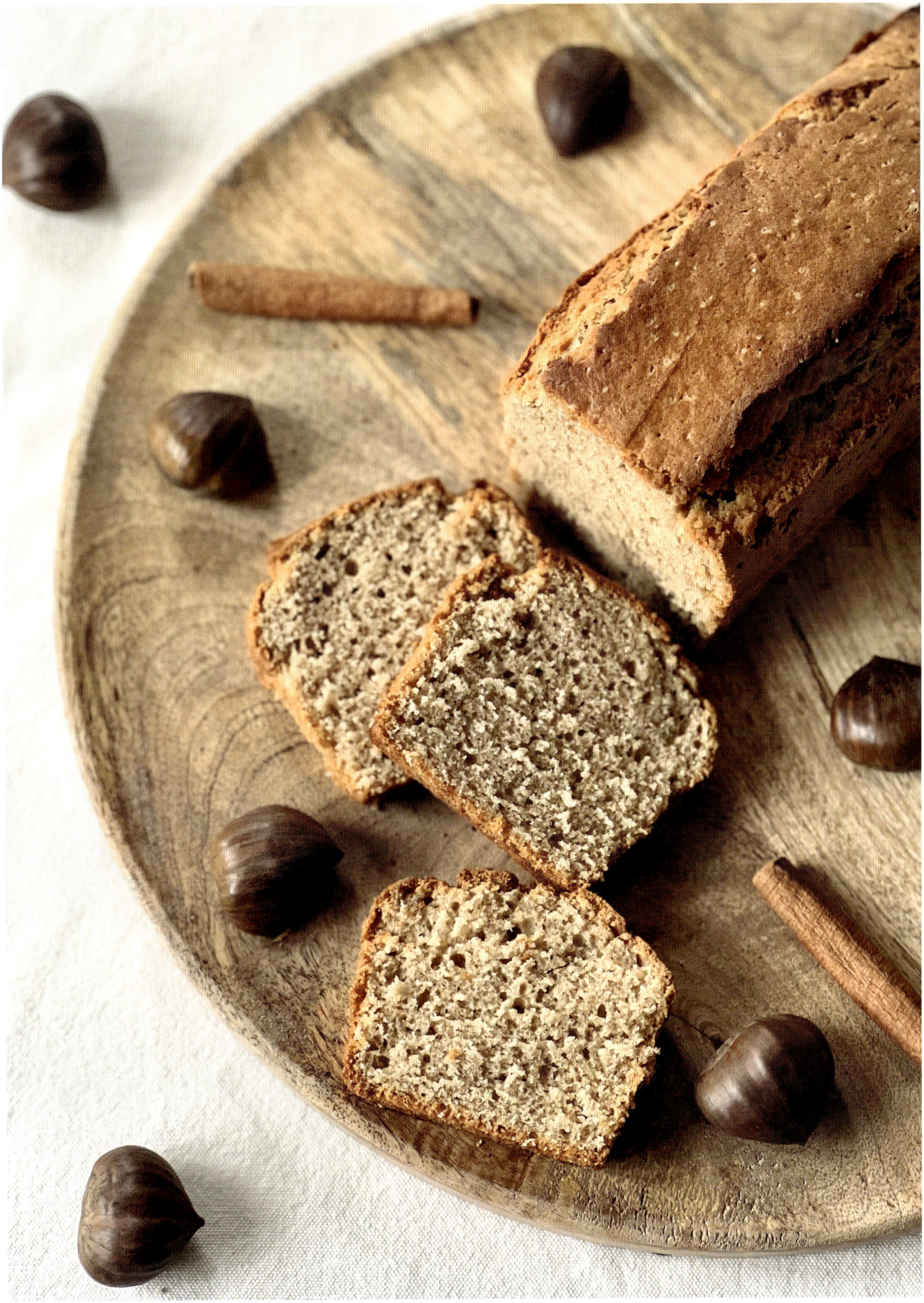

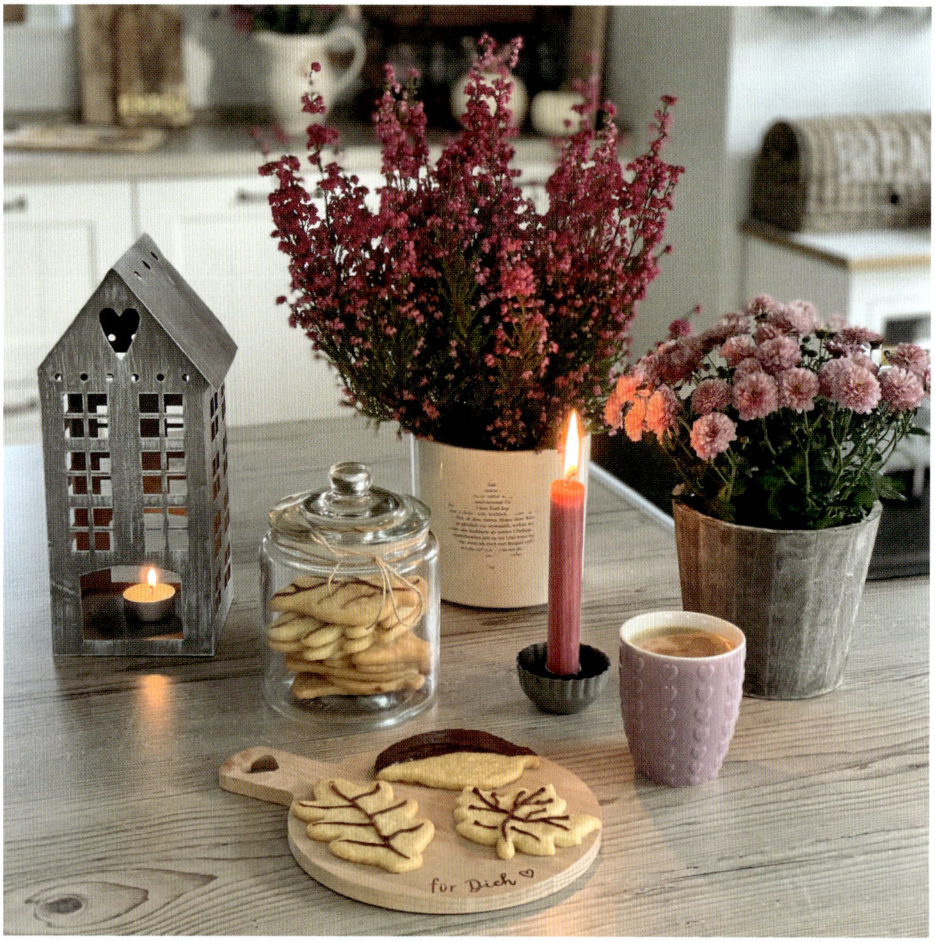

Die letzten Sonnenstrahlen im Herbst sollte man ganz bewusst genießen. Spaziergänge durch die bunten Wälder sind gut für die Seele, und meist kommt man *mit tollem Deko-Material* zurück. Anschließend wärme ich mir die Hände gerne an einer Tasse mit heißem Tee oder Kaffee. Dazu gibt es auch schon die ersten selbstgebackenen Plätzchen.

GENUSS-TIPP

Für die herbstlichen Plätzchen verwende ich einen einfachen Plätzchenteig und Ausstecher in Blattform. Für die Verzierungen kommt dann geschmolzene dunkle Schokolade zum Einsatz.

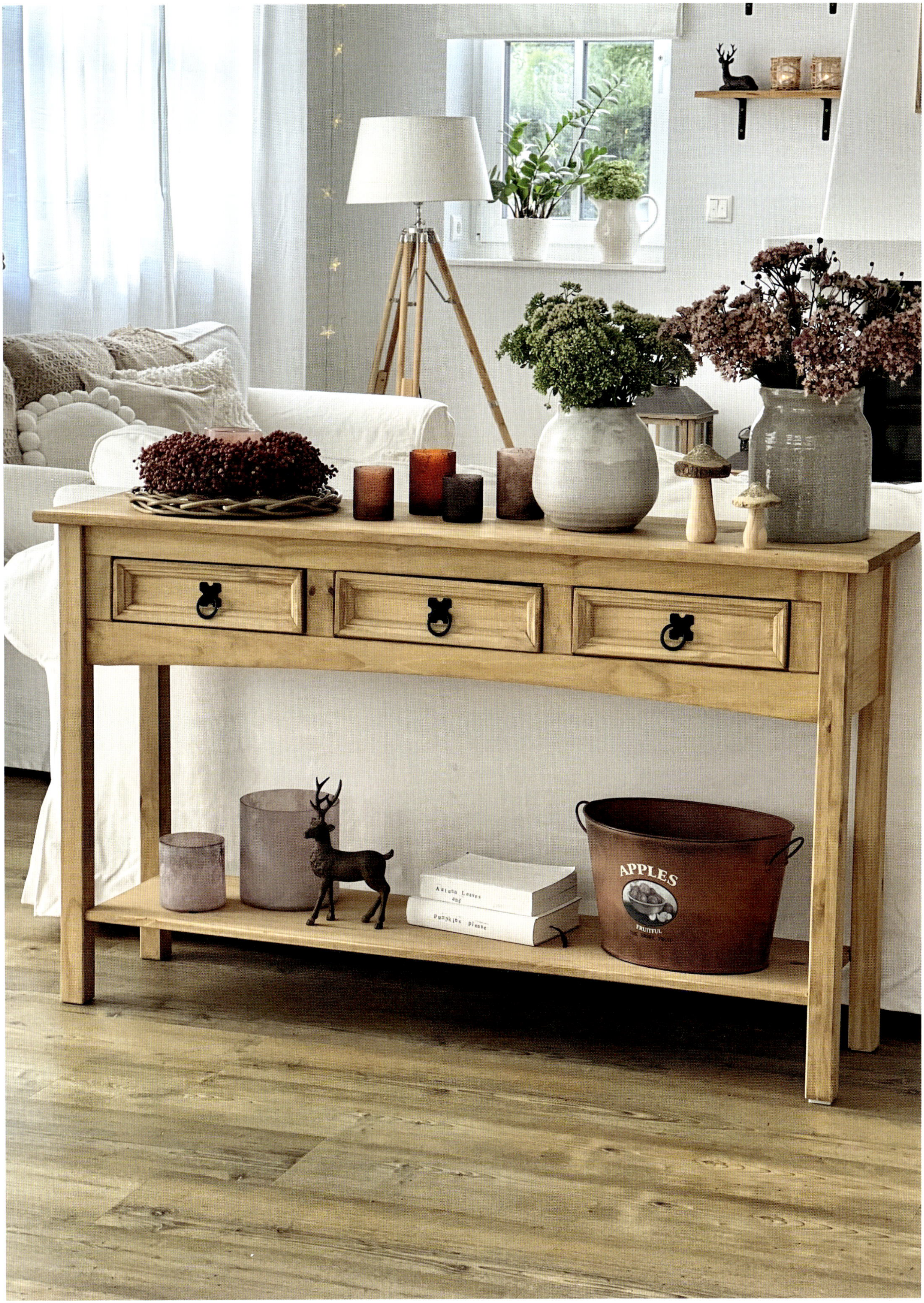
APPLES
FRUITFUL

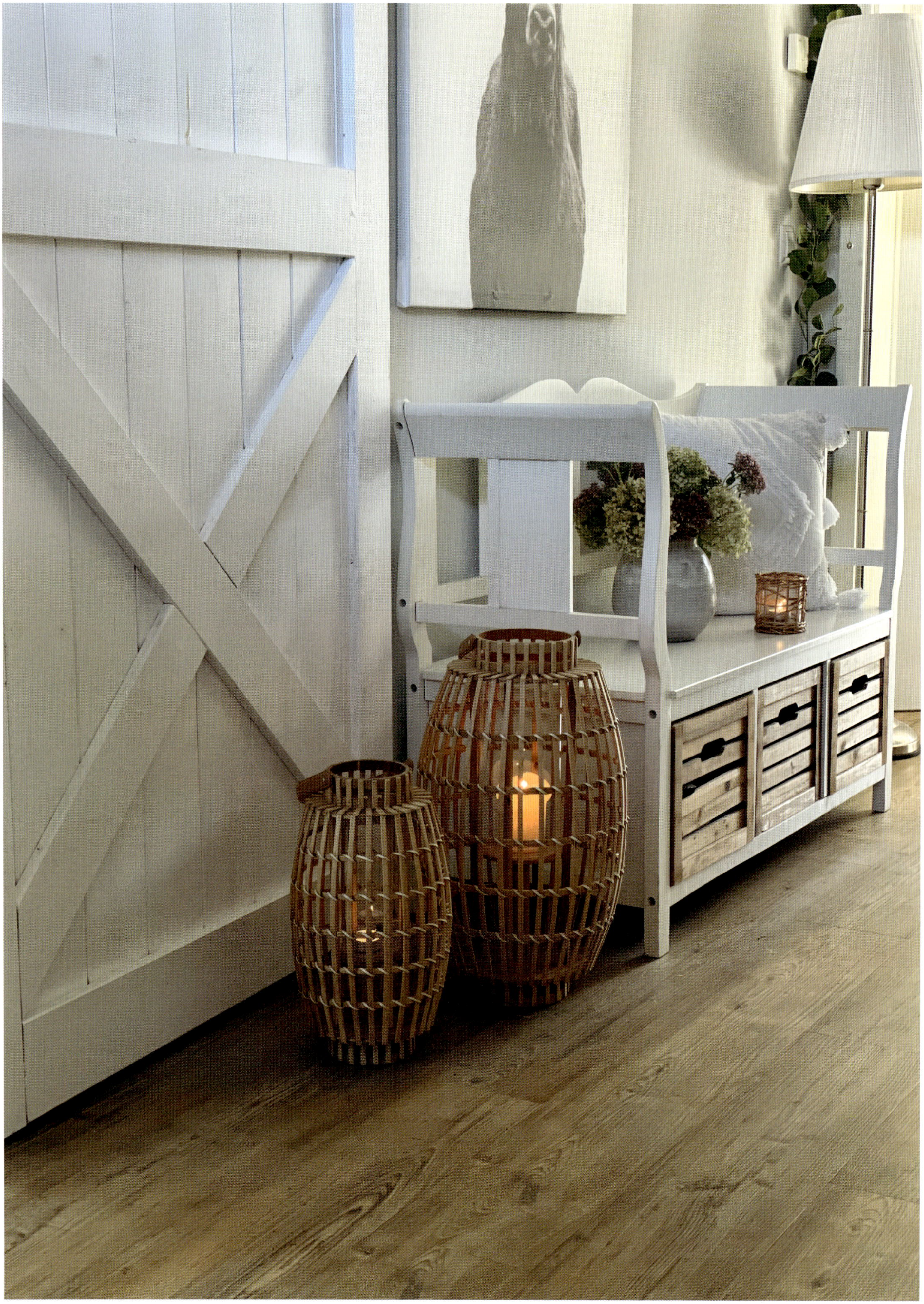

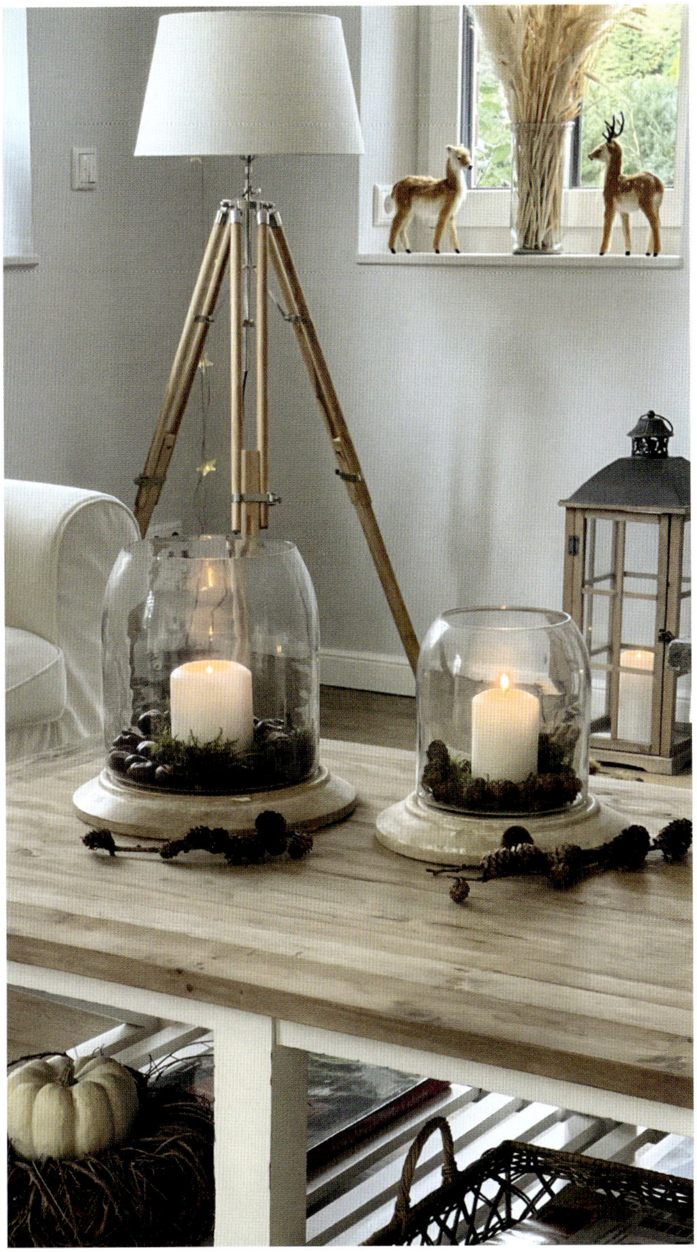

Im Herbst, wenn das Tageslicht schneller schwindet, ist es vorteilhaft, mit verschiedenen *Lichtquellen* leuchtende Akzente zu setzen. So schaffe ich im Handumdrehen eine Atmosphäre der Gemütlichkeit. Windlichter in unterschiedlichen Größen eignen sich hierfür besonders.

„EINES MORGENS RIECHST DU DEN HERBST. ES IST NOCH NICHT KALT; ES IST NICHT WINDIG; ES HAT SICH EIGENTLICH GAR NICHTS GEÄNDERT – UND DOCH ALLES."

KURT TUCHOLSKY

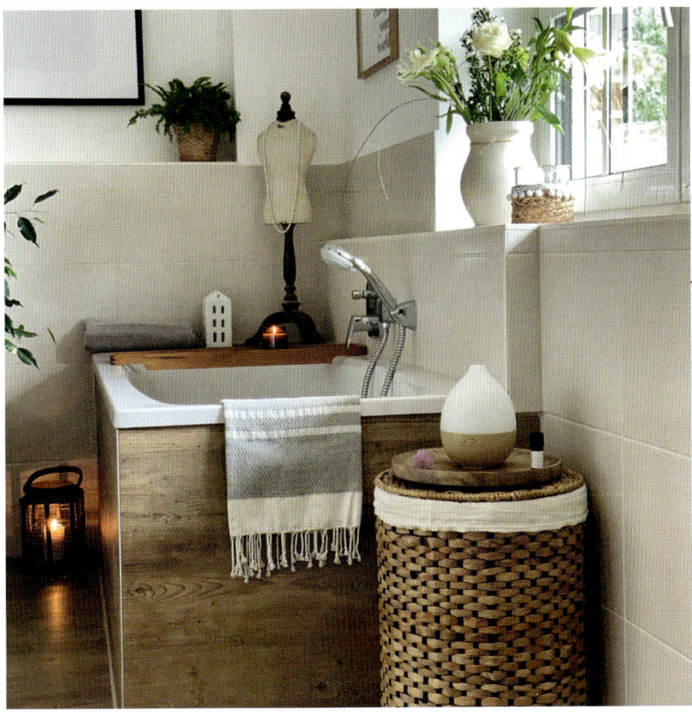

An kalten, nassen Tagen tut ein entspannendes Bad der Seele gut. Duftkerzen oder Diffusoren mit Ingwer, Zimt, Nelke, Orange, Rosmarin, Thymian oder Vanille sorgen dabei für das persönliche Wohlbefinden.

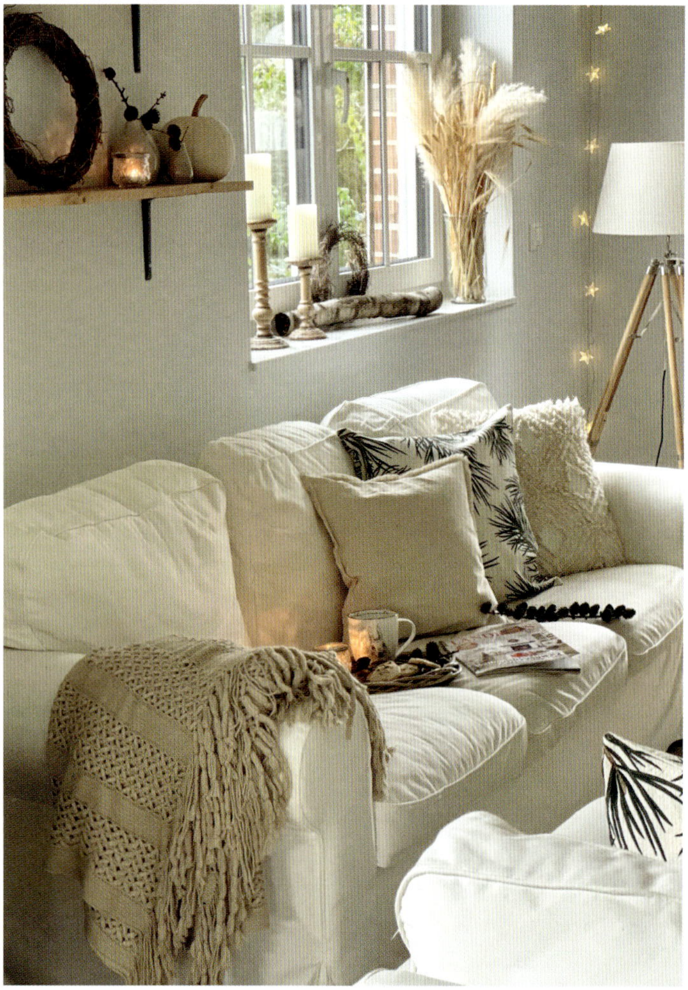

Im Herbst finden sich bei mir überall Kürbisse in allen Größen und Farben. In Regalfächern, auf dem Boden – selbst in der Küche kann man *Kürbisse als Dekoelemente* entdecken.

Wenn draußen der Wind um die Ecken fegt und das Herbstlaub vor sich hertreibt, freue ich mich besonders auf gemütliche Stunden vor dem Kamin, *eingekuschelt in meine Lieblingsdecke* und mit einer guten Lektüre.

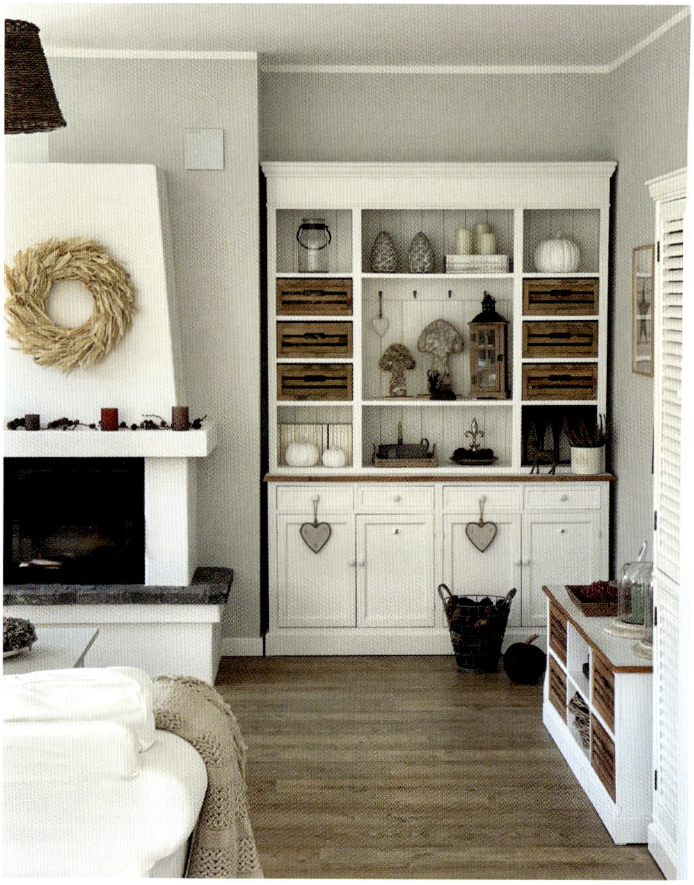

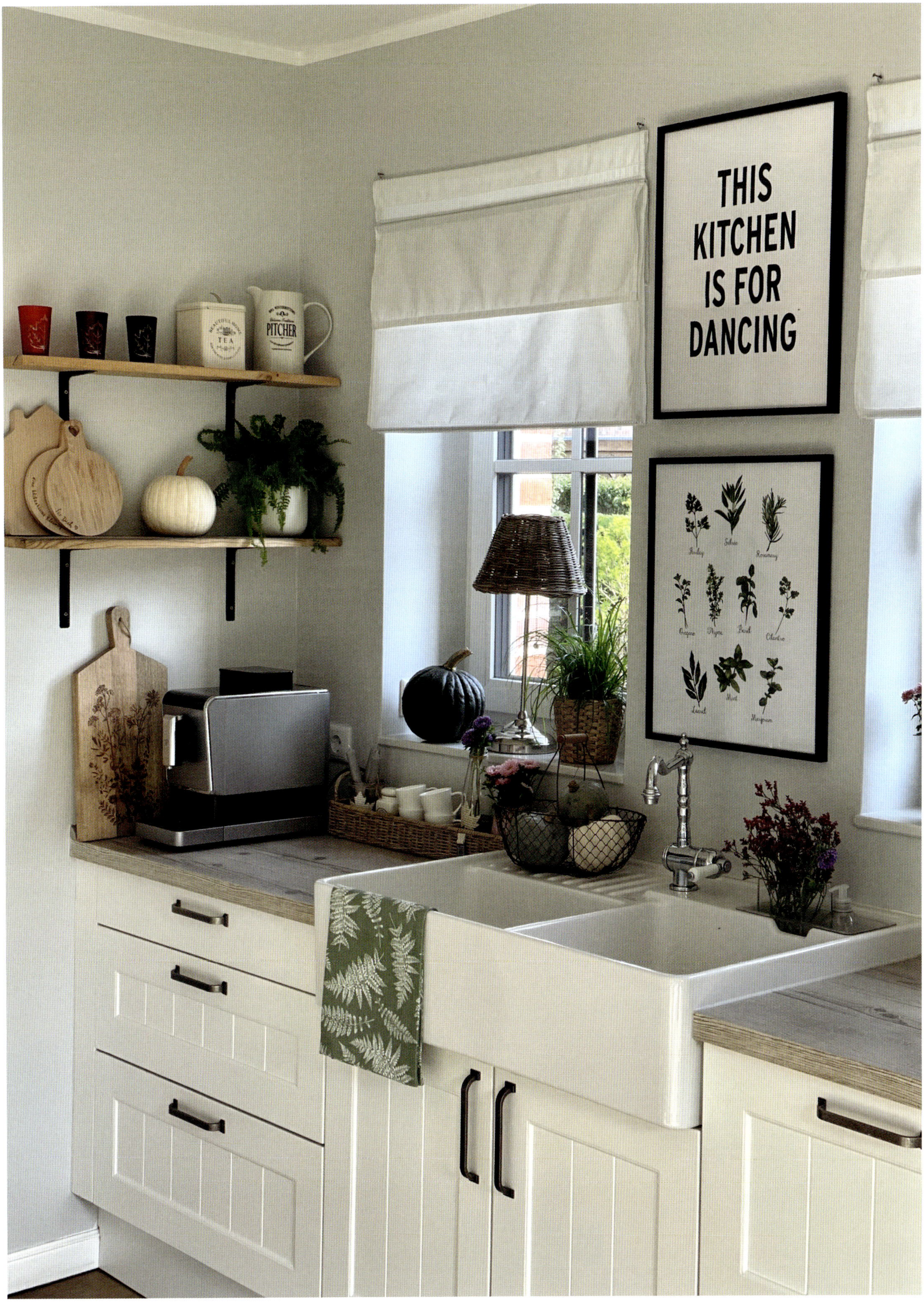
THIS
KITCHEN
IS FOR
DANCING
PITCHER
TEA

SAFTIGER PFLAUMENKUCHEN

Der Duft nach frischgebackenem Pflaumenkuchen weckt Kindheitserinnerungen. Besonders lecker schmeckt er mit süßen Butterstreuseln – dann kann man sogar auf Schlagsahne verzichten. Der Kuchen ist eine Köstlichkeit, die im Herbst keinesfalls fehlen darf und von allen Familienmitgliedern zum Nachmittagskaffee geliebt wird.

FÜR 1 BACKSPRINGFORM, Ø CA. 26 CM

Für den Kuchen

800 g Pflaumen

200 g Dinkelmehl, Type 630

1 Pck. Backpulver

1 Pck. Vanillezucker

100 g Zucker

1 Pr. Salz

150 g Butter, weich

3 Bio-Eier, Größe M

1 TL Butter zum Einfetten

2 EL Puderzucker

Für den Streusel

50 g Butter, kalt

50 g Zucker

100 g Dinkelmehl, Type 630

1 Den Backofen auf 180 °C (Ober- und Unterhitze) vorheizen.

2 Die Butter, den Zucker, Vanillezucker, das Salz und die Eier mit einem Handmixer in einer Schüssel vermischen.

3 Das Mehl fein sieben, Backpulver dazugeben und beides zu den übrigen Zutaten geben. Gut verrühren.

4 Den Teig in eine gefettete Backspringform geben und glattstreichen. Das Obst waschen, entsteinen und halbieren, die Früchtehälften auf dem Teig verteilen.

5 Für den Streusel die kalte Butter mit dem Zucker und Mehl in einer Schüssel mit den Händen zügig zu Teigkrümeln verkneten und über das Obst geben.

6 Im vorgeheizten Backofen auf der mittleren Schiene ca. 50-60 Minuten lang backen, abkühlen lassen und abschließend mit dem Puderzucker bestäuben.

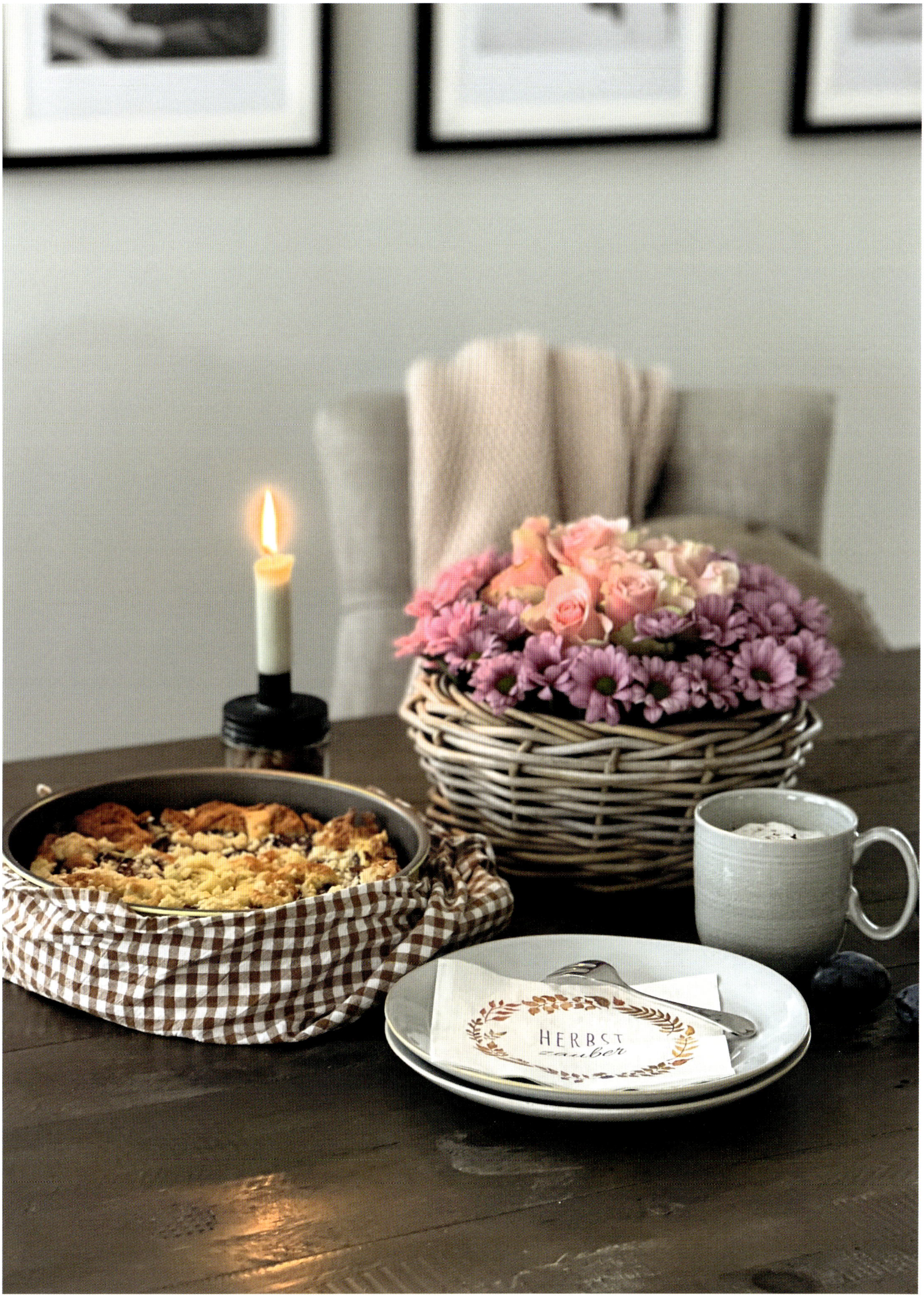
HERBST
zauber

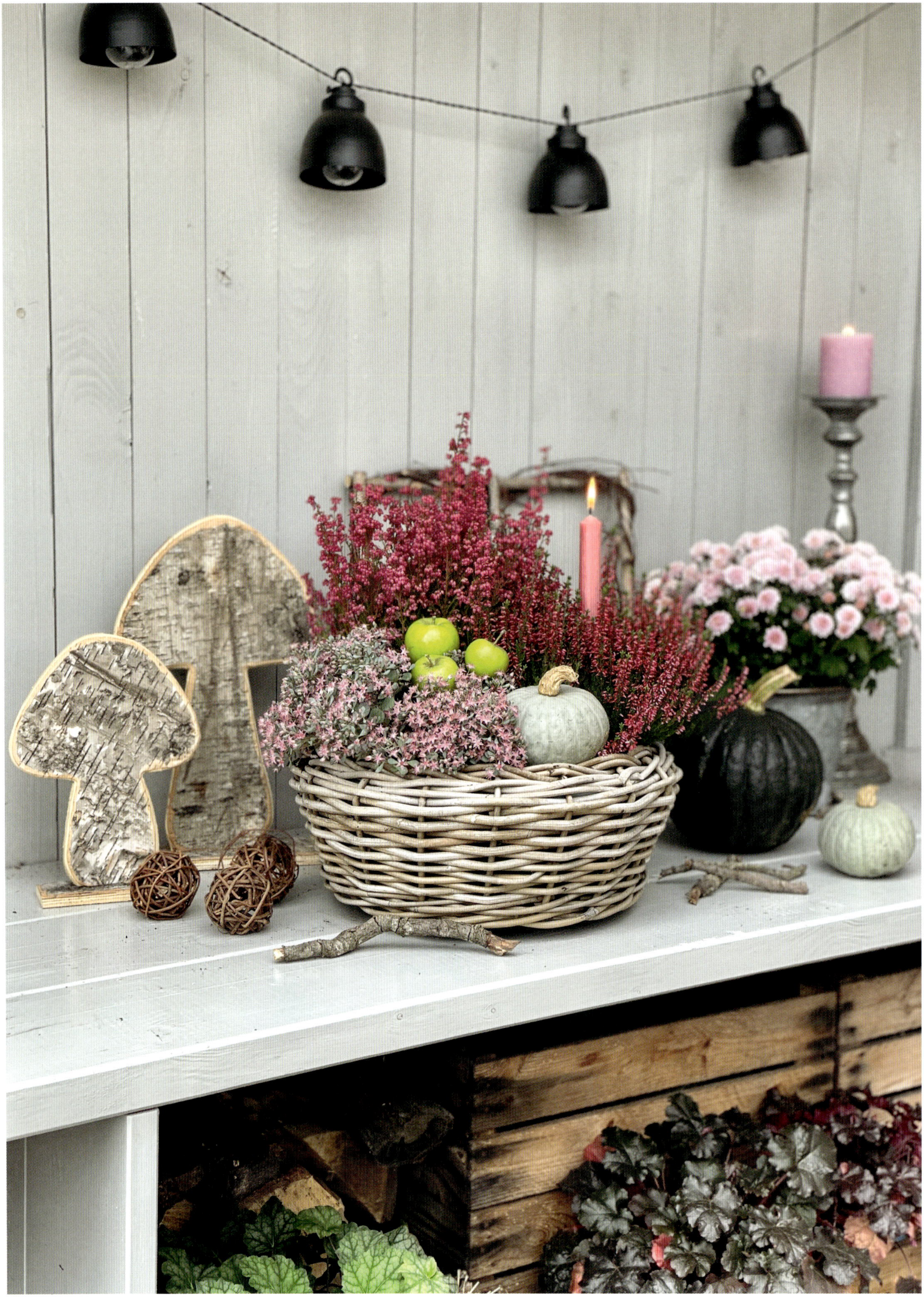

HERBSTLICHER PFLANZKORB

Der Herbst ist mit Abstand unsere bunteste Jahreszeit und die satten Beerentöne leuchten an trüben Herbsttagen in Körben und Sträußen um die Wette. Die pinkfarbene Heide sorgt für Blickfänge in Haus und Garten und ergibt mit der rosafarbenen Fetthenne eine sehr schöne Pflanz-Kombi.

FÜR 1 PFLANZKORB

1 Drypot oder anderer Pflanzbehälter, ø 40 cm

20 l Blumen- oder Kübelpflanzenerde

1 Glockenheide in Rosa-Pink

1 Knospenheide Loki in Tiefrot

1 Polster-Fetthenne in Rosa-Pink

3 Schaschlikspieße

3 kleine Äpfel in Hellgrün

1 Adventskranzstecker, rund

1 Zierkürbis in Grau-Grün

1 Stabkerzenhalter

1 Stabkerze in Altrosa

1 Den Pflanzbehälter bis ca. ⅔ mit Erde auffüllen und die Pflanzen der Reihe nach einpflanzen. Dabei auf die Höhenstaffelung achten, damit ein schönes Gesamtbild entsteht.

2 Den Behälter weiter mit Erde auffüllen und die Pflanzen gut damit bedecken. Die Äpfel auf die Schaschlikspieße stecken und diese dann in die Erde stecken.

3 Den Kürbis auf den Kranzstecker stecken und zwischen die Pflanzen platzieren.

4 Zum Schluss die Kerze mit dem Stabkerzenhalter in die Erde stecken.

Die Kerze kann auch gut durch eine LED-Kerze, die unbeaufsichtigt „brennen" kann, ersetzt werden.

„STREBE NACH RUHE, ABER
DURCH DAS GLEICHGEWICHT,
NICHT DURCH DEN STILLSTAND
DEINER TÄTIGKEIT.“

FRIEDRICH SCHILLER

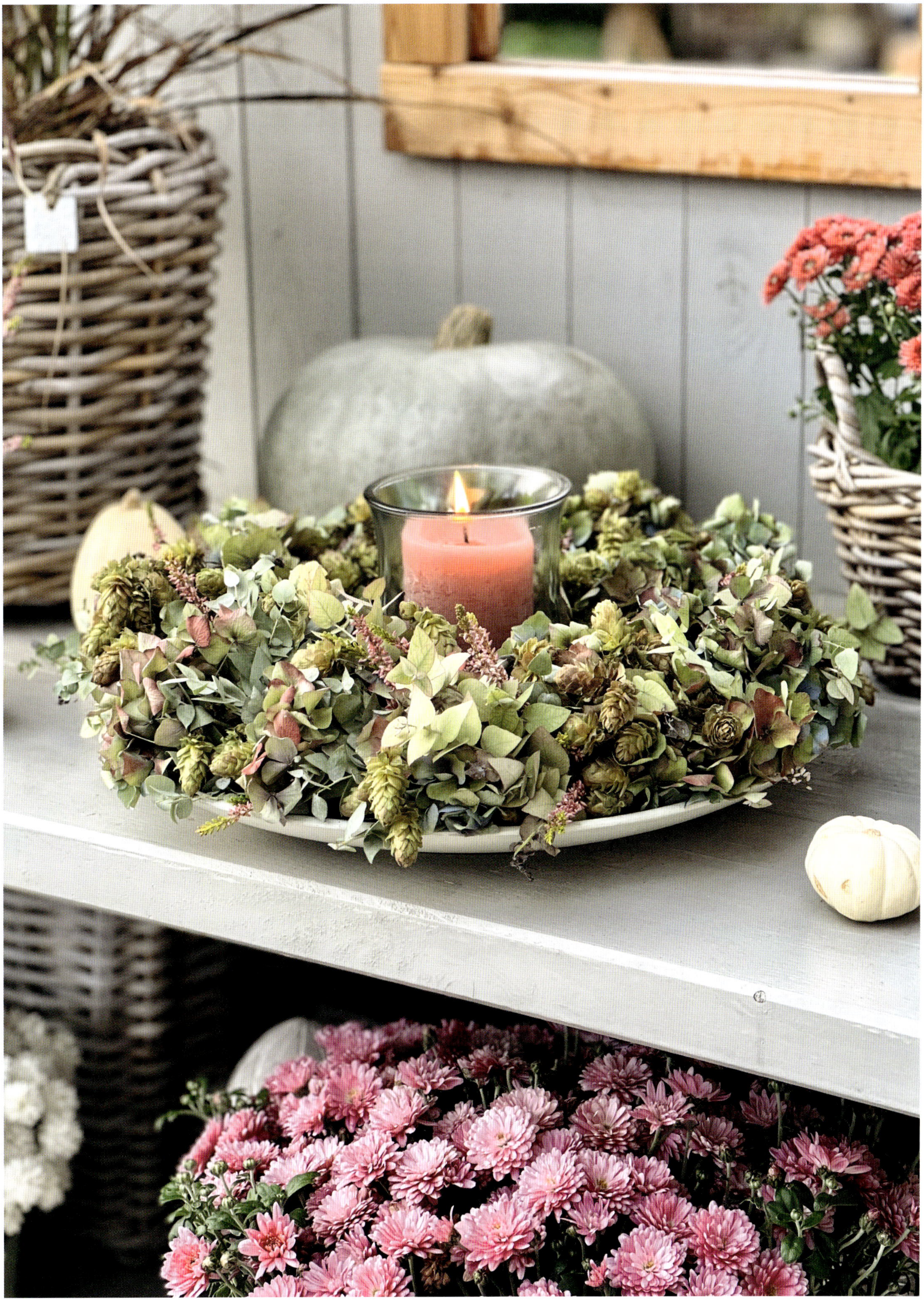

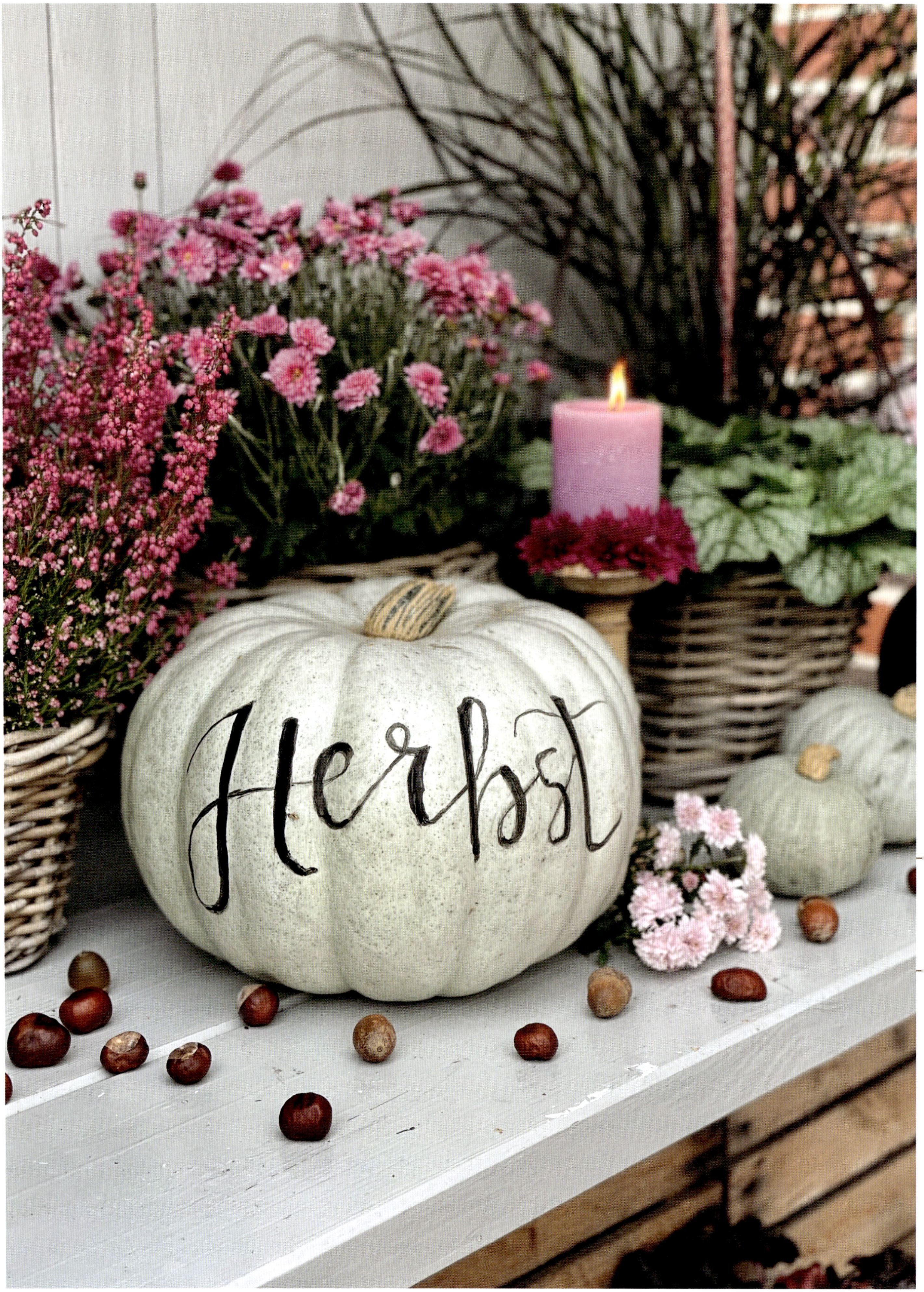
Herbst

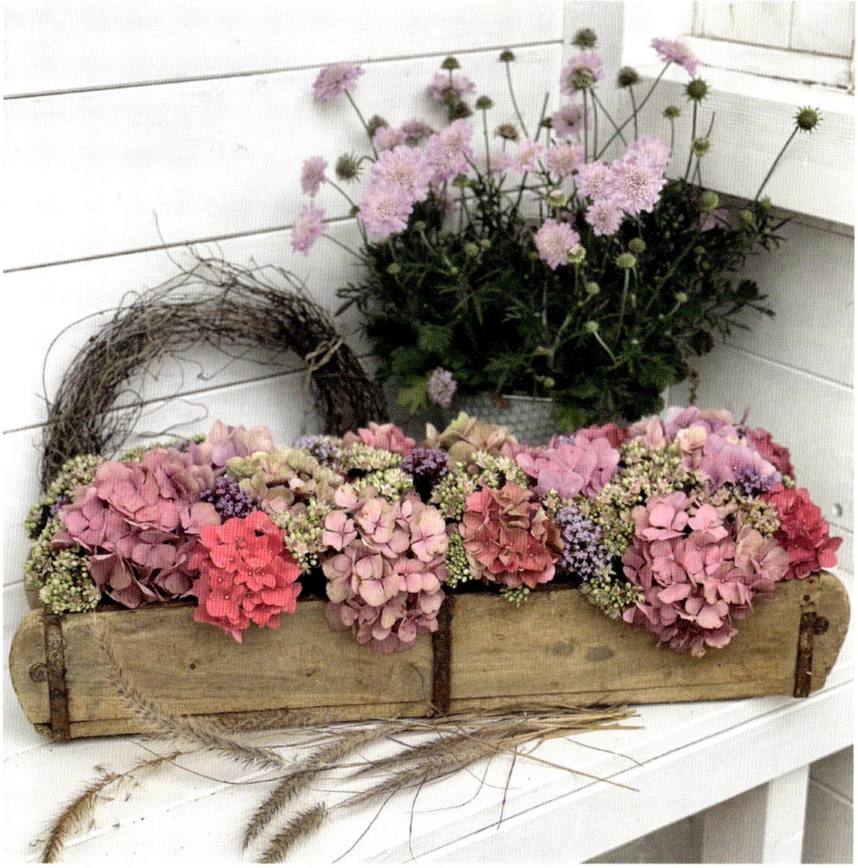

Hortensienblüten sind äußerst dekorativ und eignen sich gut für Gestecke und Kränze mit herbstlichem Flair. Egal ob frisch verarbeitet oder in getrocknetem Zustand, *Hortensien* sind für mich immer etwas Besonderes. Kombiniert mit Fetthenne und Eisenkraut ergeben sie in der rustikalen Ziegelform ein farbenfrohes Bild.

Weiße oder graue Kürbisse eignen sich hervorragend zum Dekorieren. Mit Handlettering werden sie im Handumdrehen zu einem ganz besonderen Blickfang.

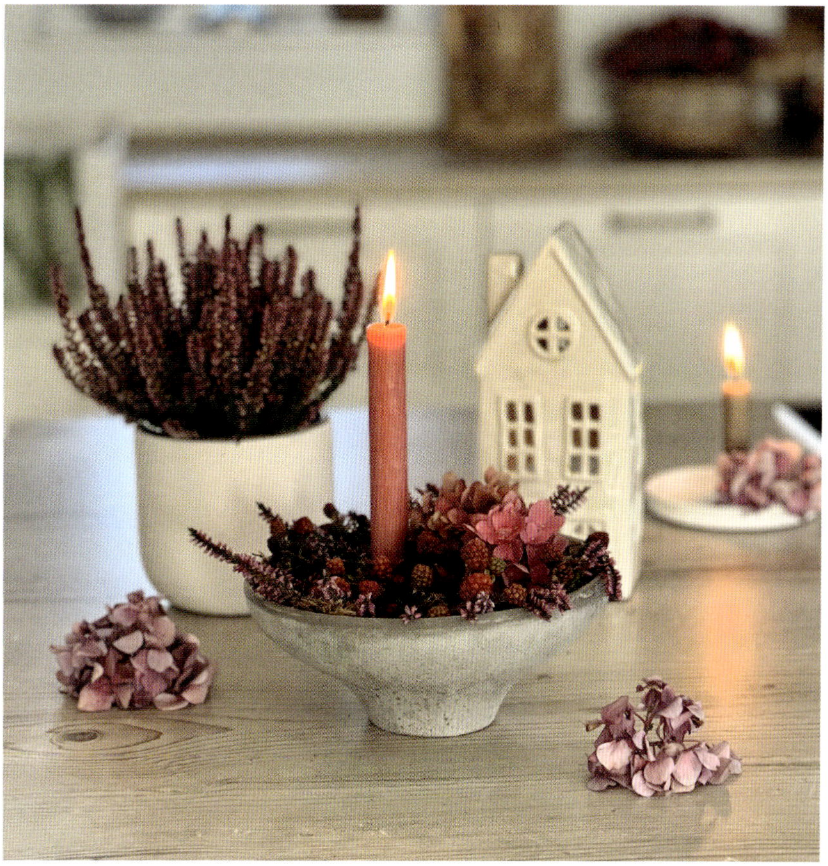

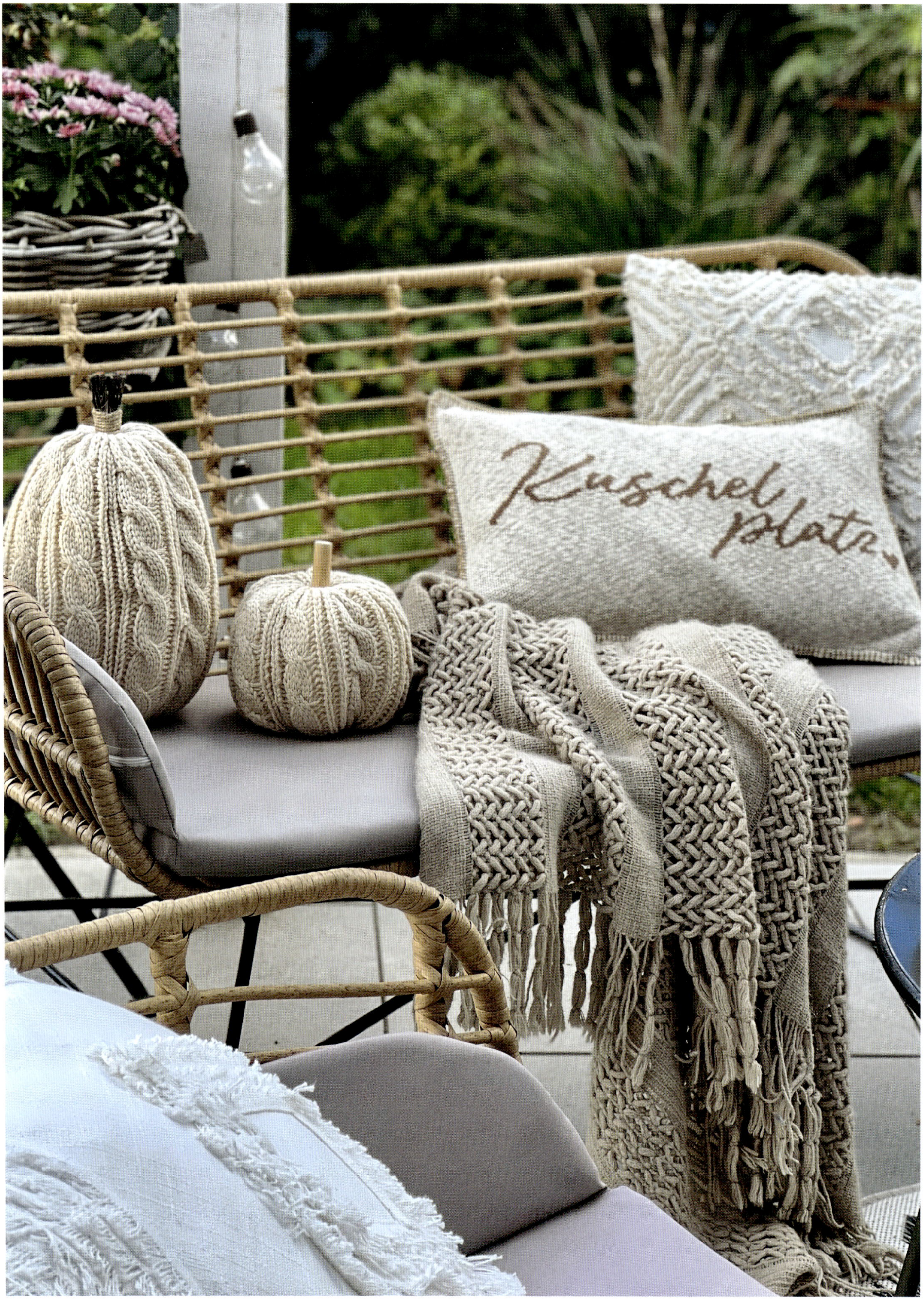
Kuschel
platz

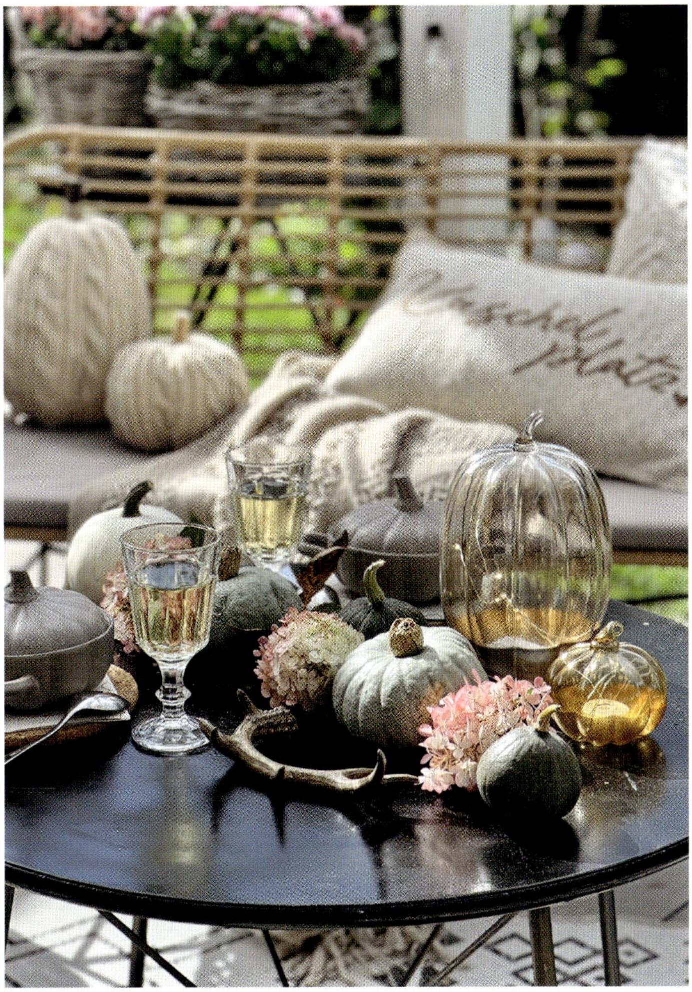

Ich genieße es sehr, dass es im Herbst auch *im Garten* noch einmal so richtig bunt wird, bevor die winterliche Ruhe einkehrt. So oft es das Wetter zu lässt, sind wir draußen und genießen die letzten warmen Sonnenstrahlen, bevor der Winter endgültig Einzug hält.

„LEBE DIE JAHRESZEITEN, WIE SIE KOMMEN. ATME DIE LUFT, TRINKE IHRE GETRÄNKE, SCHMECKE IHRE FRÜCHTE UND ÜBERLASSE DICH IHREN EINFLÜSSEN.“

HENRY DAVID THOREAU

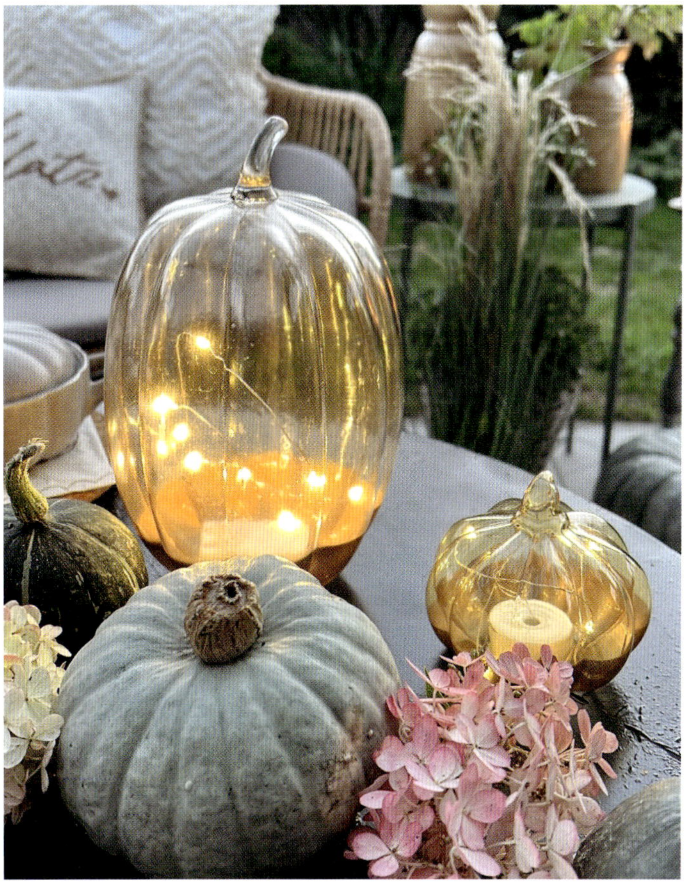

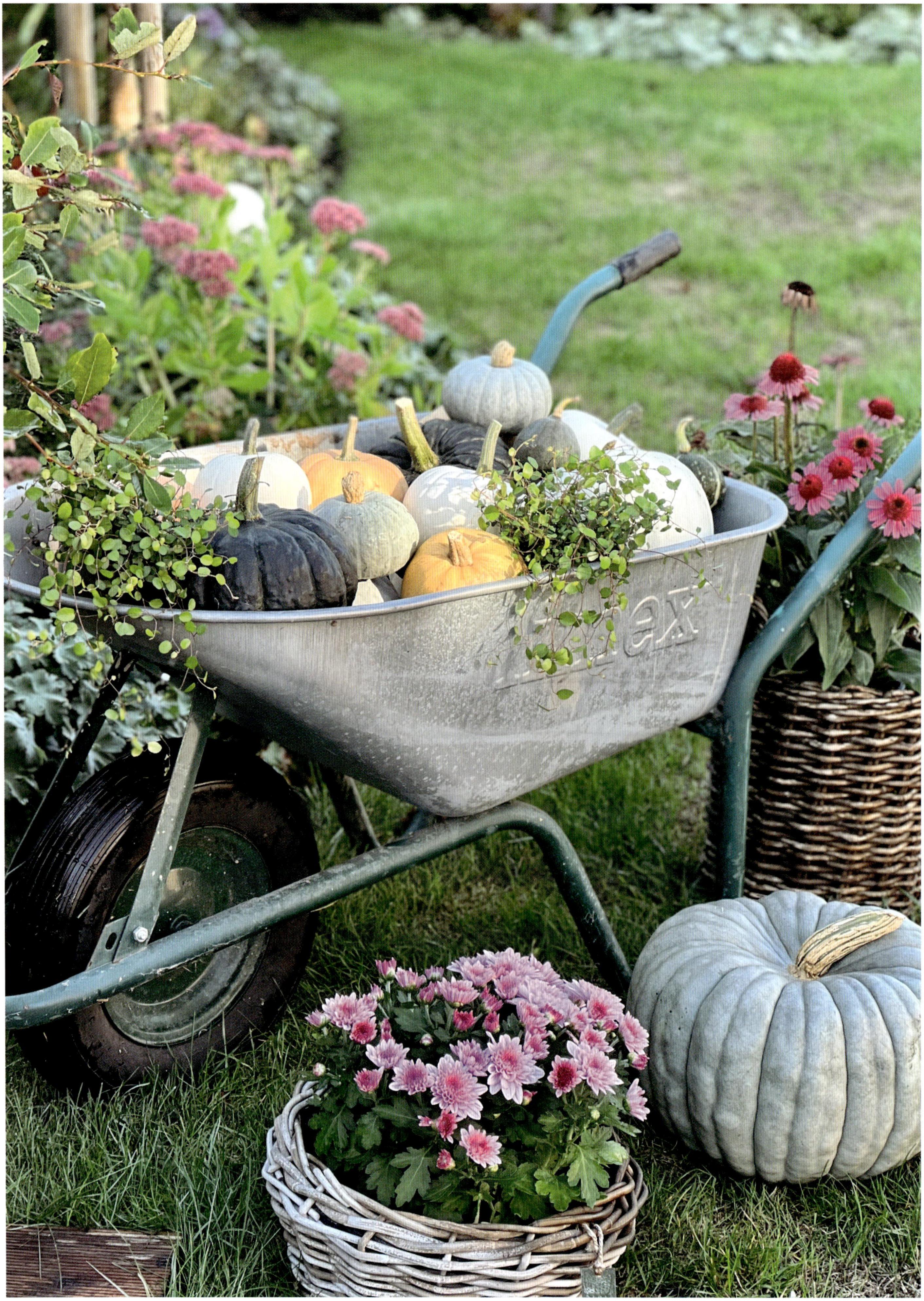

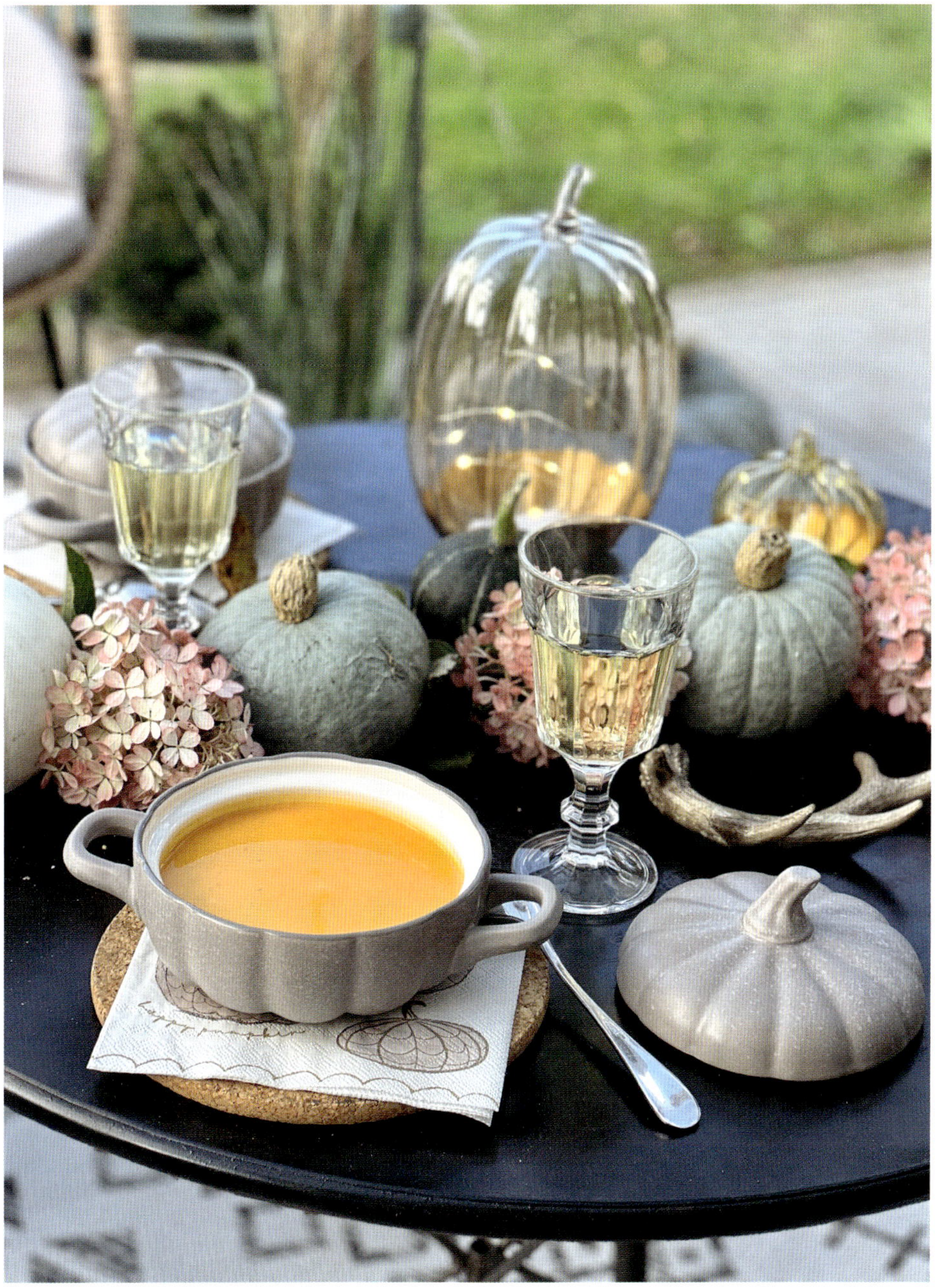

Der Herbst ist *die Zeit der Fülle und der Ernte.* Kulinarisch hat er viel zu bieten. In dieser Zeit koche ich gerne wärmende Gerichte, deftige Eintöpfe oder nährende Suppen, mit viel Kartoffeln, Pilzen und natürlich Kürbissen. Angerichtet in saisonalem Geschirr kommt die Kürbissuppe auch optisch schön zur Geltung.

LECKERE KÜRBISBRÖTCHEN

Kürbisse sehen nicht nur sehr dekorativ aus, das Fruchtgemüse steckt auch voller wichtiger Nährstoffe und Vitamine und lässt sich in der Küche sehr vielseitig verwenden. Die Kürbisbrötchen schmecken sowohl mit süßem als auch mit herzhaftem Aufstrich.

FÜR 8 BRÖTCHEN

250 g Hokkaido-Kürbisfleisch, geschnitten

100 g Butter, flüssig

50 g brauner Rohrzucker

500 g Dinkelmehl, Type 630

0,5 TL Kürbisgewürz (Zimt, Muskatnuss, Piment, Nelkenpulver)

0,5 TL Salz

1 Pck. Trockenhefe

1 Eigelb

1 EL Milch

Küchengarn

Alternativ zur Küchengarn-Methode die Teiglinge mit einem Messer je viermal über Kreuz leicht einschneiden.

1 Das Kürbisfleisch klein geschnitten mit wenig Wasser in einem Topf weichkochen. Anschließend pürieren und abkühlen lassen.

2 Das abgekühlte Kürbismus zusammen mit dem Kürbisgewürz, Zucker, Salz, Butter, Hefe und Mehl in einer Küchenmaschine oder mit dem Handrührer für einige Minuten kneten.

3 Den Teig in eine Schüssel geben und mit einem Tuch zugedeckt bei Raumtemperatur etwa 60 Minuten lang ruhen lassen.

4 Anschließend den Teig in acht gleich große Stücke teilen. Zu glatten Kugeln formen. Diese mit Küchengarn umwickeln und dabei ein Kürbismuster entstehen lassen. Dazu das Garn viermal um die Teiglinge wickeln und mittig obenauf verknoten. Dabei darauf achten, dass das Garn die Rohlinge nicht einschneidet.

5 Ein Backblech mit Backpapier auslegen und die Teiglinge darauf platzieren. Abgedeckt weitere 20 Minuten lang gehen lassen.

6 Den Backofen auf 185 °C (Ober- und Unterhitze) vorheizen. Das Eigelb mit Milch verquirlen und die Teiglinge damit bestreichen. Anschließend auf mittlerer Schiene etwa 20 Minuten lang backen.

7 Die Brötchen abkühlen lassen und das Küchengarn dann vorsichtig entfernen. Wer mag, kann Nüsse oder eine kleine Zimtstange als dekorative Stiele in die Brötchen stecken.

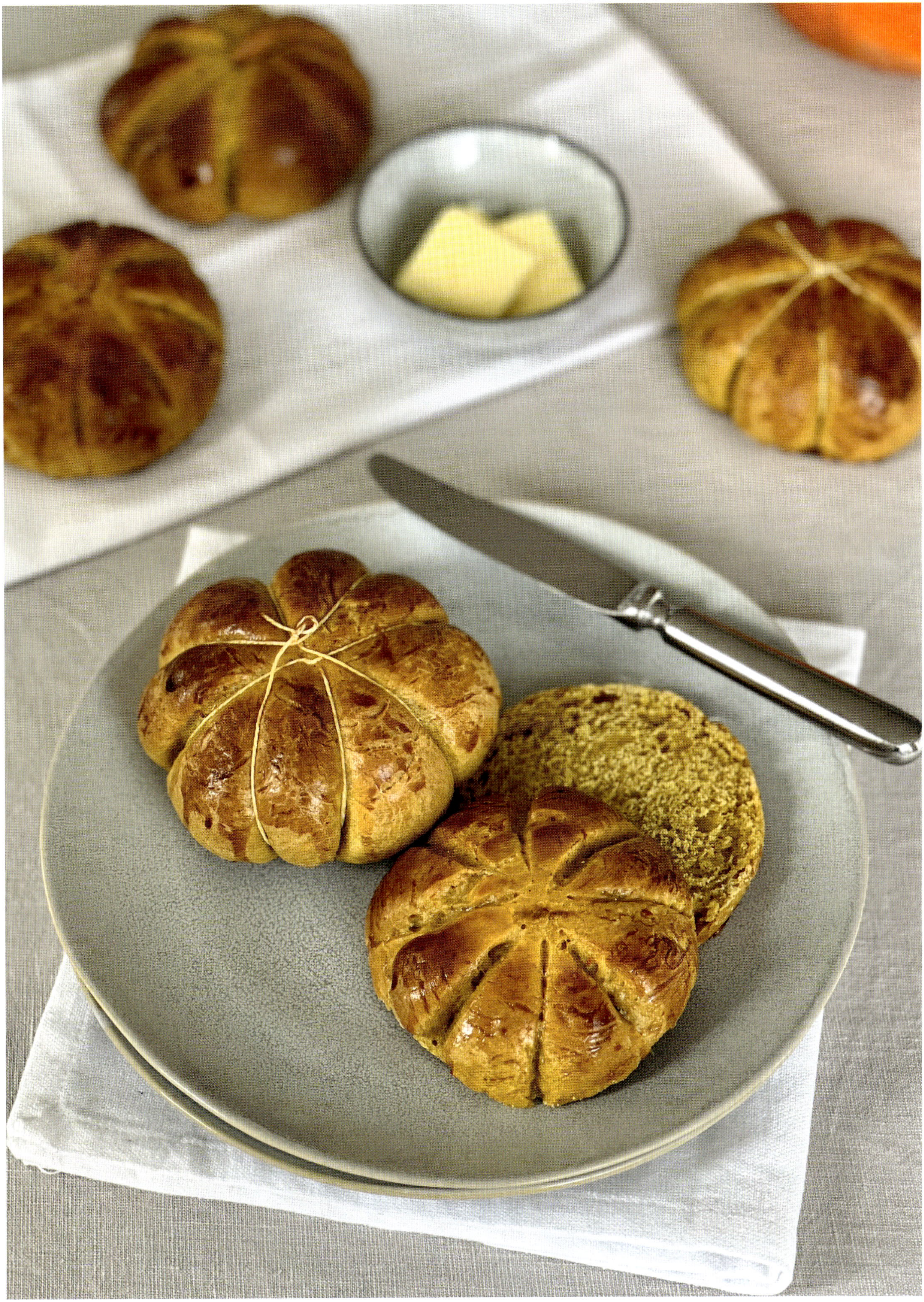

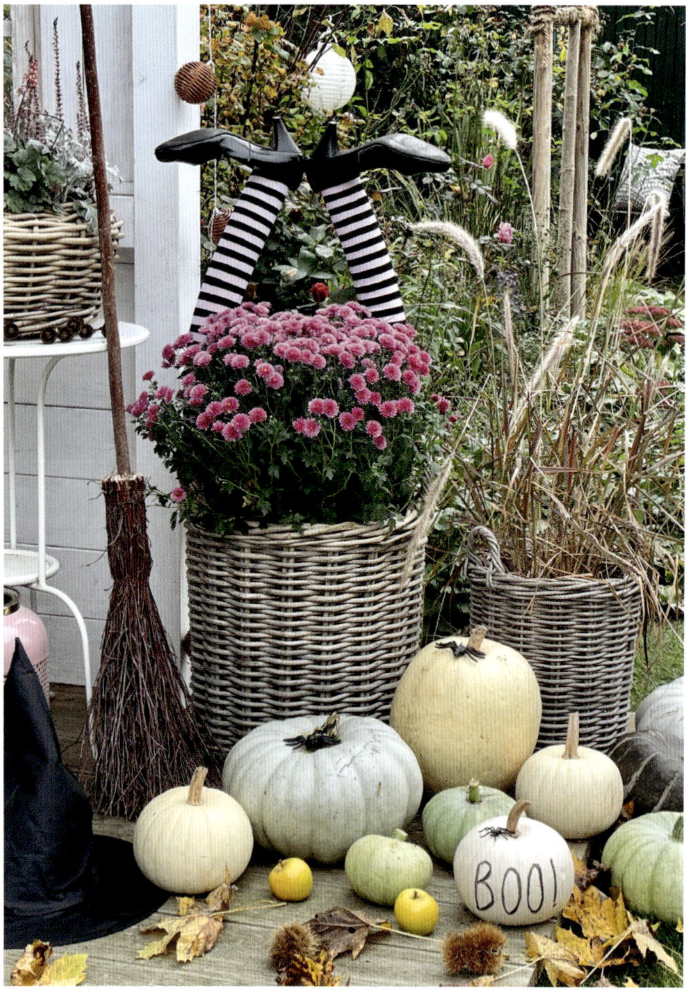

Kürbisse gehören für mich einfach zum Herbst und natürlich auch zu *Halloween* dazu. Ich mag die bunten Kürbissorten, die für leuchtende Farbtupfer drinnen wie draußen sorgen. Ein paar Tage vor dem Gruselfest schnitzen wir gemeinsam Kürbisse mit allerlei fantasievollen Fratzen, die in der frühen Dämmerung herrlich leuchten.

Durch und vor allem für die Kinder wird Halloween bei uns ausgiebig zelebriert und *Haus und Garten werden entsprechend geschmückt.* Ich packe dann auch kleine Tüten mit Süßigkeiten für die Kinder, die an der Haustüre klingeln.

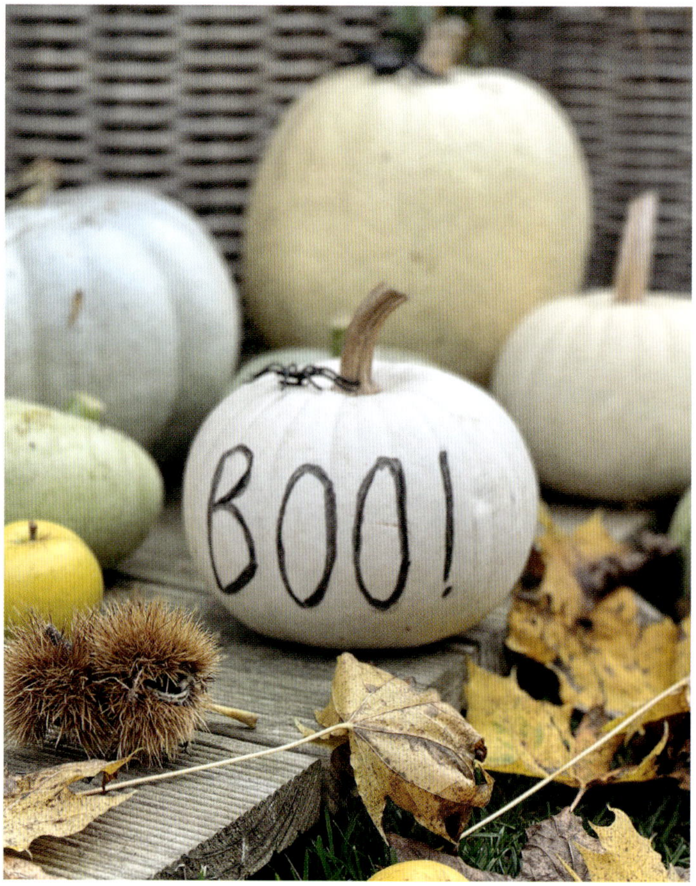

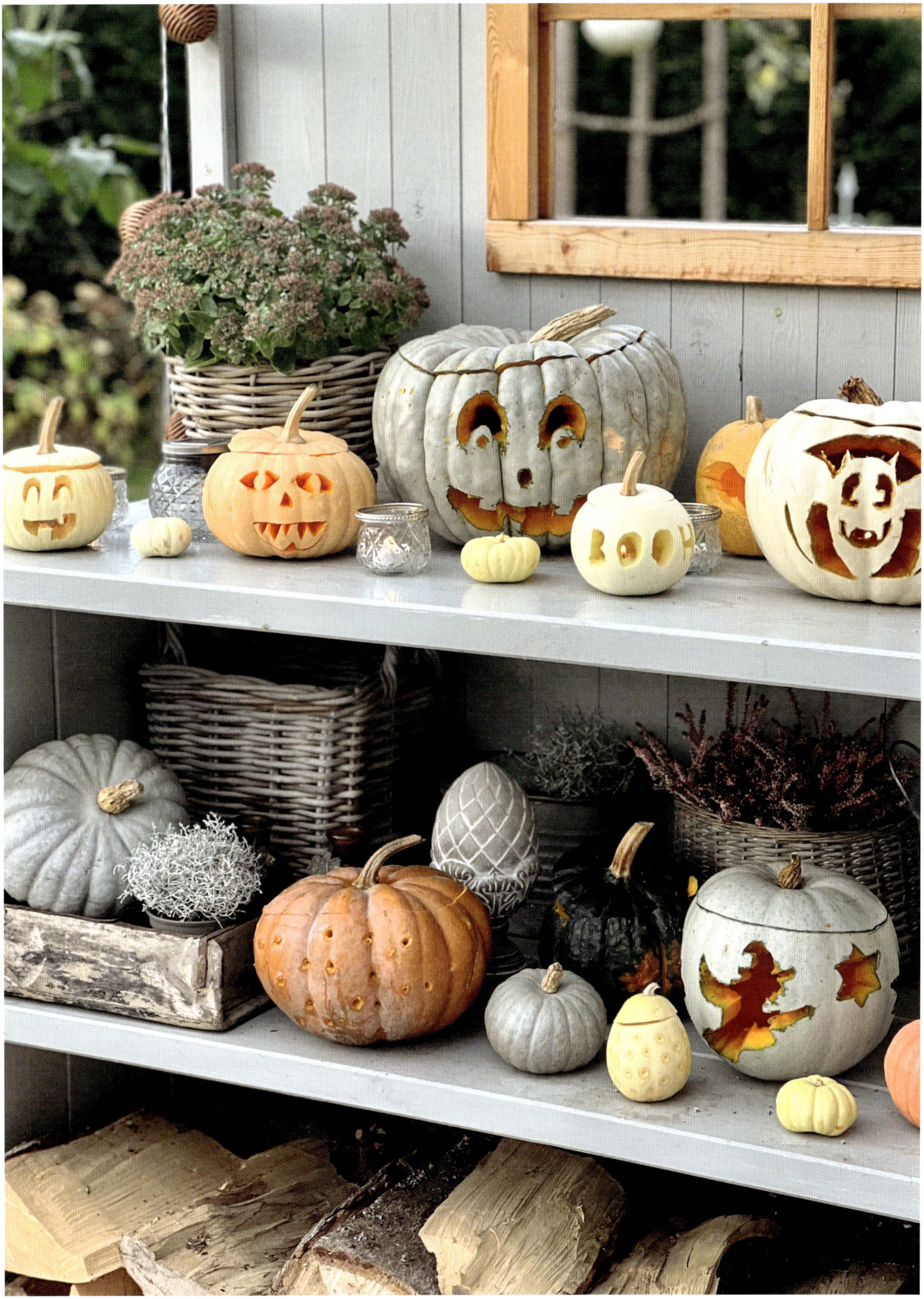
BOOH

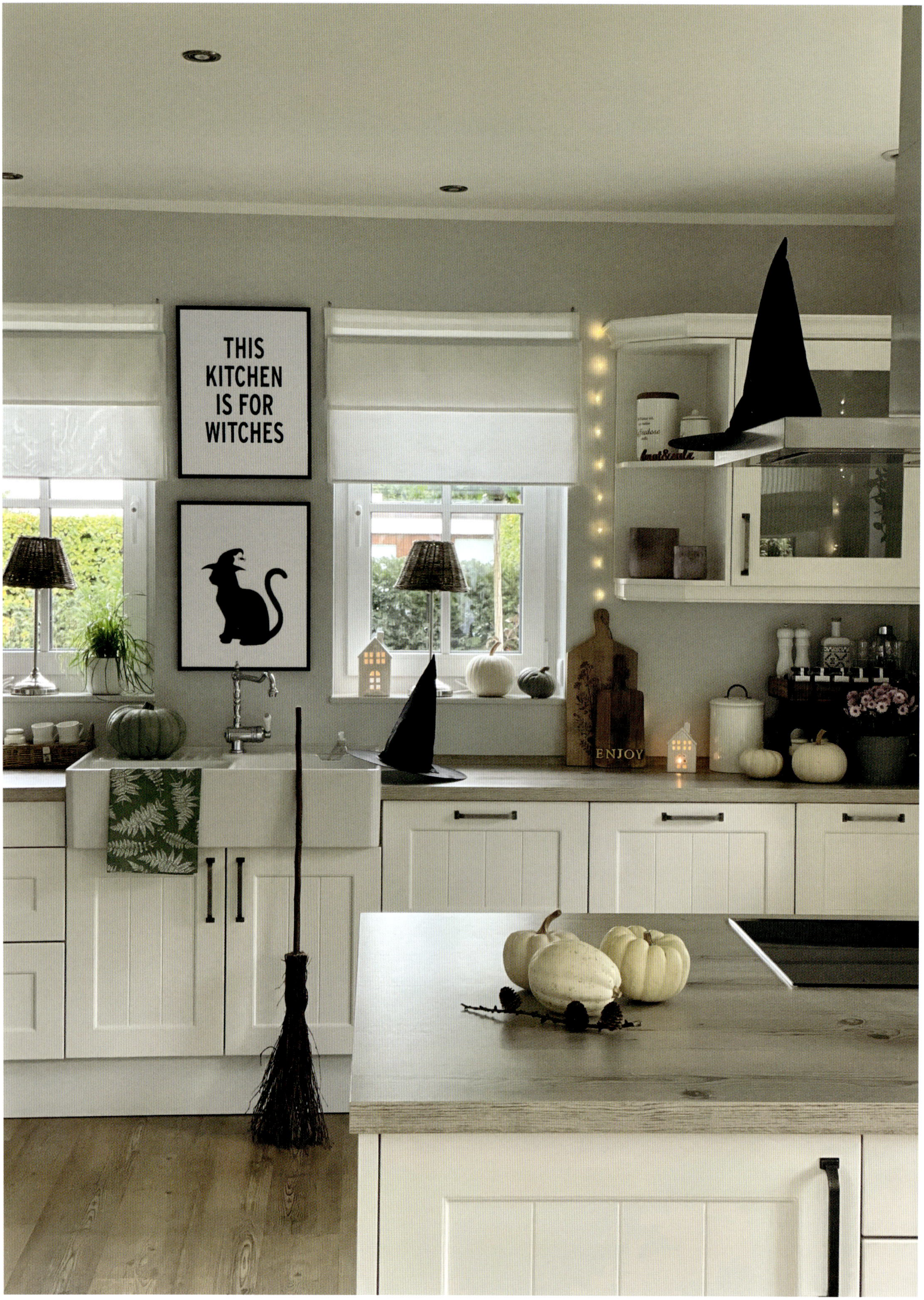
THIS
KITCHEN
IS FOR
WITCHES
ENJOY

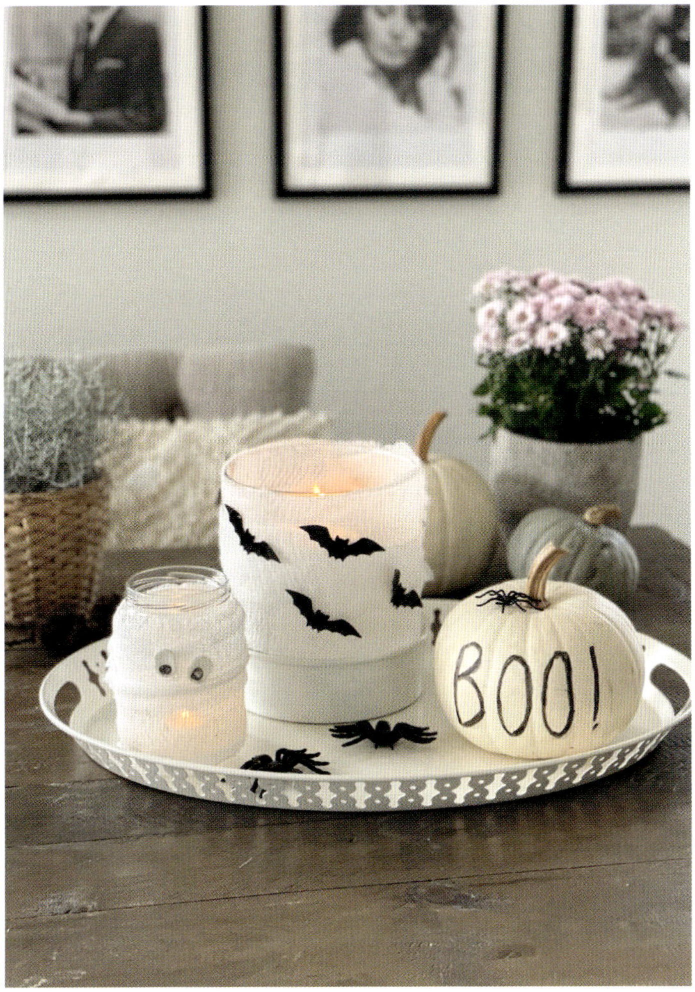

Natürlich darf es zu Halloween auch im Haus etwas gruselig werden. Windlichter und Marmeladengläser bekommen ganz einfach ihr eigenes *Halloween-Kostüm.* Dafür die Gläser mit Mullbinden umwickeln. Nun kann man Fledermausmotive aus schwarzem Tonpapier ausschneiden und aufkleben. Für den Mumien-Look einfach zwei Augen malen, ausschneiden und aufbringen.

Hexenhüte und Hexenbesen finden sich an verschiedenen Orten – mal in der Küche, mal im Flur. Und auch an den Wänden darf es gruselig werden. *Bilder und Poster mit Halloween-Motiven und Sprüchen* sind wunderbar flexibel einsetzbar und setzen gekonnt Akzente. Nach Halloween werden sie durch zur nächsten Jahreszeit passende Bilder ausgetauscht.

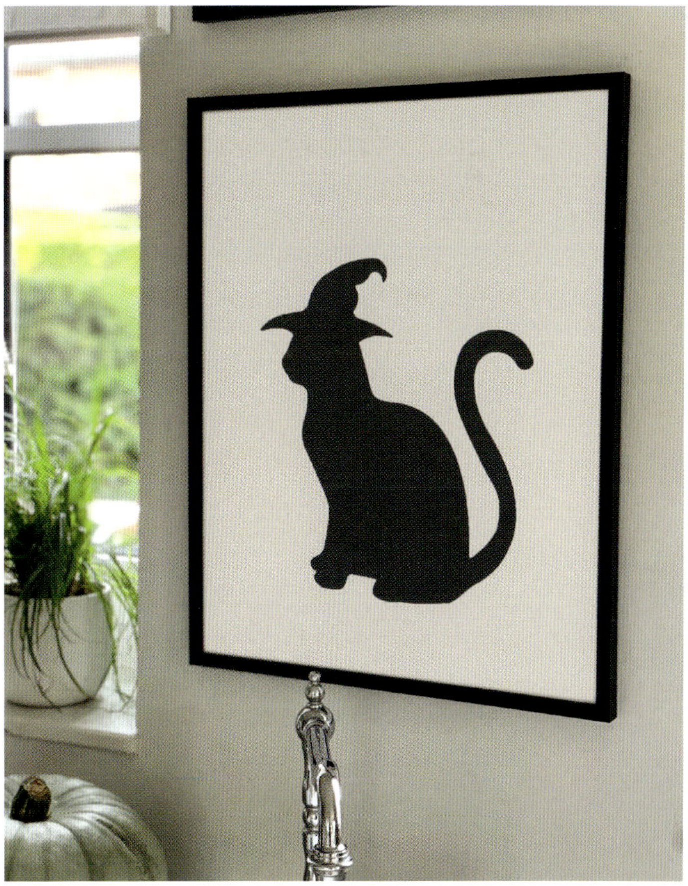

„ES IST BESSER, ZU GENIESSEN UND ZU BEREUEN, ALS ZU BEREUEN, DASS MAN NICHT GENOSSEN HAT."

GIOVANNI BOCCACCIO

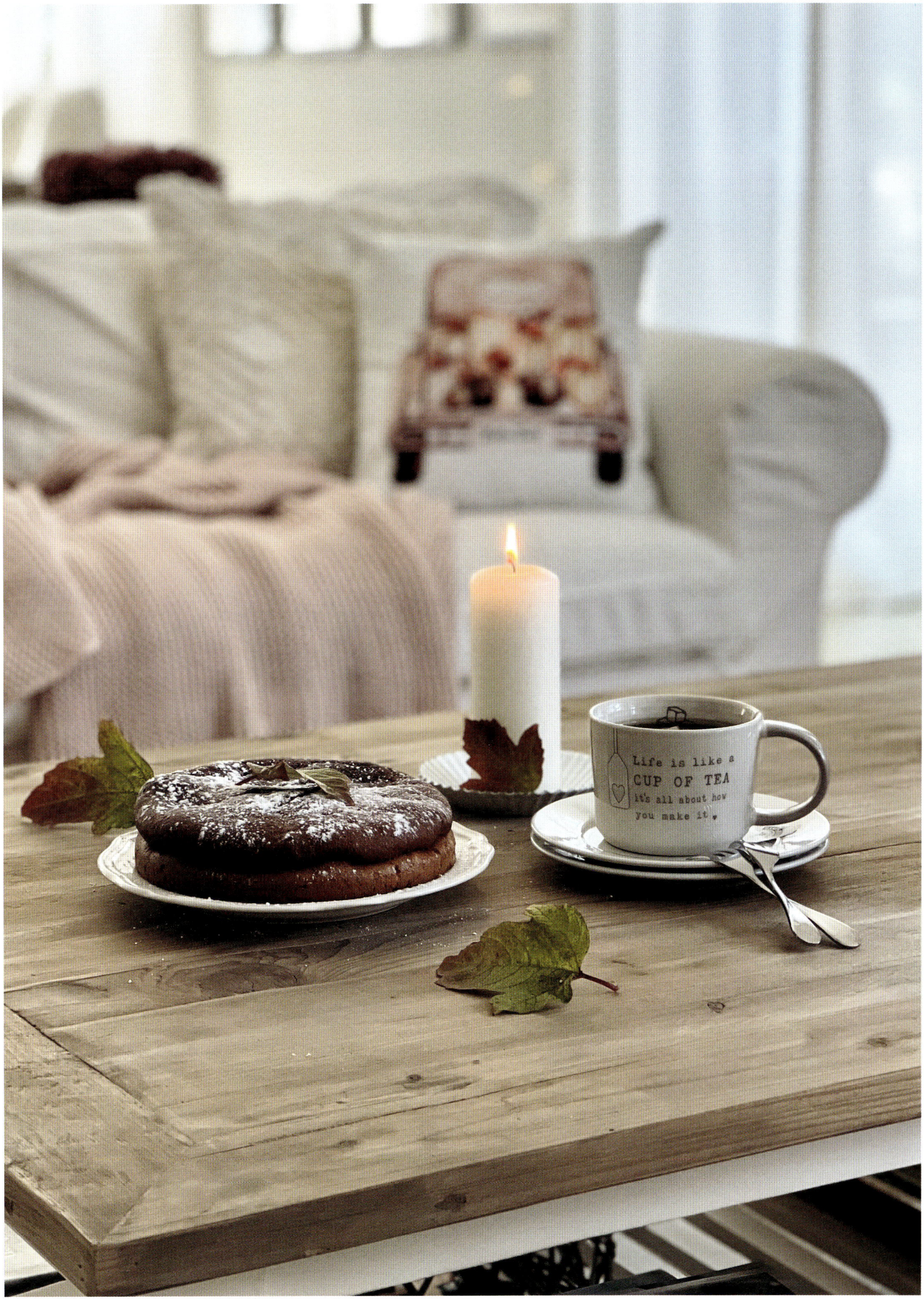
Life is like a
CUP OF TEA
it's all about how
you make it

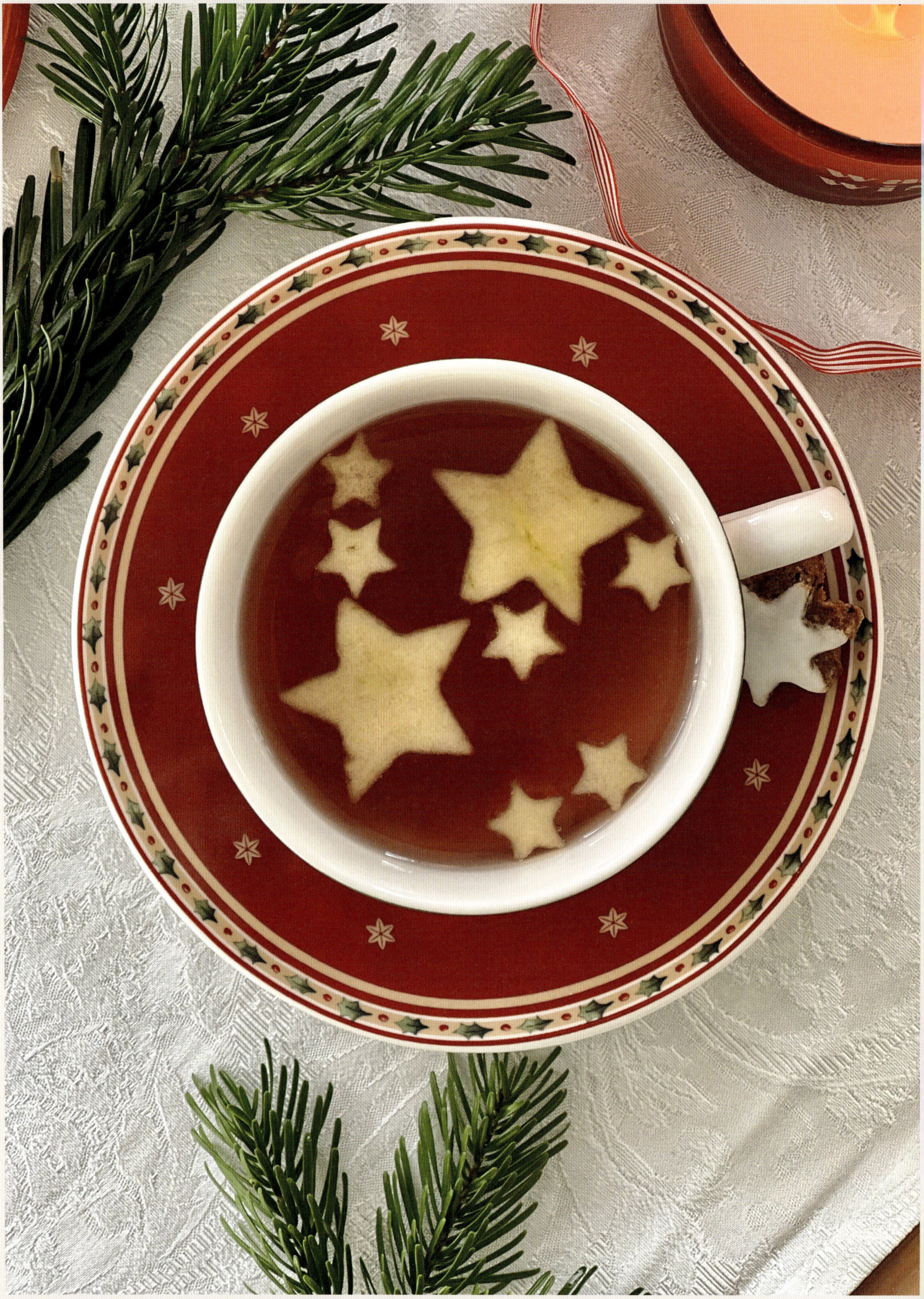

WEIHNACHTEN

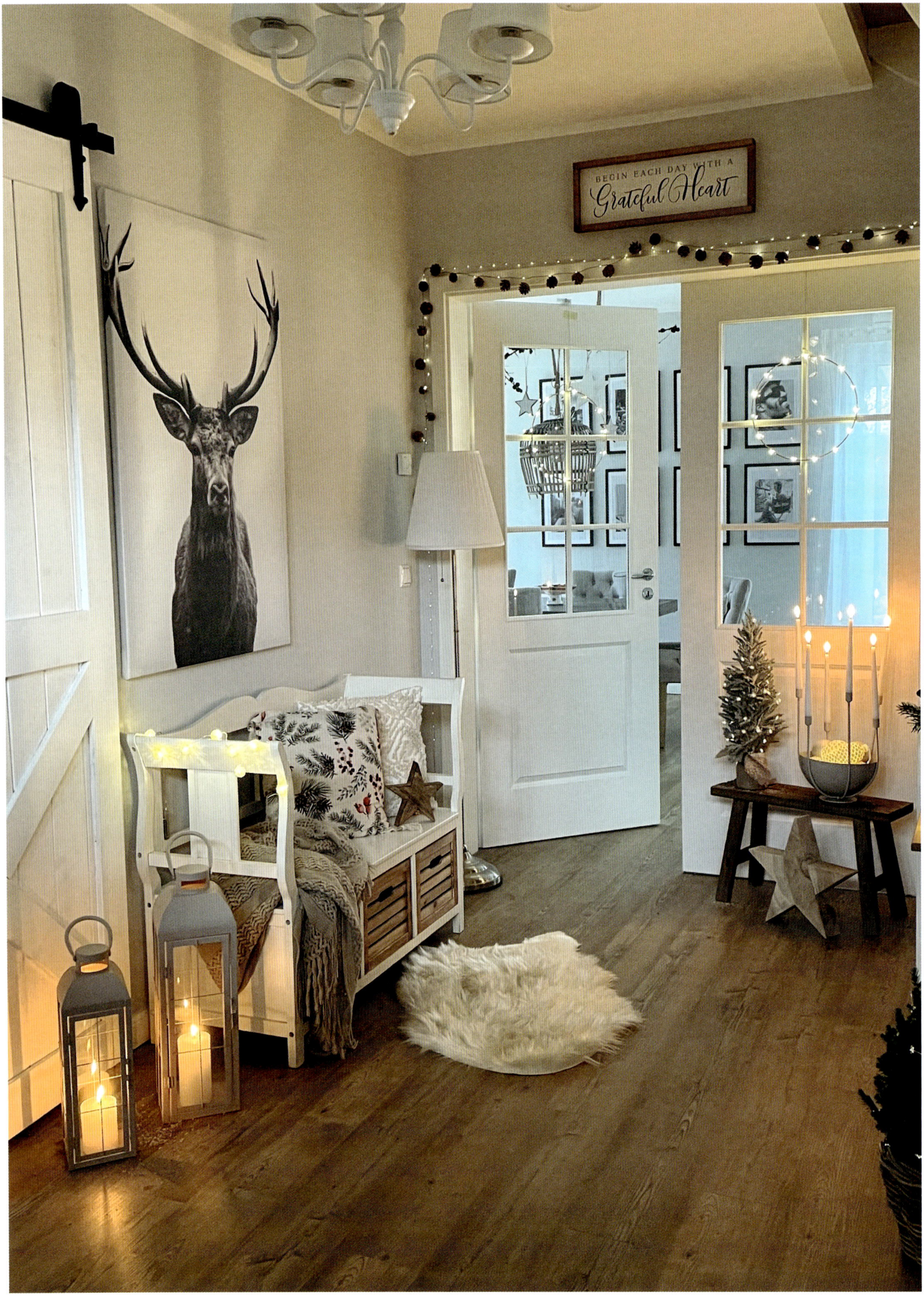
BEGIN EACH DAY WITH A
Grateful Heart

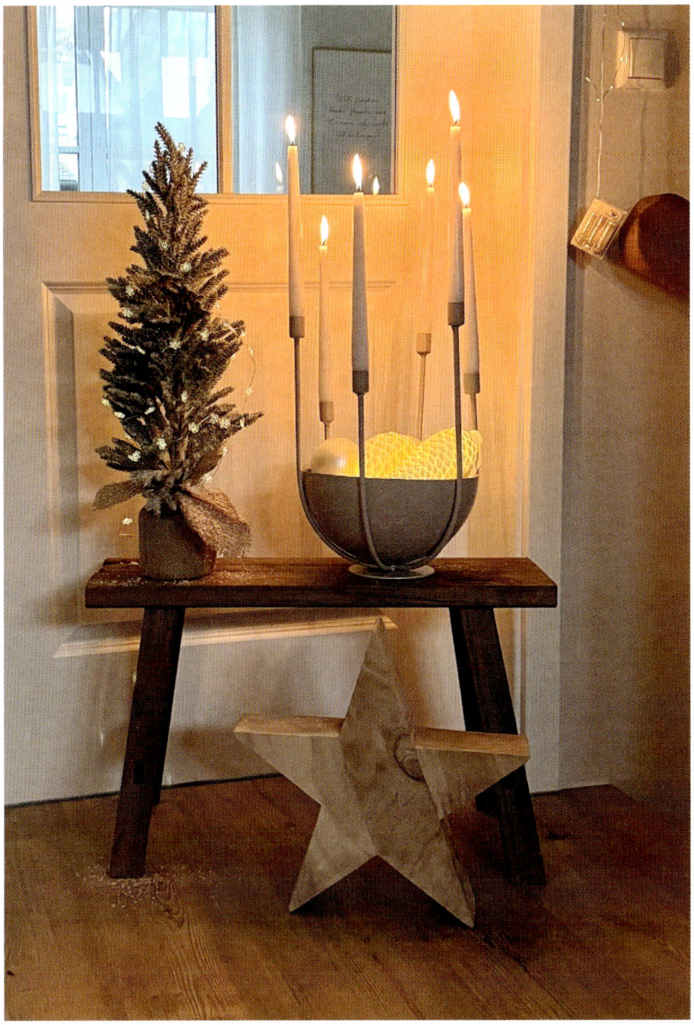

Jede Jahreszeit hat ihren eigenen Reiz. Die *Advents- und Weihnachtszeit* liebe ich aber ganz besonders. Kerzenschein und Plätzchenduft erfüllt unser Zuhause und wir alle genießen diesen ganz speziellen Zauber, der diesen Tagen innewohnt.

Gerade im Winter sind auch *Lichtakzente* ganz entscheidend für die Gesamtstimmung. Kerzen und Lichterketten, die überall in den Räumen platziert werden, sorgen für ein behagliches Gefühl zur Weihnachtszeit.

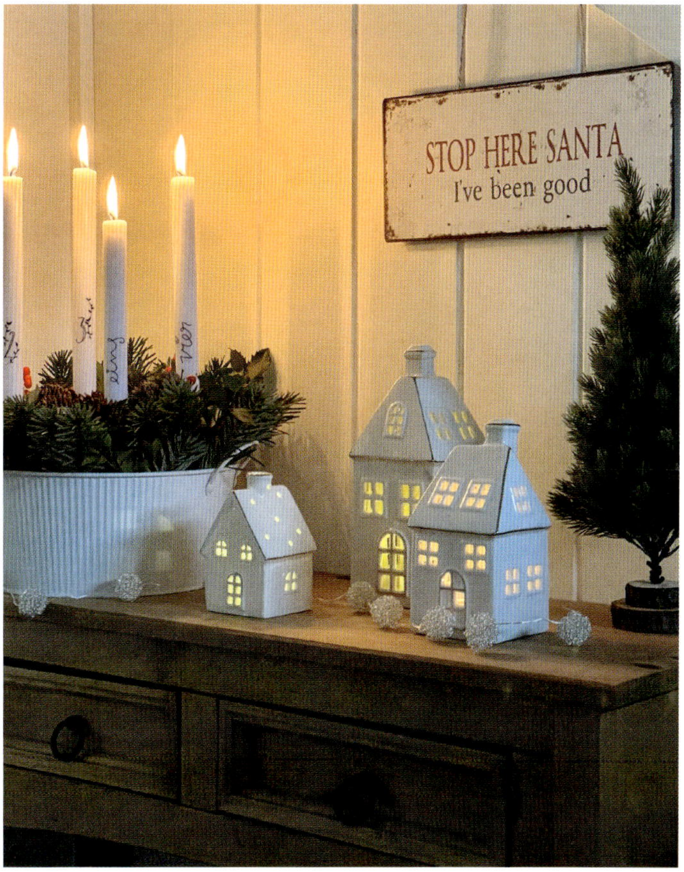

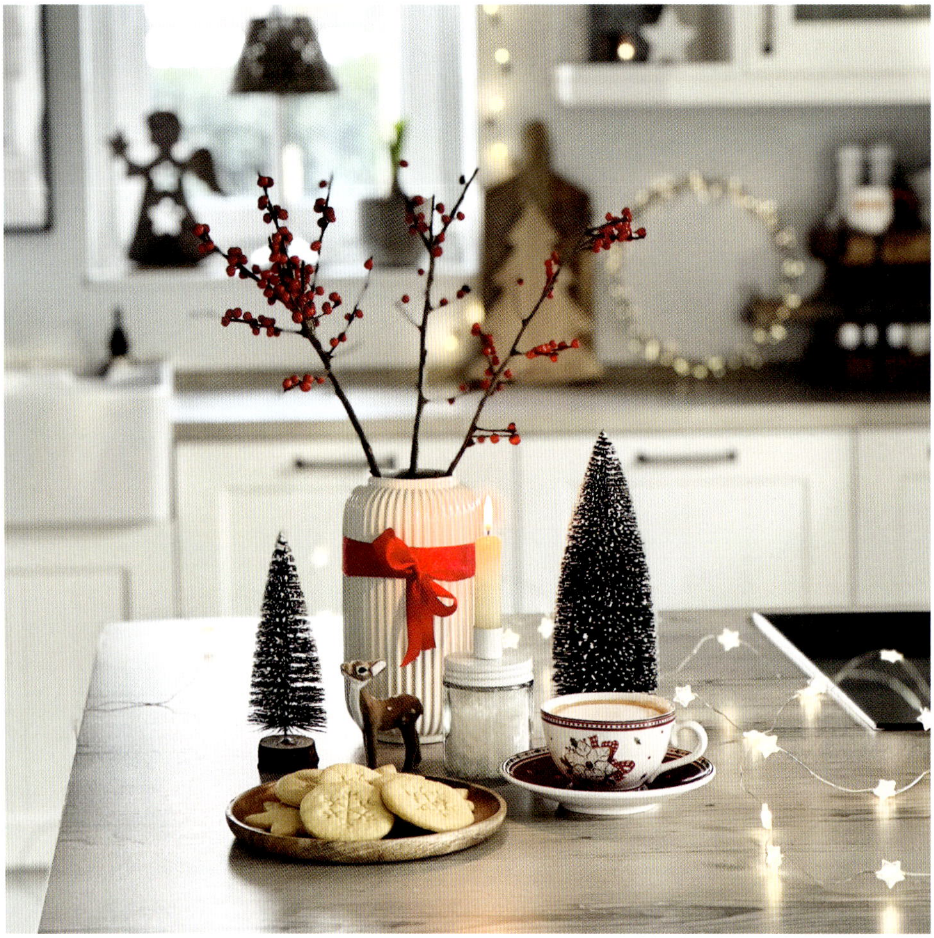

Meist beginne ich schon Anfang November mit dem weihnachtlichen Dekorieren des Hauses. *Weiß, Grün, Holztöne und das klassische Weihnachtsrot* sind hier die bestimmenden Farben. Wobei ich die Farbe Rot anfangs eher zurückhaltend einsetze. Je näher am Weihnachtsabend, desto mehr Rot findet sich in unserem Haus.

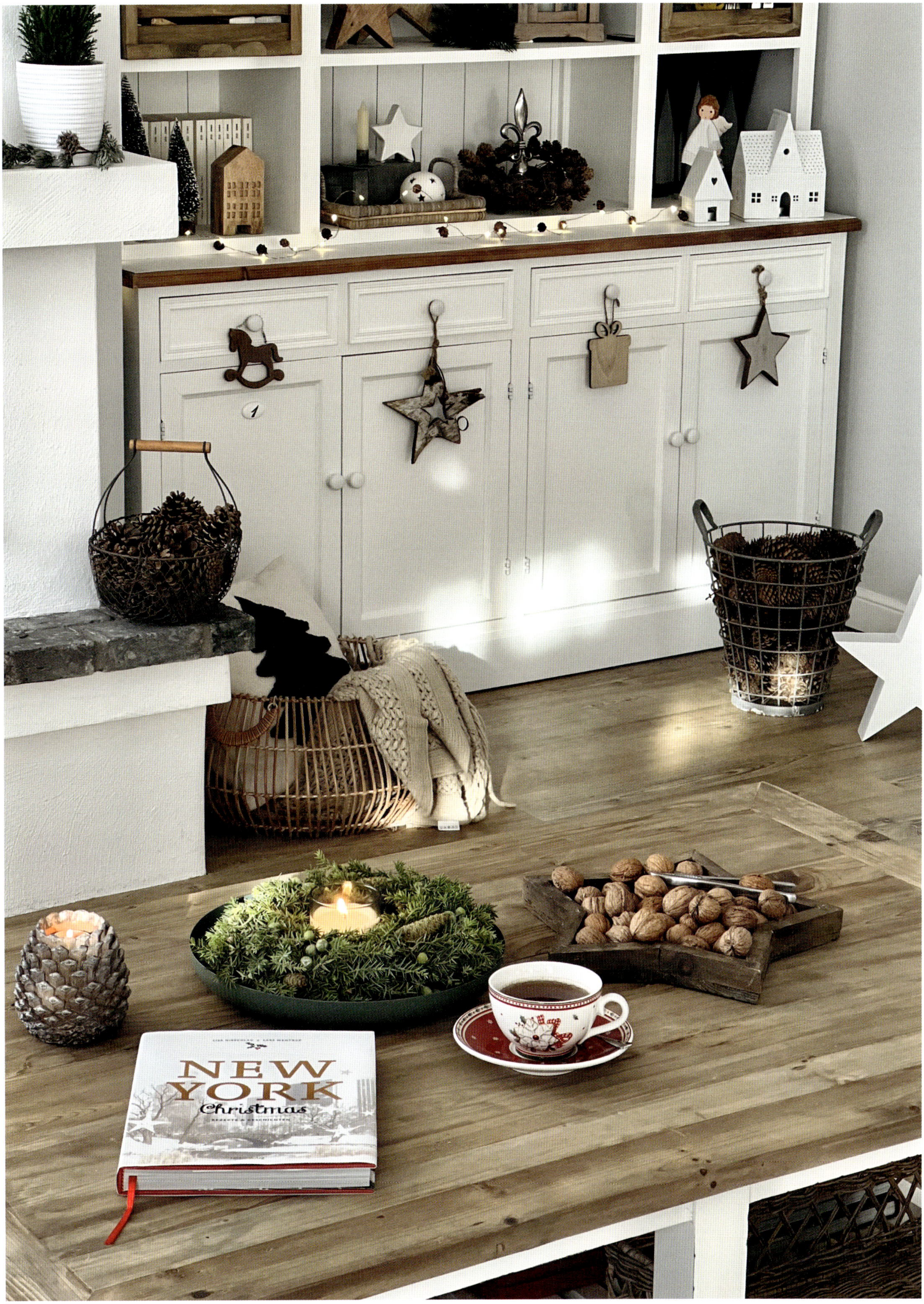
NEW
YORK
Christmas

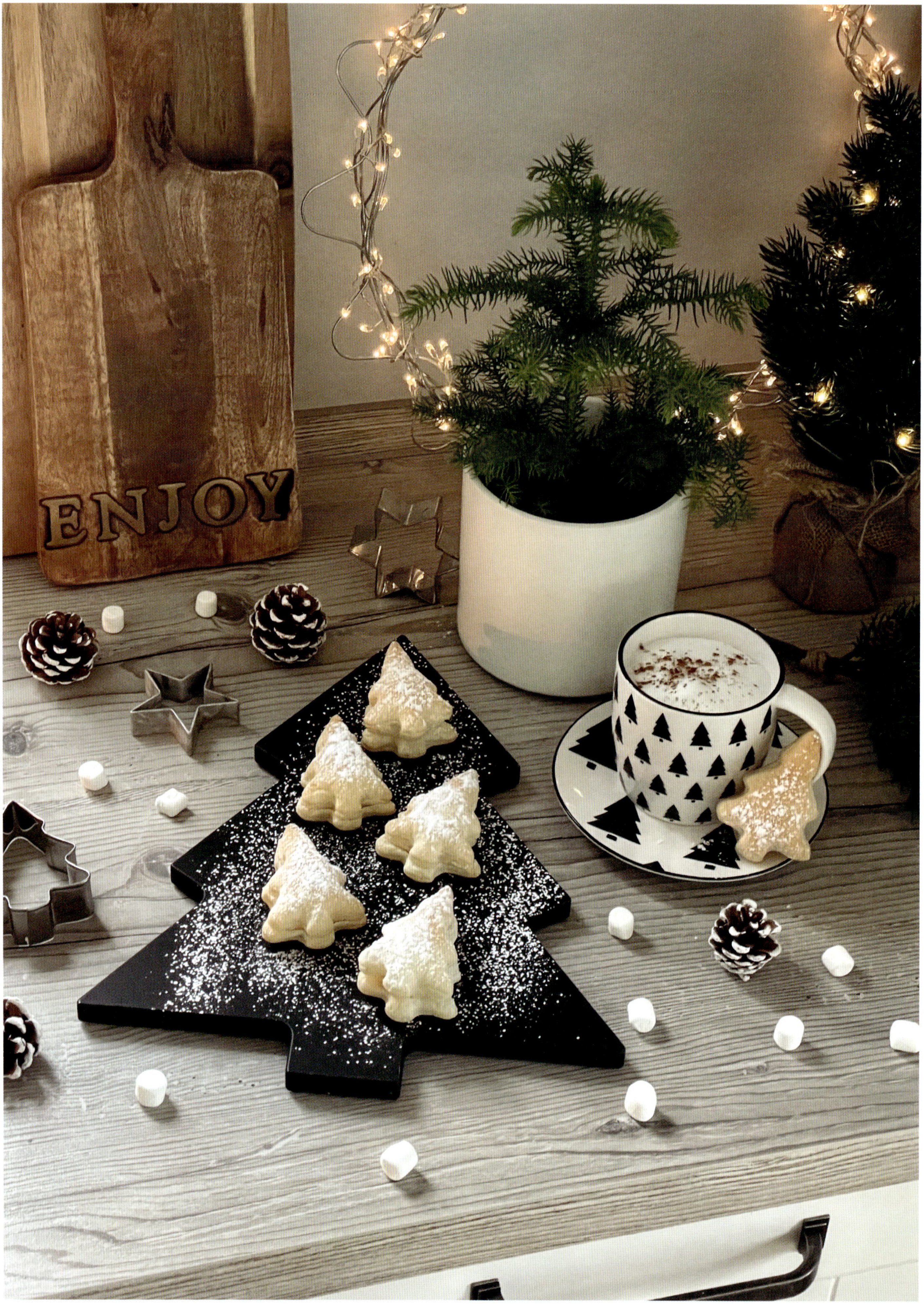
ENJOY

Zur weihnachtlichen Stimmung in der Adventszeit gehört für mich der *Duft nach selbst gebackenen Plätzchen* mit Zimt, Vanille und Anis. Das Ritual des gemeinsamen Plätzchenbackens ist ebenso Tradition wie das Schauen beliebter Weihnachts-Filmklassiker.

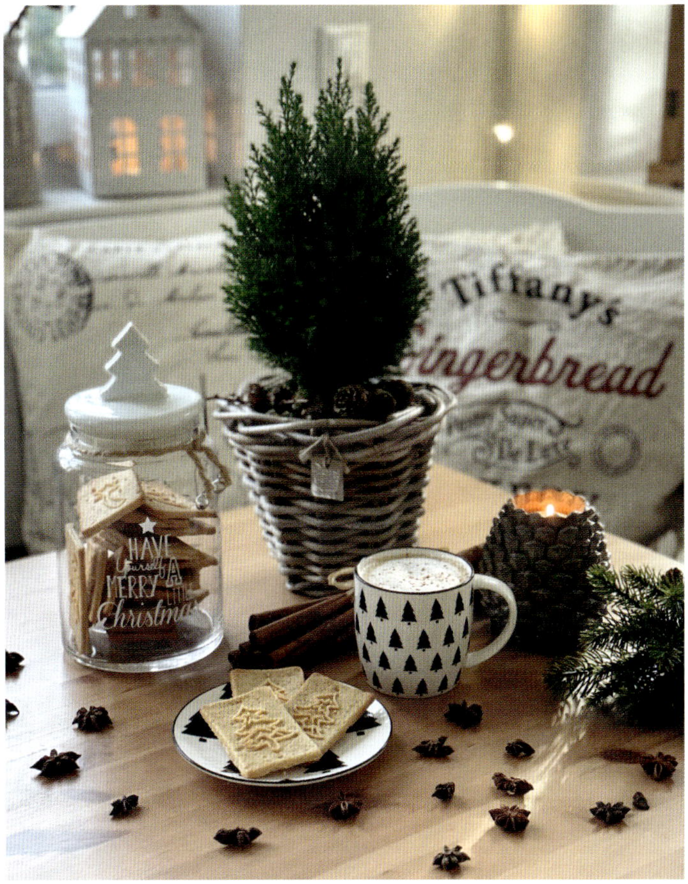

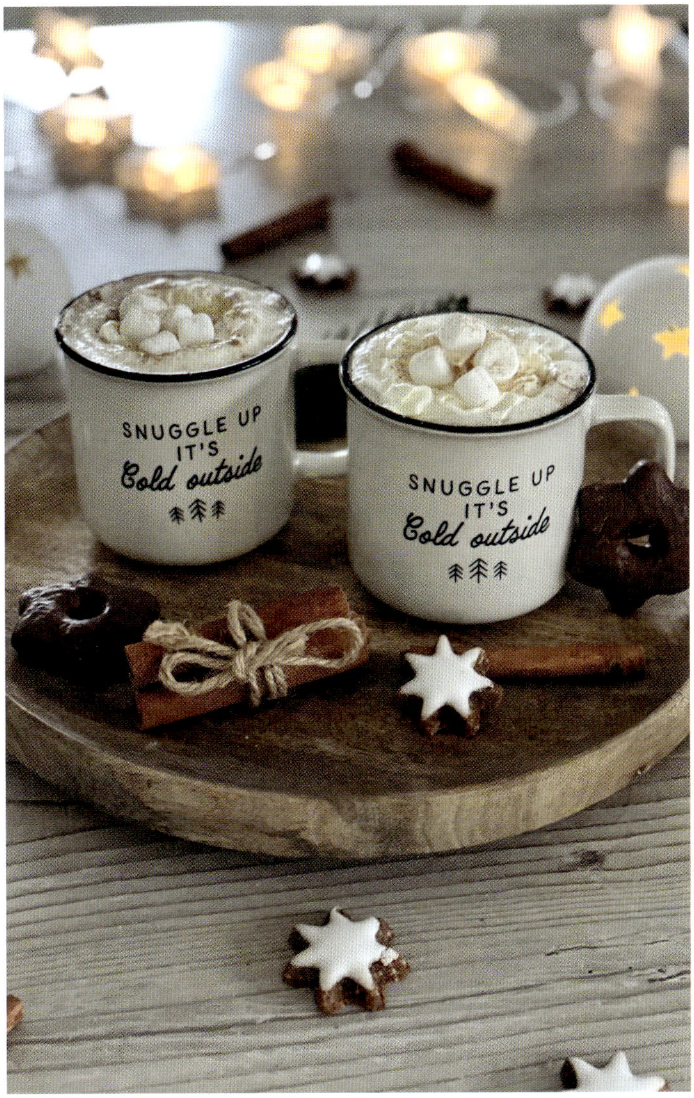

GENUSS-TIPP

Für eine weihnachtliche Lebkuchen-Latte einfach Milch, Honig, Gewürz und Vanillezucker in einen Topf geben und kurz erhitzen und gut verrühren. Alles in Tassen verteilen und einen Espresso dazugeben. Abschließend mit Sprühsahne, Marshmallows und Zimt-Zucker toppen.

WEIHNACHTLICHE SPEKULATIUS

Die Spekulatius werden aus einem Teig mit Mandeln und Gewürzen hergestellt und versüßen nicht nur die weihnachtliche Kaffeetafel, sondern lassen sich in der Adventszeit auch wunderbar zwischendurch knuspern.

FÜR CA. 36 STÜCK

1 Spekulatius-Backform aus Silikon

150 g Butter, weich

120 g brauner Rohrzucker

1 Bio-Ei, Größe M

2 TL Spekulatiusgewürz

1 Pck. Zitronenschale, gerieben

60 g Mandeln, gemahlen

300 g Dinkelmehl, Type 630

2 TL Backpulver, gestrichen

Wer keine Spekulatius-Backform zur Hand hat, kann aus dem ausgerollten Teig auch mit einem weihnachtlichen Ausstecher Plätzchen ausstechen.

1 Die Butter, den Zucker und das Ei mit dem Handmixer schaumig schlagen.

2 Die Gewürzmischung, die Zitronenschale und die gemahlenen Mandeln untermischen. Die von mir verwendete Spekulatius-Gewürzmischung besteht aus Zimt, Anis, Koriander, Kardamom und Nelken. Man kann sie auch selbst mischen.

3 Mehl und Backpulver fein sieben, zu den übrigen Zutaten geben und alles gut vermischen.

4 Den glatten Teig zu einer Kugel formen, in Frischhaltefolie einschlagen und zwei Stunden lang kühl stellen.

5 Den Teig aus dem Kühlschrank nehmen und mit einem Teigroller ca. 4 mm dünn ausrollen.

6 Den ausgerollten Teig in passende Stücke schneiden und in die Spekulatiusform drücken. Hier sind mehrere Backformen hilfreich, damit man zügig backen kann.

7 Die Backform kurz kühl stellen und in der Zwischenzeit den Backofen auf 180 °C (Ober- und Unterhitze) vorheizen.

8 Die Spekulatius 8–10 Minuten lang auf mittlerer Schiene backen.

9 Das Gebäck aus dem Ofen nehmen, abkühlen lassen und vorsichtig aus der Backform lösen. In einer luftdichten Dose verschlossen aufbewahren.

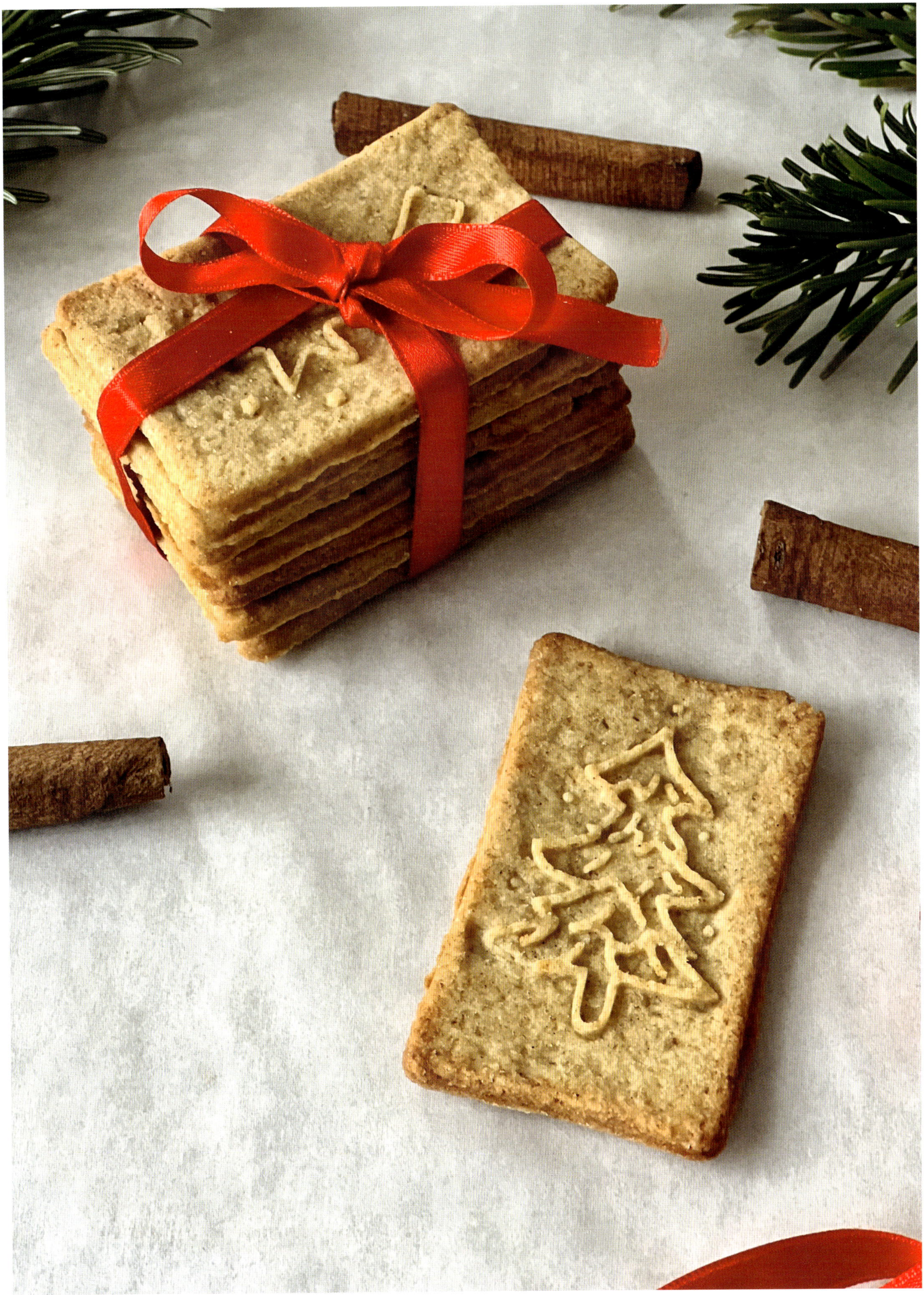

Für uns gehört zur Adventszeit unbedingt *ein duftender Adventkranz* aus frischem Nadelgrün dazu. Dieser Klassiker kann individuell auf Räume und Farbkonzepte abgestimmt und je nach Vorliebe und Geschmack mit Natur- und Dekomaterialien verziert werden.

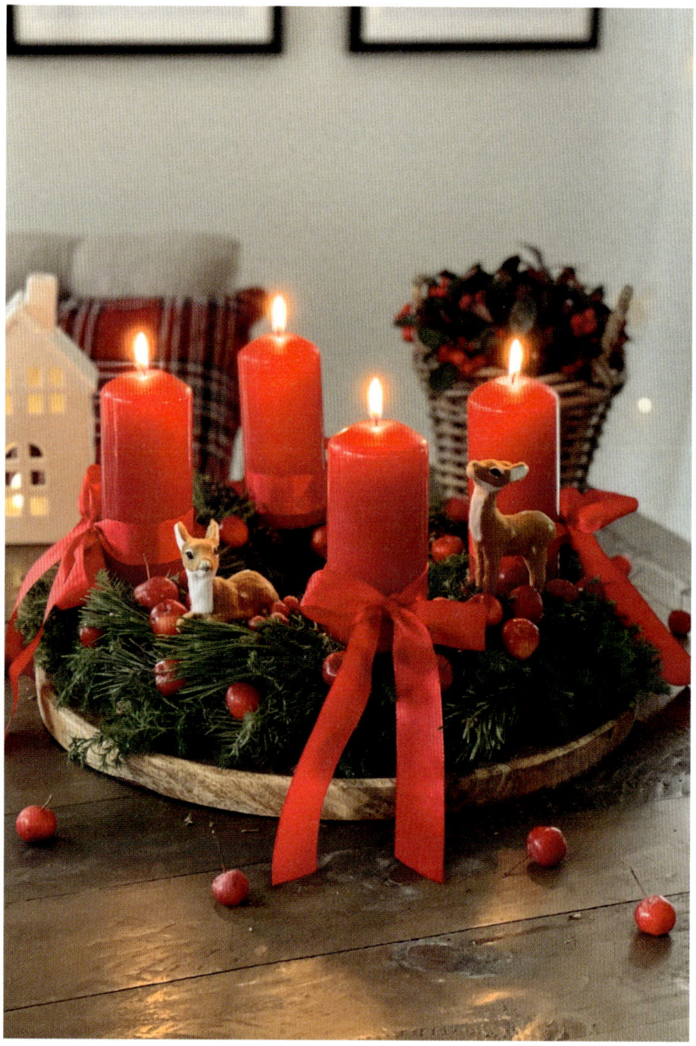

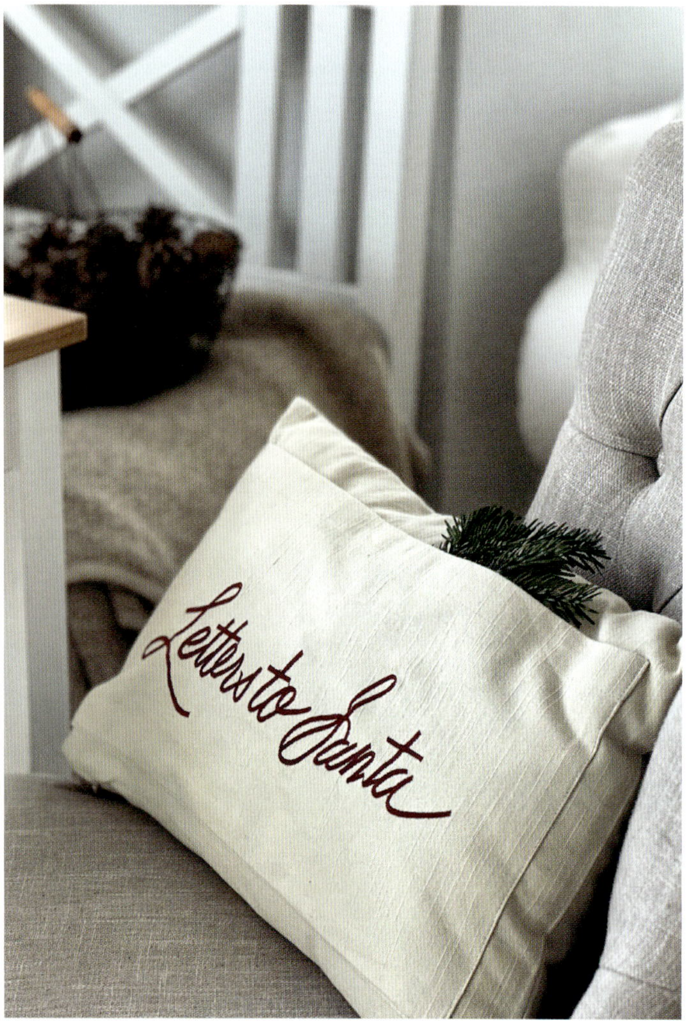

Bei Textilien sorgt eine Farbpalette *in den klassischen Weihnachtsfarben in Rot, Weiß und Grün* für das nötige Weihnachtsfeeling. Kommen dann als Motive noch winterliche Muster, Kränze und weihnachtliche Grußbotschaften hinzu, können die dunklen Wintertage gerne kommen.

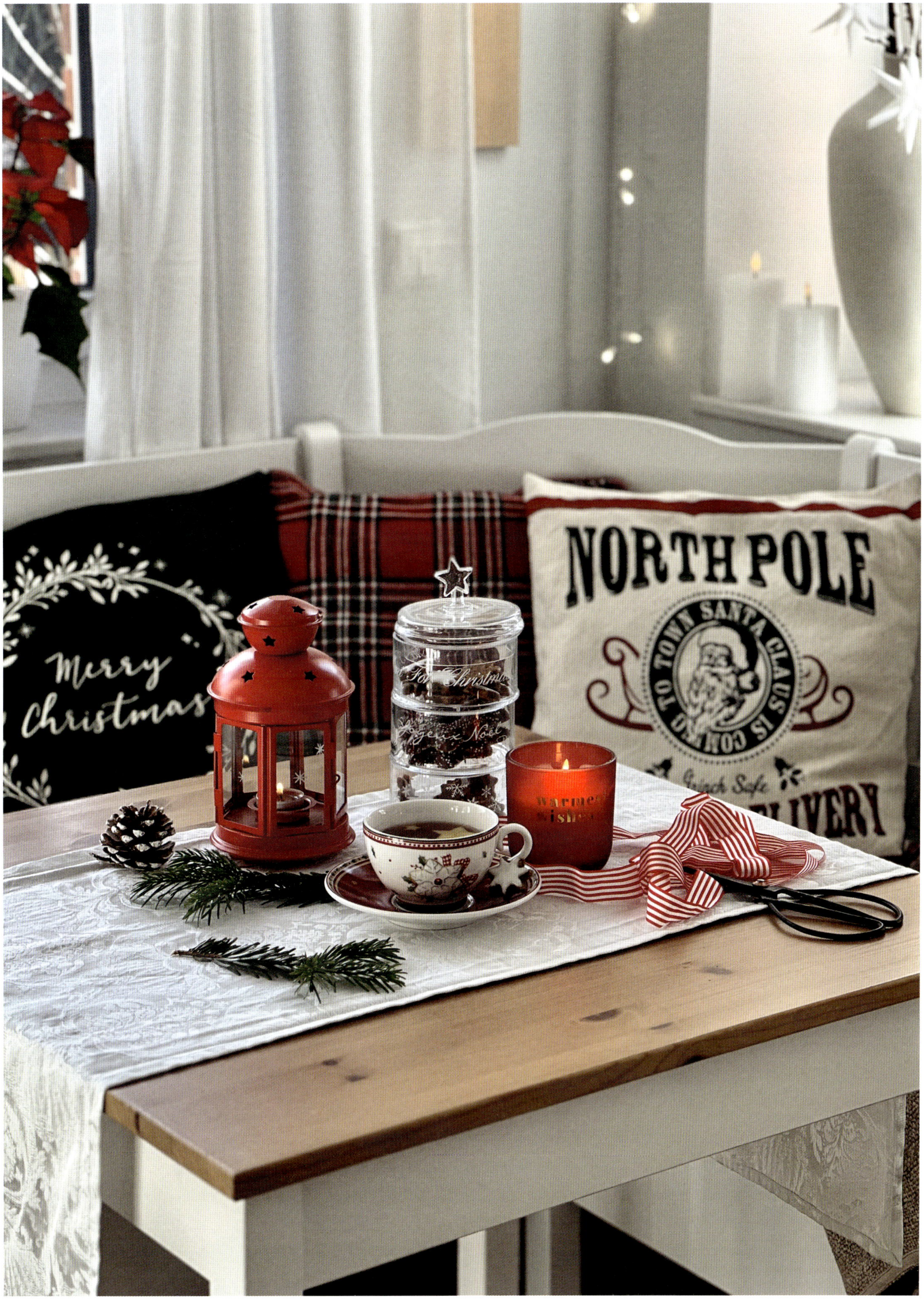
Merry Christmas
NORTH POLE
TO TOWN SANTA CLAUS

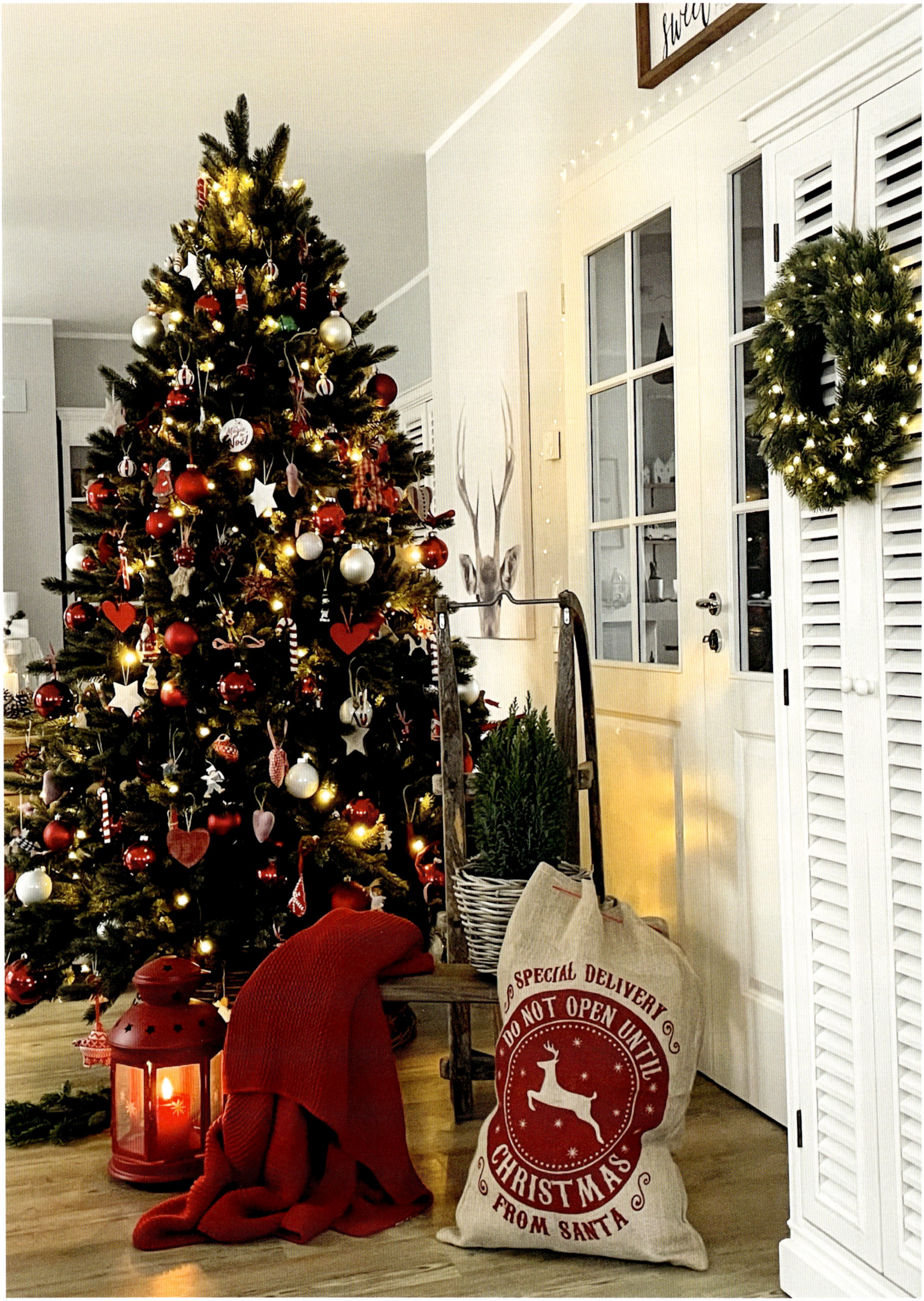
SPECIAL DELIVERY
DO NOT OPEN UNTIL
CHRISTMAS
FROM SANTA

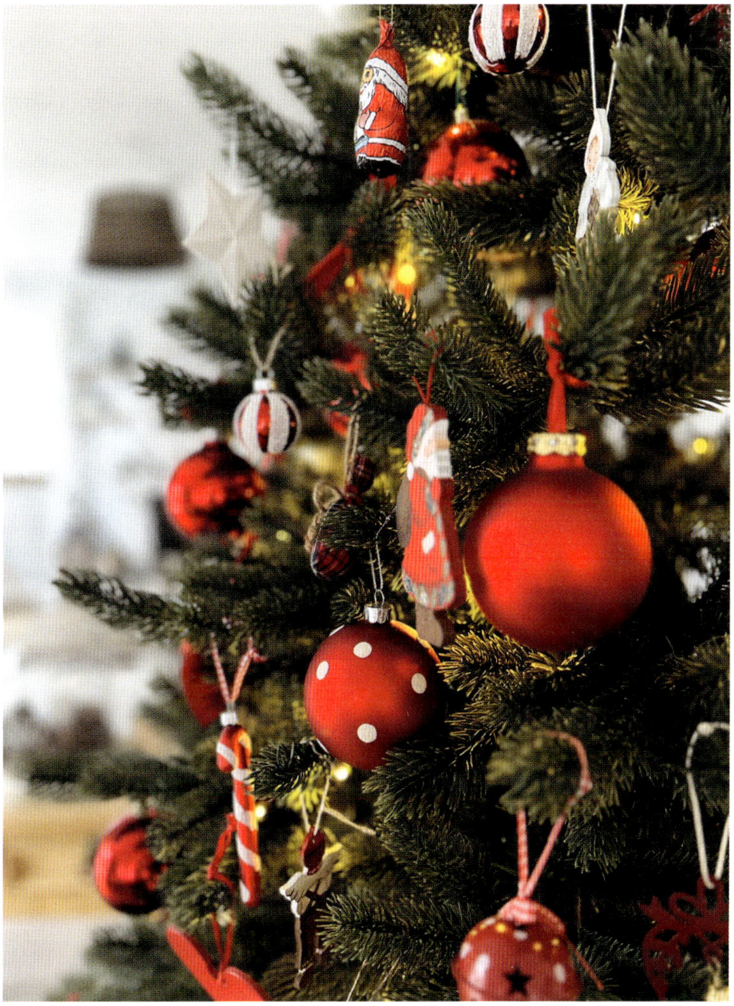

Gute fünf Wochen lang steht bei uns alles im Zeichen der Weihnacht. Das Haus und der Garten sind *festlich geschmückt* und erstrahlen im weihnachtlichen Glanz. Zum ersten Advent steht dann unser großer Weihnachtsbaum. Er residiert jedes Jahr im offenen Wohn- und Esszimmer, und wird in den Farben Rot und Weiß mit Holzanhängern, Zuckerstangen, Sternen, Herzen und einer Lichterkette geschmückt. Kleine Glöckchen im Baum ergänzen diesen Schmuck.

„ICH WERDE
WEIHNACHTEN IN
MEINEM HERZEN EHREN UND
VERSUCHEN, ES DAS GANZE JAHR
HINDURCH AUFZUHEBEN.“

CHARLES DICKENS

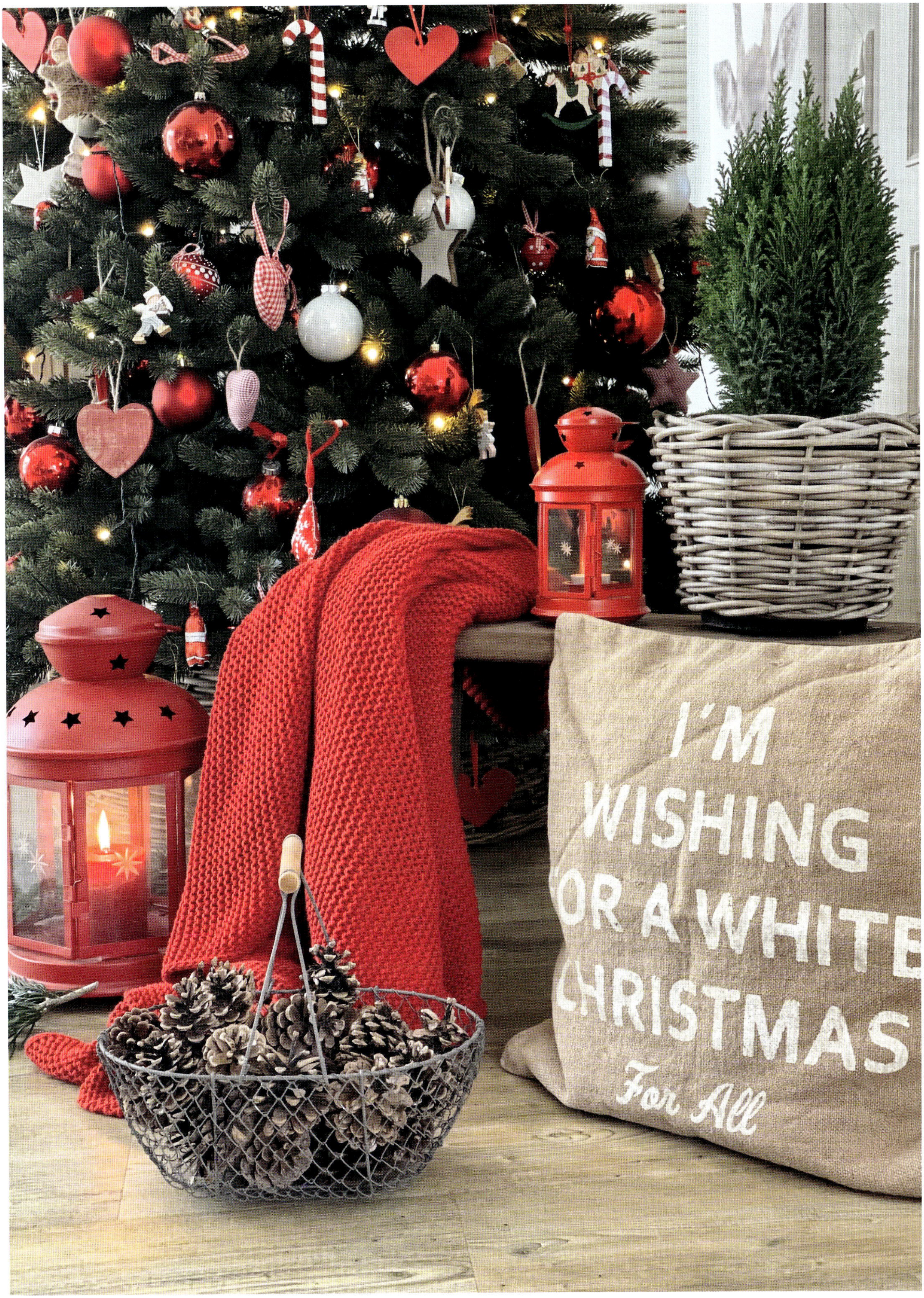
I'M
WISHING
OR A WHITE
CHRISTMAS
For All

SPEKULATIUS-HIMBEER-TIRAMISU

Ein Dessert geht immer! Dieser himmlische Nachtisch ist eine Kombination aus würzigen Spekulatius-Plätzchen und erfrischenden Himbeeren. Wir lieben es als leckere Nachspeise für das Weihnachtsmenü oder für die Adventstafel, denn es ist köstlich und lässt sich wunderbar bereits am Vortag vorbereiten.

FÜR 1 TIRAMISU

Für das Dessert

1 Auflaufform, ca. 21 x 33 cm

250 g Mascarpone

250 g Magerquark

100 g brauner Rohrzucker

200 ml Schlagsahne

400 g Spekulatius-Plätzchen

500 g Himbeeren, tiefgekühlt, ungezuckert

Für die Dekoration

Kakaopulver, z.B. Ovomaltine

1 Mascarpone, Quark und Zucker in einer großen Schüssel verrühren. Die Sahne mit einem Handmixer steif schlagen und unter die Creme heben.

2 Die Auflaufform mit einer ersten Schicht Spekulatius auslegen. Die Hälfte der Mascarpone-Quark-Creme auf die Spekulatius geben und verstreichen.

3 Anschließend die Himbeeren in der Auflaufform verteilen und eine weitere Schicht Spekulatius sowie Mascarpone-Quark-Creme auf die Himbeeren geben.

4 Abschließend die oberste Cremeschicht glattstreichen und mit dem Kakaopulver bestäuben. Das Tiramisu für mindestens sechs Stunden, am besten über Nacht, in den Kühlschrank stellen.

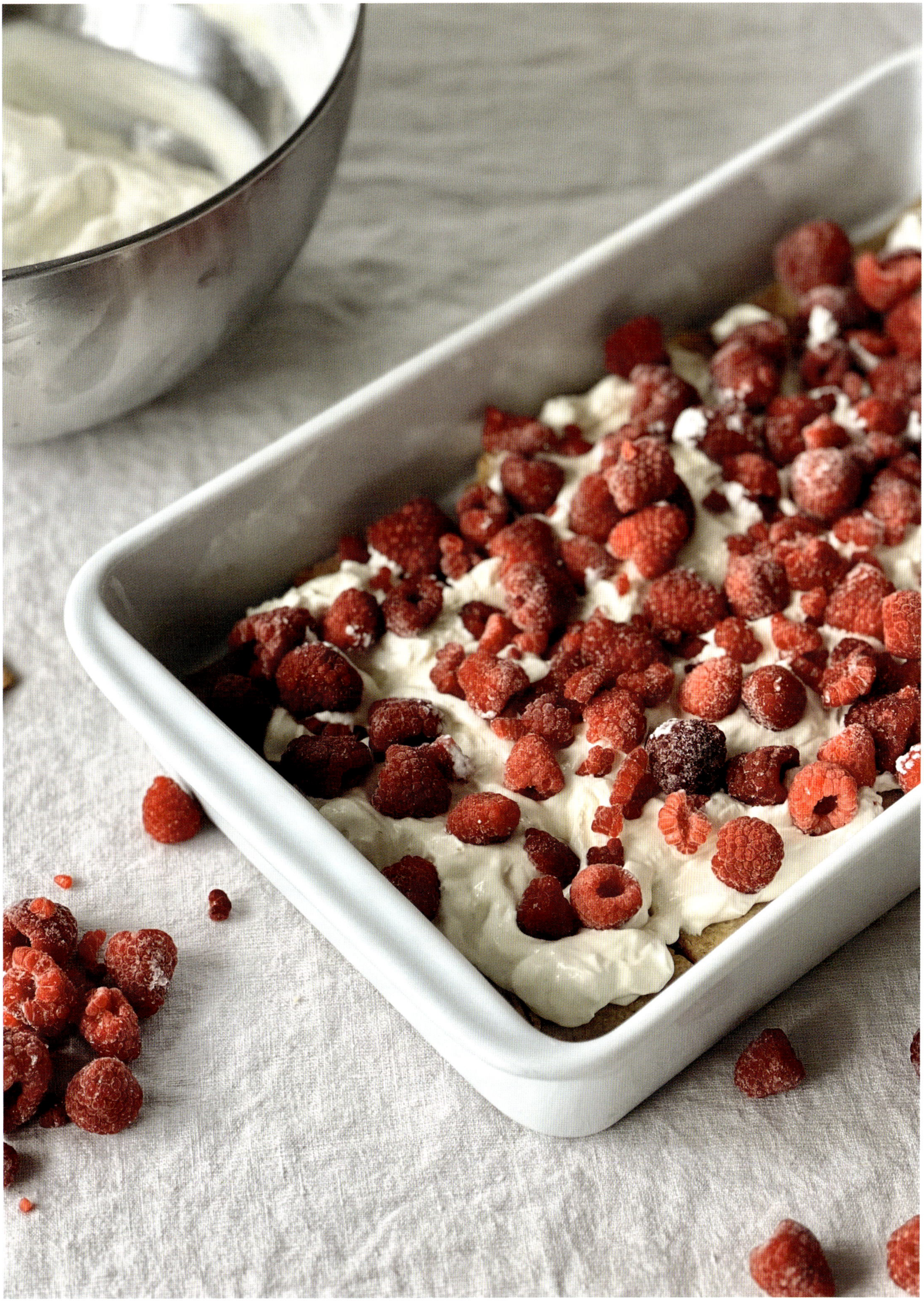

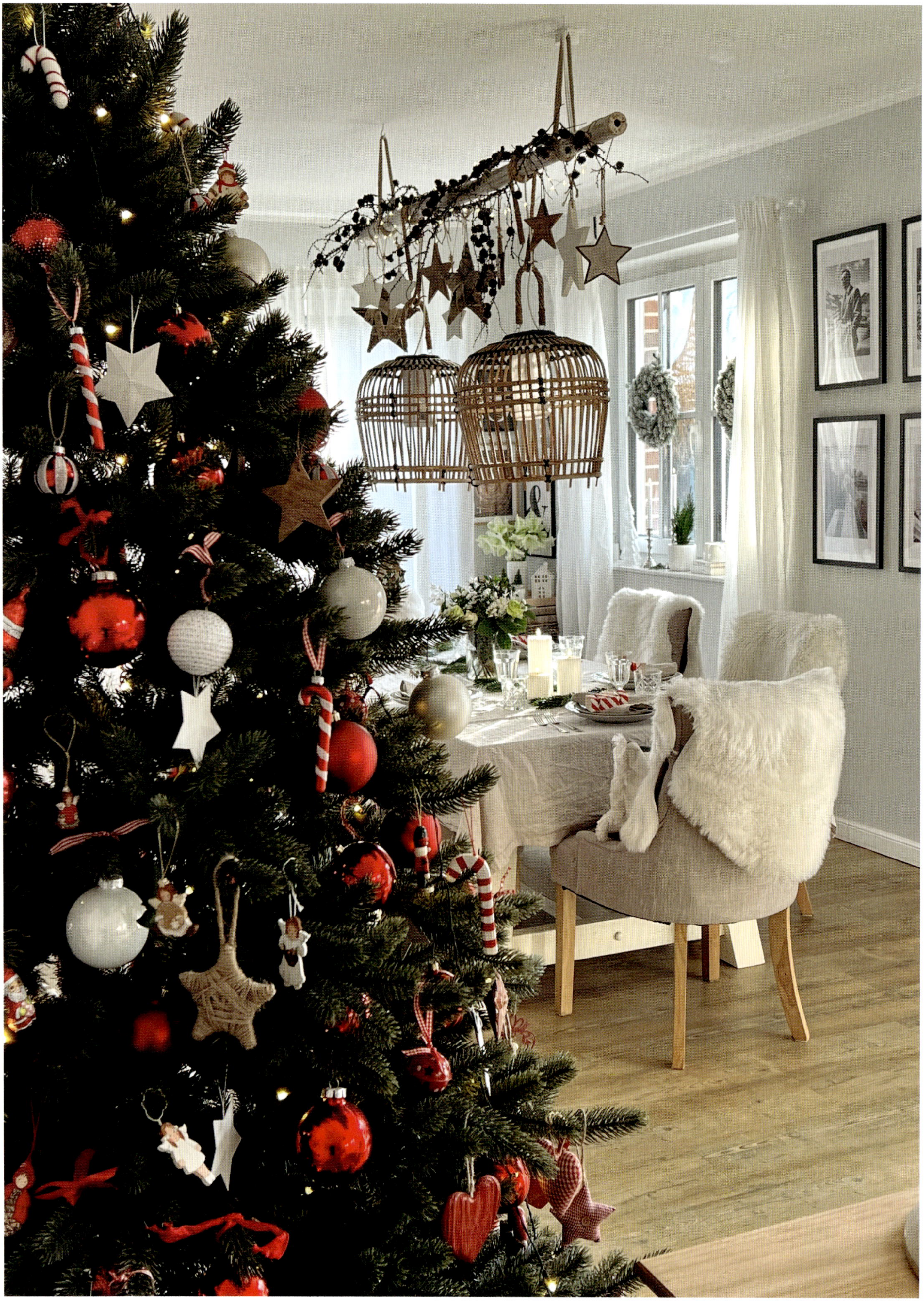

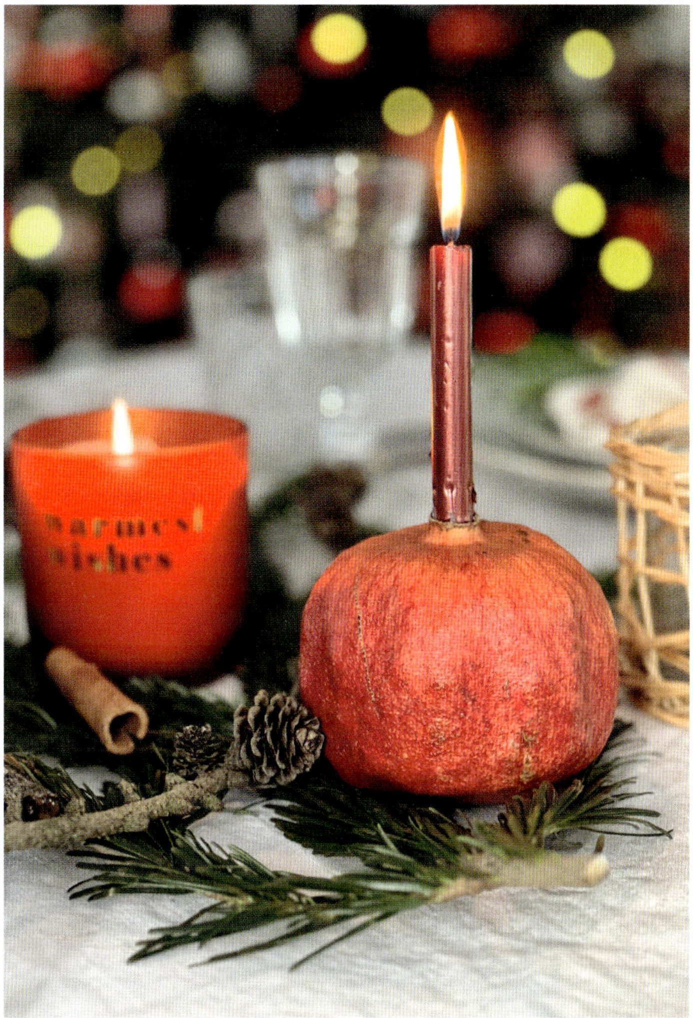

Der Höhepunkt der Weihnachtszeit ist natürlich das Essen im Kreise der Familie. *Die festlich gedeckte Tafel* stimme ich auf die Farben meiner Weihnachtsdekoration ab. Auf dem Tisch finden sich grüne Tannenzweige, Zapfen und Zimtstangen. Granatäpfel dienen als Kerzenständer und harmonieren perfekt mit den farblich passenden Windlichtern.

„SUCHE DAS LICHT NICHT IM AUSSEN, FINDE DAS LICHT IN DIR UND LASSE ES AUS DEINEM HERZEN STRAHLEN.“

RUMI

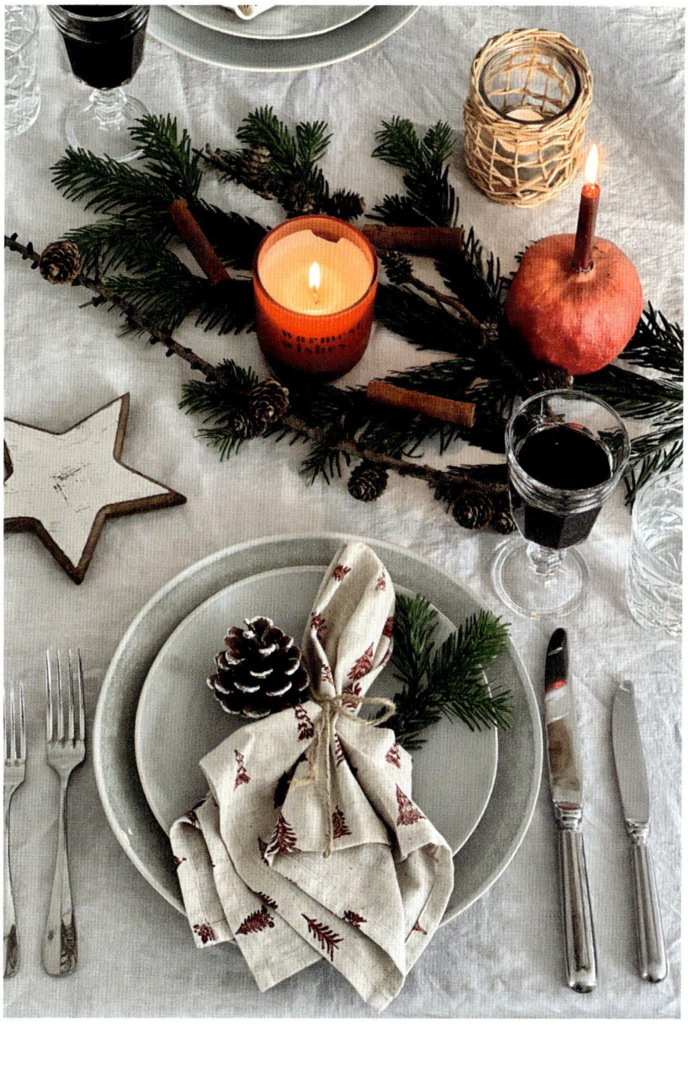

LEBKUCHEN-BROWNIES

Lebkuchen-Brownies sind ein Klassiker und schnell gemacht. Mit Lebkuchengewürz verfeinert und mit Walnusskernen ergänzt, lassen sie die Herzen in unserer Familie zuverlässig höherschlagen! Der schokoladige Brownie-Teig kombiniert mit der Gewürzmischung verströmt dabei schon beim Backen einen herrlich weihnachtlichen Duft.

FÜR 30 STÜCK

1 Backform, tief, ca. 23 x 23 cm

100 g Butter, weich

300 g Vollmilchschokolade, zerkleinert

4 Bio-Eier, Größe M

200 g Zucker

1 Pr. Salz

200 g Walnusskerne, grob gehackt

200 g Dinkelmehl, Type 630

1 TL Backpulver

2 TL Lebkuchengewürz

Das von mir verwendete Lebkuchengewürz besteht aus Zimt, Sternanis, Nelken, Anis, Macis, Koriander, Ingwer, Muskat und Kardamom.

1 Den Backofen auf 180 °C (Ober- und Unterhitze) vorheizen.

2 Die Butter und die Schokolade in einer Pfanne bei niedriger Temperatur zum Schmelzen bringen. Die Pfanne von der Platte nehmen und etwas abkühlen lassen.

3 Die Eier, den Zucker und das Salz in eine Schüssel geben und mit dem Handmixer schaumig rühren.

4 Die Walnusskerne sowie Mehl, Backpulver und Lebkuchengewürz mit dem Mixer daruntermischen. Anschließend die Schokoladenbutter dazugeben und gut vermischen.

5 Eine Backform mit Backpapier auslegen und den Teig in die vorbereitete Form füllen.

6 Die Brownies etwa 35 Minuten in der unteren Hälfte des vorgeheizten Backofens backen.

7 Die Stäbchenprobe machen: Die Brownies müssen innen noch leicht feucht sein.

8 Die Backform aus dem Backofen nehmen und abkühlen lassen. Zum Schluss den gebackenen Teig in kleine Würfel schneiden.

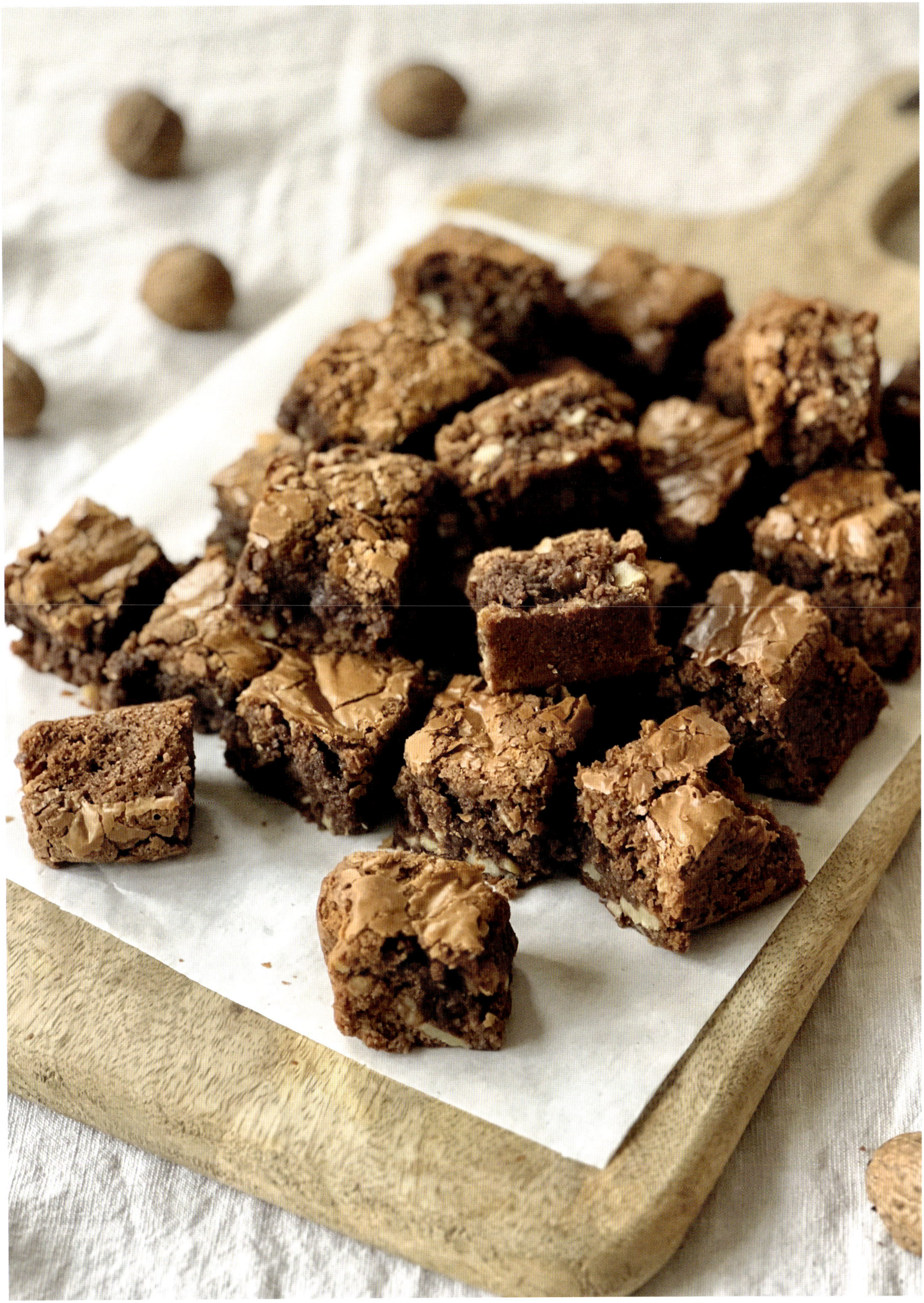

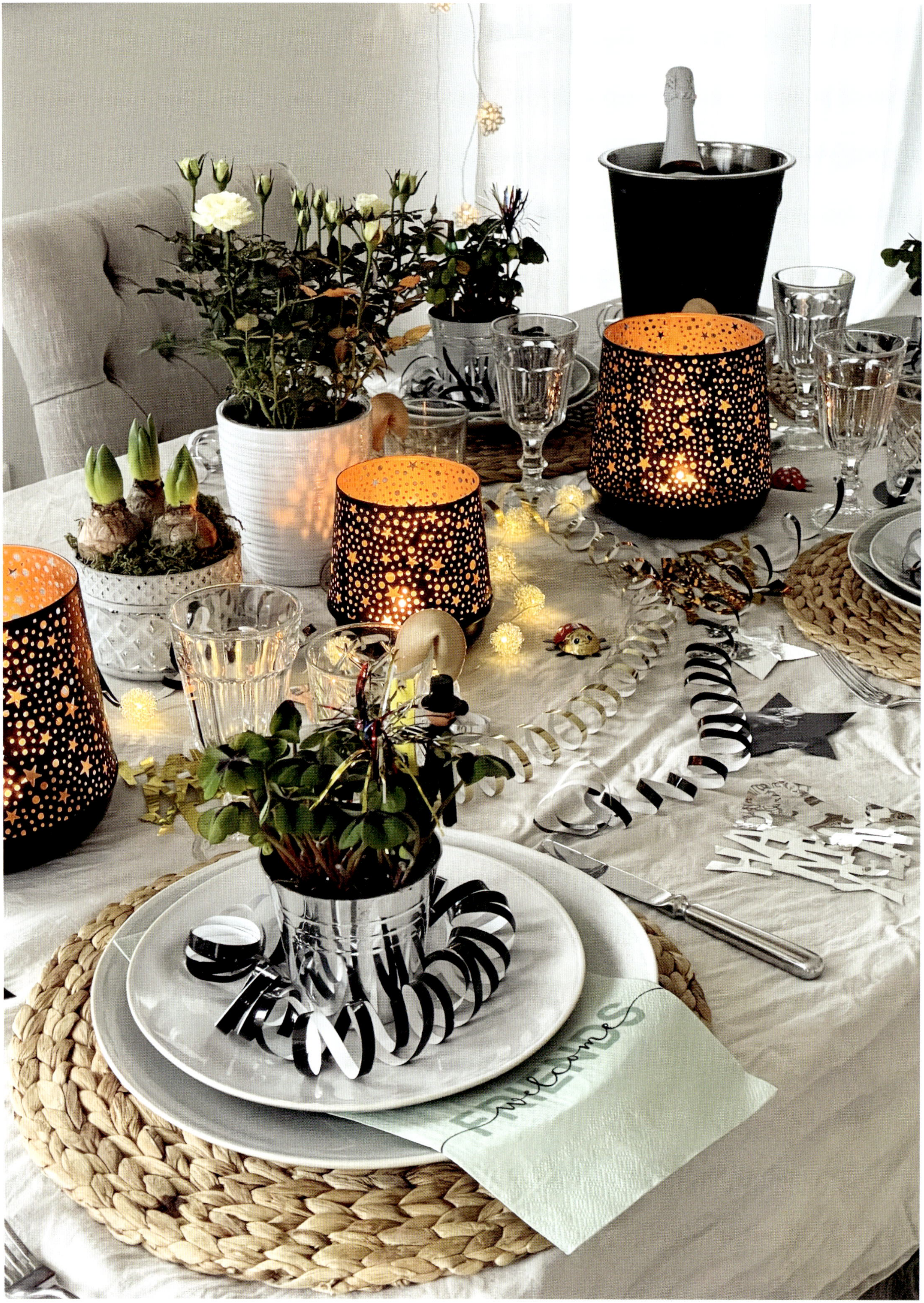
welcome
FRIENDS

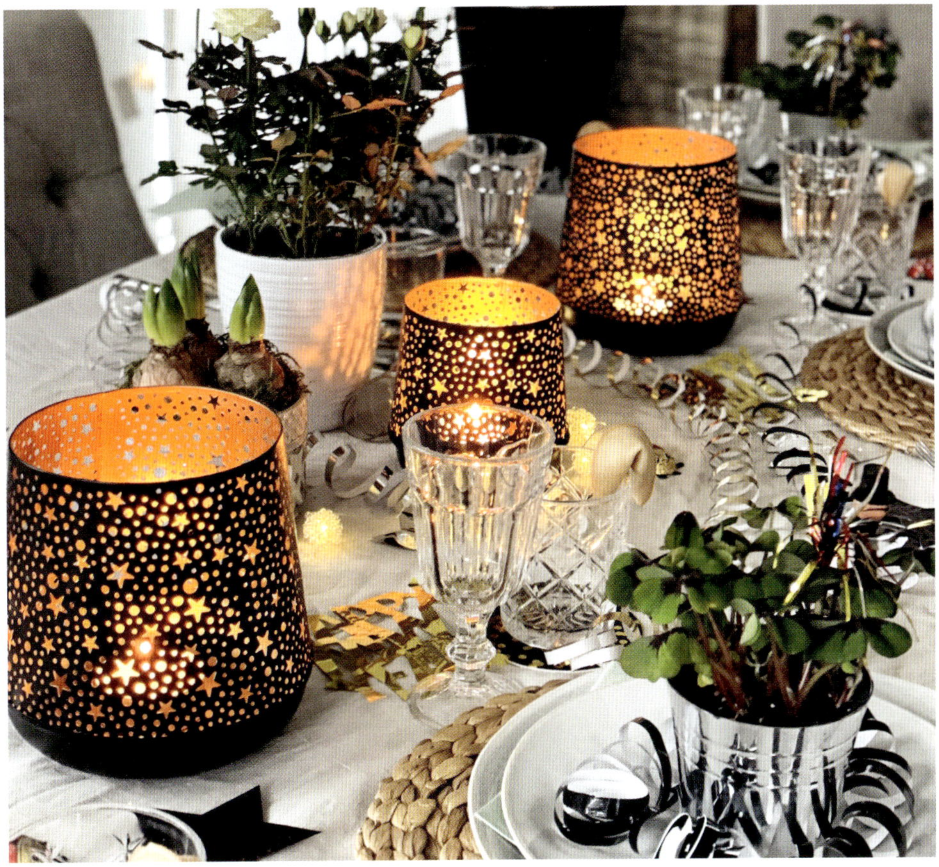

Zu Silvester laden wir noch einmal unsere Freunde ein und verabschieden das scheidende Jahr gebührend. Hier darf es auf meiner Festtafel auch noch mal Glitzern und Funkeln. Die großen Windlichter sorgen mit Goldakzenten für die passende Stimmung und ein kleiner Glücksklee zaubert jedem Gast ein Lächeln ins Gesicht. Und so hoffen wir auf *ein gutes neues Jahr,* mit vielen Festen, gemütlichen Stunden in unserem Heim und schönen Momenten, aus denen wertvolle Erinnerungen werden.

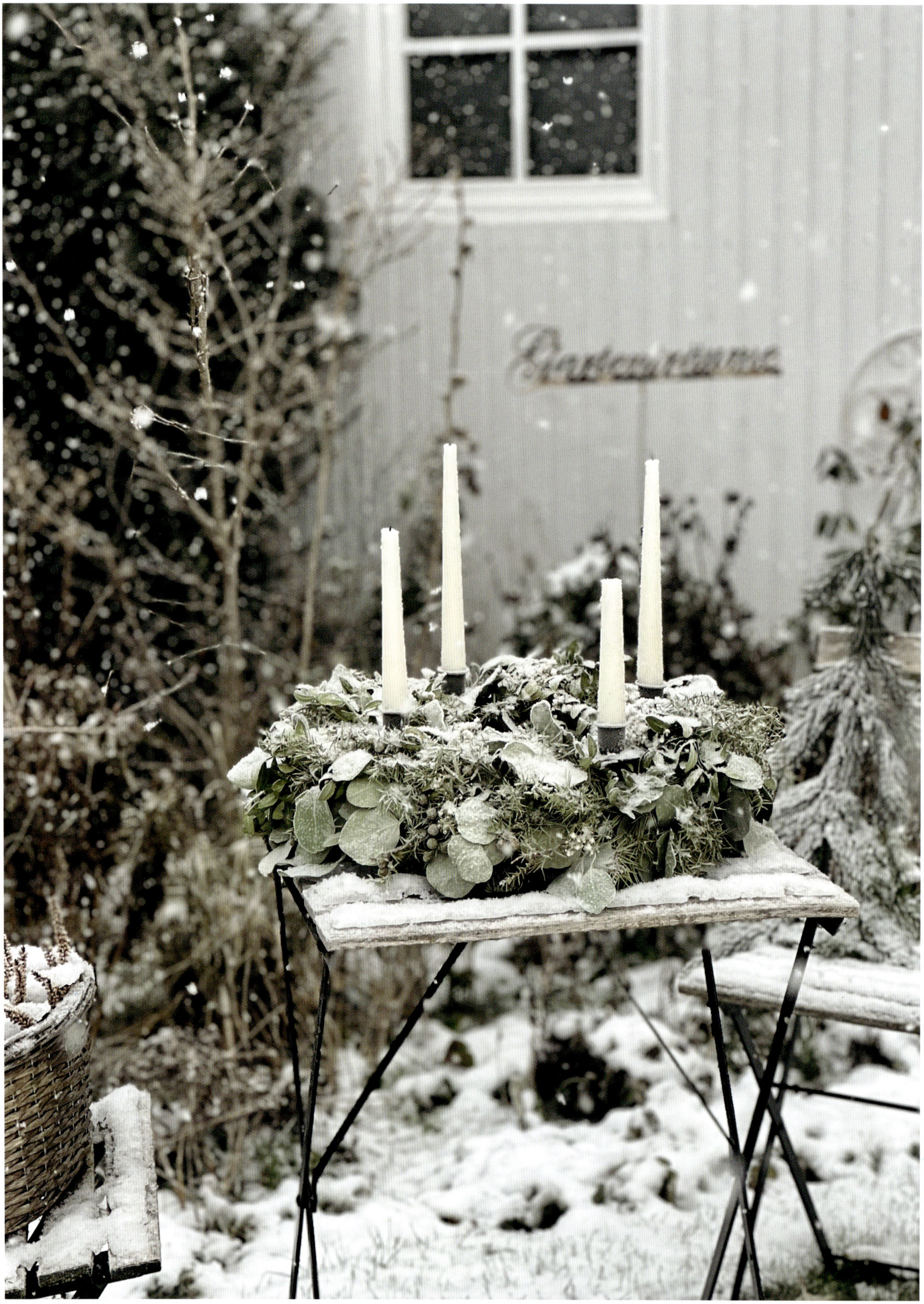

„BRICHT DER ERSTE MORGEN
DES NEUEN JAHRES AN, SO
ERSCHEINT DER HIMMEL NICHT
ANDERS ALS AM TAGE ZUVOR,
ABER DOCH IST EINEM SELTSAM
FRISCH ZUMUTE.“

YOSHIDA KENKO

IMPRESSUM

Konzept, Texte und Fotos: Christine Spörri
Produktmanagement: Mariel Marohn
Covergestaltung: Lena Schmitt
Herstellung: Jessica Siebert
Layout und Satz: Werbeagentur Rypka GmbH, 8143 Dobl, www.rypka.at
Druck und Bindung: PNB Print Ltd, Lettland

1. Auflage 2024

ISBN: 978-3-7358-5137-6 • Best.-Nr. 25137

MIX
Papier | Fördert gute Waldnutzung
FSC® C084698

Penguin Random House
Verlagsgruppe FSC® N001967

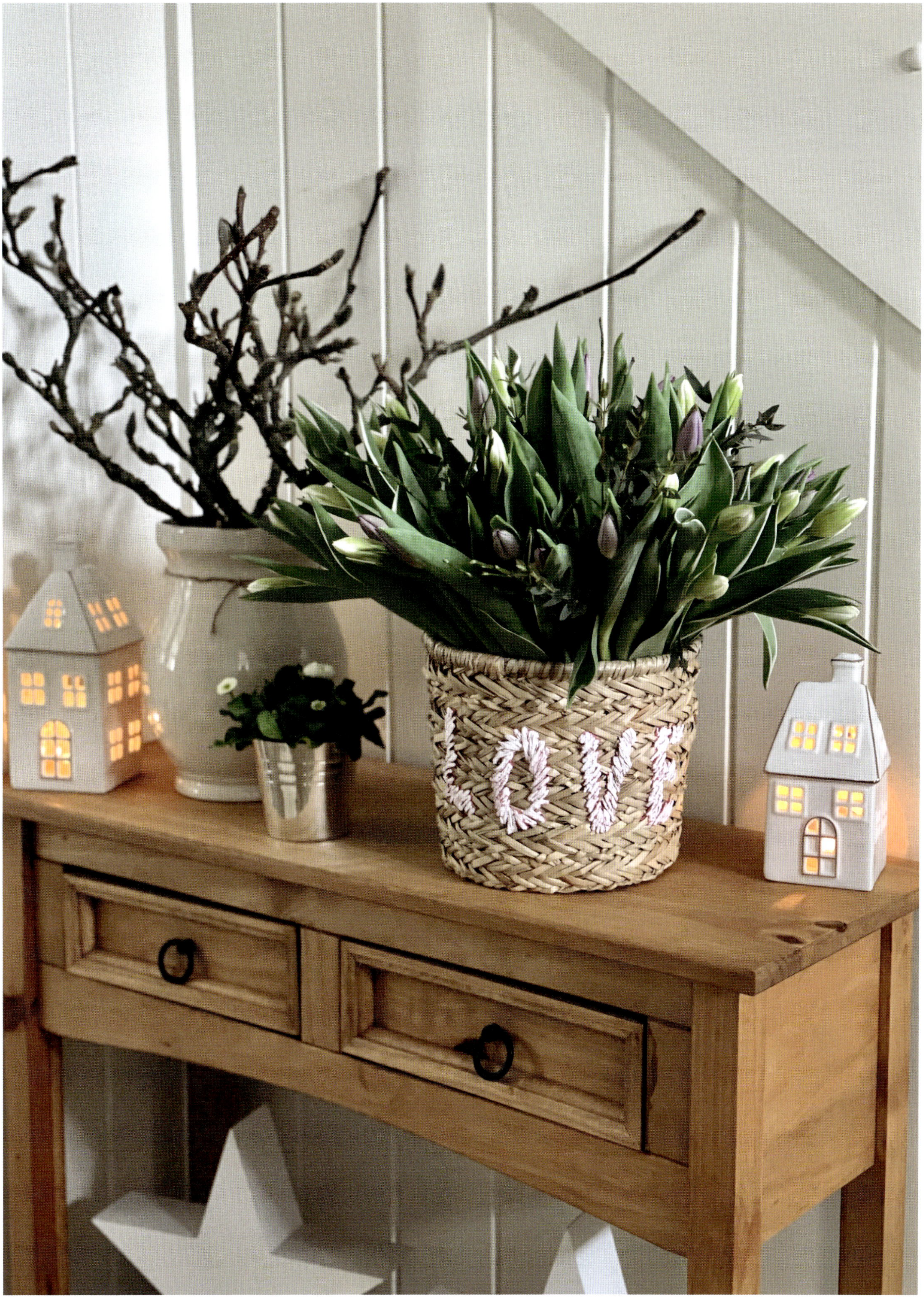
LOVE